1949 ~ 1999

Great Archaeological Discoveries of the People's Republic of China

Cultural Relics Publishing House

Beijing, 1999

一九四九～一九九九

中华人民共和国
重大考古发现

《中华人民共和国重大考古发现》编辑委员会编

宿白主编

文 物 出 版 社
1999，北京

书名题签　　苏士澍

摄影策划　　孙之常　刘小放

封面设计　　程星涛

版式设计　　黄文昆　姚敏苏

责任印制　　王少华　陆　联

责任编辑　　李　莉　黄文昆

图书在版编目（CIP）数据

中华人民共和国重大考古发现/宿白主编；《中华人民共和国重大考古发现》编辑委员会编． －北京：文物出版社，1999
ISBN 7－5010－1167－2

Ⅰ．中… 　Ⅱ．①宿…②中… 　Ⅲ．文物－考古－科技成果－中国 　Ⅳ．K87

中国版本图书馆 CIP 数据核字（1999）第 14770 号

中 华 人 民 共 和 国 重 大 考 古 发 现

《中华人民共和国重大考古发现》编辑委员会　编

*

文 物 出 版 社 出 版 发 行
北京五四大街 29 号
http：//www.wenwu.com
E-mail：web@wenwu.com
北京利丰雅高长城电分制版中心制版
深 圳 新 扬 印 刷 有 限 公 司 印 刷
新 华 书 店 经 销
889×1194　1/16　印张：33
1999 年 9 月第一版　　1999 年 9 月第一次印刷
ISBN 7－5010－1167－2/K·478　　定价：360 元

《中华人民共和国重大考古发现》编辑委员会

（以姓氏笔画为序）

许爱仙　张文彬　张忠培　张森水　邹　衡

杨　泓　俞伟超　徐苹芳　宿　白　黄景略

主编

宿　白

分段主编

旧石器时代考古	张森水
新石器时代考古	张忠培
夏商周时代考古	邹衡
秦汉时代考古	俞伟超
魏晋南北朝时代考古	宿白、杨泓
隋唐时代考古	宿白、杨泓
宋辽金元明时代考古	徐苹芳

目　录

夏商周时代考古

秦汉时代考古　　　　　　　　　　　　　　俞伟超　227

宋辽金元明时代考古

序

张文彬

1999 年是一个具有特殊意义的年份。在这一年里，我们将举国欢庆中华人民共和国成立五十周年，迎来澳门回归祖国，并同世界各国人民一道迎来新的世纪。

新中国成立，揭开了中国历史的新篇章。五十年来，由于中国共产党和人民政府对文物考古工作的重视和关怀，我国考古工作硕果累累，不仅在学术研究上取得了重大进展和突破，而且在弘扬民族优秀传统文化、建设社会主义精神文明方面，也做出了独特的贡献。编辑出版《中华人民共和国重大考古发现》，回顾和总结半个世纪以来新中国考古发现和研究的重大成果，展望中国考古工作未来发展更加美好的前景，无疑是很有意义的。

以田野考古为基础的近代中国考古学是在 1919 年"五四"运动之后，由于西方近代学术思想和考古学重要成果的传播，在民主与科学思潮的推动之下诞生的。1921 年，瑞典地质学家、北洋政府农矿部顾问安特生和奥地利古生物学家师丹斯基等人发现了周口店"北京人"遗址。1921 年和 1923 年，师丹斯基在此进行了两次发掘并获得两枚人牙，得到中外学术界的关注。1921 年，安特生发掘河南省渑池县仰韶遗址。1926 年后，我国学者李济主持山西夏县西阴村遗址的发掘。1927 年，由洛克菲勒基金会资助，中外学者合作对周口店遗址进行科学发掘。1929 年，裴文中发现了第一个较为完整的北京人头盖骨化石，引起世界轰动。从 1928 年起，历史语言研究所对安阳殷墟陆续进行了科学发掘。1928～1930 年，吴金鼎、梁思永先后主持发掘山东历城县城子崖遗址。郭宝钧等主持发掘了浚县辛村西周卫国墓地（1932 年）、河南汲县山彪镇（1935 年）和辉县琉璃阁战国时期魏国墓葬。1936 年，尹达主持日照两城镇遗址发掘。此外，黄文弼 1928～1929 年对新疆吐鲁番地区的调查研究，北京大学 1929～1930 年在马衡的主持下对燕下都进行的调查发掘，徐炳昶、苏秉琦 1934～1937 年对陕西宝鸡斗鸡台的发掘和研究，夏鼐 1944～1945 年对甘肃齐家文化墓葬的发掘研究等等，虽然限于当时历史条件，规模不大，但他们都为中国考古学的奠基做出了不可磨灭的贡献。

新中国成立之后，考古事业得到了空前发展，步入一个崭新的阶段，取得了举世瞩目的巨大成就。这是同中国共产党和人民政府的高度重视与国家大规模经济建设和最近二十年来改革开放方针分不开的。还在新中国刚刚成立的时候，中央人民政府就颁布了保护文物的法令、指示，并在中央和地方分别设立文物保护专门机构和科学研究部门，专门管理文物工作和开展科学研究工作。后来又相继在北京大学等高等院校设立考古学系或文博专业，并举办各种类型的短期培训班，培养文物考古专业专门人才，这一切都为中国考古学的创立和发展创造了有利条件。1982 年，经全国人民代表大会常务委员会通过颁布了《中华人民共和国文物保护法》，更为保护文物提供了法律保障。自然科学的方法和科技手段被田野考古发掘和调查广泛运用，遥感考古和水下考古的实施，填补了我国考古学中的空白，极大地拓展了考古学科的视野。今天，我们可以毫不夸张地说，中国考古学的新成就，繁花似锦，硕果累累，已为世界学术界所公认，并将作为中国考古学的黄金时代而载入史册。这些新成就，主要表现在以下方面：

中国境内早期人类及其文化演进历程的探讨，获得重要成果。据不完全统计，新中国建立以来，发现古人类化石地点六十余处，不同时期的旧石器时代文化遗址和地点近千处，石制品总计在十万件以上。这些人类化石地点和旧石器时代遗址遍布祖国大江南北，乃至西藏边陲地区。尤其是云南元谋猿人的发现，证实早期人类在中国大陆活动比北京人提前了百万年以上。通过多年来对元谋人、蓝田人、郧县人、北京人、南京人、和县人、金牛山人、大荔人、马坝人、山顶洞人、柳江人等众多古人类化石和东北、华北、华南的大量旧石器时代文化遗存的研究，可以认为，中国境内古人类体质特征发展的阶段性是清楚的，中国境内旧石器文化的遗存是非常丰富的。可以说，中国境内是研究人类从直立人向智人过渡特别是蒙古人种起源的重要地区之一。

史前考古学文化类型与编年的建立，为中华文化、中华文明起源和国家形成的研究，奠定了坚实的基础。中国新石器时代文化遗址，大约有七八千处，正式发掘的也在几百处以上。经过科学整理和采用 ^{14}C 等方法测定年代的这些发掘资料，使各地发现的新石器时代文化都有了比较确切的年代框架，从而建立了我国新石器时代考古学的序列，为认识中国史前文化的多元谱系结构和研究不同史前文化相互关系及其发展，进而探讨中国文明起源创造了极为有利的条件。考古学的实践和苏秉琦先生考古学文化区、系、类型学说的提出，极大地推动了中国新石器时代考古学研究的深入。大量考古学研究的成果充分说明，中国古代文化和古代文明的产生，主要是中国本土历史与文化自身发展的结果，是在中国这块广袤土地上孕育发展起来的。在黄河流域的磁山·裴李岗文化以及老官台·大地湾文化、后李·北辛文化等新石器时代早期文化，已经出现了制法比较原始的陶器、磨光石器和相当发达的谷物农业和畜牧业，所以有理由认为黄河流域的北方旱作农业已经发生。长江流域的彭头山·罗家角及城背溪文化遗址，除了有与从磁山·裴李岗文化到老官台·大地湾文化陶器制法相似的褐色陶器外，更有丰富的稻谷遗存和早在万年以前的玉蟾岩遗址所见具有栽培特征的稻粒籽实。显然，长江流域是稻作农业起源的重要地区之一。它们为解决中国农业、饲养业和制陶业的起源问题向前迈出了一大步。此后经过仰韶时期、龙山时期等漫长的发展阶段，随着以农业为主的生产力的进一步发展，人口数量的增加，定居村落的扩大，社会两极分化的出现，一个新的时代逐渐来临。如东北，早在红山文化中已出现祭坛、神庙、泥塑神像群和大型积石冢，并有玉猪龙等成套玉器。在中原已经出现了大型聚落群遗址、城堡以及青铜制品。浙江良渚文化已有大型贵族墓地，并用大型玉琮、玉璧随葬。这些反映中国新石器时代文化正经历着一场新的革命和质的转变，其文化内涵也充分表现出中国文化、文明的连续性、多元性和统一性。

夏商周三代考古取得全面进展，令人振奋。结合古代历史文献记载，研究夏、商、周三代历史文化，成为中国考古学重大学术课题之一。本世纪初，经过王国维、罗振玉等对殷墟甲骨文的研究，证实《史记·殷本纪》基本可信。自1928年起至今在殷墟七十年的科学发掘，已确认安阳殷墟是商代晚期国都所在。五十年代初，在河南郑州发现了郑州商城和二里冈商代文化遗址，此后在八十年代初，发现了偃师商城。接着在九十年代又发现了郑州小双桥商代遗址。对这三处遗址的性质及其文化内涵，学术界虽有不同意见，但都一致肯定它们是商代早期都城所在地，同属早商文化。夏文化的研究是在对商文化和早商文化的研究基础上展开的。由于对早商文化的深刻了解，对夏文化的认识经过近二十年来的深入探索和研究，目前已趋于一致，即以偃师二里头遗址为代表的二里头文化是夏文化。二里头遗址发现了大型宫殿基址，说明这里曾为夏都。夏文化研究取得的新收获是中国历史考古学的一个重大突破。周代考古研究的最重要的收获，一是对西周丰镐遗址的发掘，曾发现西周时期大量的墓葬和建筑基址；二是对陕西岐山周原遗址的发掘，其中凤雏村建筑遗址和西周甲骨文的发现，为研究西周的宫寝制度及其历史提供了重要新资料。在西周封国的考古工作中，最重要的是北京琉璃河燕国都城遗址和山西翼城、曲沃县天马—曲村晋国遗址和两周之际三门峡虢国墓地的发掘，前两处遗址分别被确认为燕国的始封地和晋国的始封地及晋之最早的绛都，解决了长期众说纷纭的疑难，在历史研究上具有重要学术价值。东周时期的秦、楚、齐、晋（韩、赵、魏）、吴、越故地的发掘，几乎都有重要发现，尤以淅川下寺、寿县蔡侯墓、随县曾侯乙墓和信阳长台关出土文物令人注目。此外，四川广汉三星堆祭祀坑、江西新干墓等这类夏商周时期而文化性质又有别于夏商周文化的大量发现，都是十分重要的。

秦汉及其以后各个历史时期的考古学，在这五十年间，有许多重要考古发现，极大地扩展了人们的视野，丰富了人们对中国古史的认识。如被称为世界第八奇迹的秦始皇陵兵马俑坑和铜车马的发掘，以其宏伟气魄和精湛技艺，震惊了海内外。对历代帝王陵墓的调查、勘察和研究，始终是我国考古学者和科研机构的重点课题。目前经考古勘察、发掘过的历代墓葬达二十万座左右。西汉诸侯王陵的发掘，再现了汉代贵族社会生活状况。对西晋皇陵、北魏帝陵及各历史时期帝王陵墓的位置和各等级墓葬形制嬗变都已经获得比较清楚的认识。半个世纪以来，我国考古学者和科学研究机构将都城考古放在非常重要的位置，给予密切关注并进行了有计划的勘察发掘。其中比较重要的都城考古有咸阳、长安、洛阳三大秦汉都城；曹魏邺城、北魏洛阳城、北齐邺南城；隋唐长安、洛阳两京城址、扬州城址；北宋汴梁城、南宋临安城、辽中京、金中都和元大都等，都取得巨大收获，这些工作对了解历代都城平面规划布局、街区坊制及城市变化，提供了历史文献所未能有的丰富资料。在少数民族考古方面，也有许多重要发现。如辽宁桓仁、集安高句丽城址和壁画墓、积石墓的勘察发掘，吉林敦化渤海国墓地贞惠公主及和龙县渤海国贞孝公主墓、黑龙江宁安渤海上京龙泉府的勘察发掘，出土的历史文物证实，高句丽、渤海国曾是汉魏、隋唐时期受中央政府册封、同中央政府有着极密切关系的一个地区的少数民族地方政权。五十年代对西藏自治区穷结县藏王墓的勘察表明，藏王墓地选择、墓碑形制都仿效唐制，说明吐蕃时期大量输入唐文化的事实。八十年代以来，在青海都兰吐蕃时期吐谷浑人的墓葬中发掘出土大量丝织物，其中大多为中原唐代织物，也有少量中亚、西亚的产品，对研究唐代河陇地区吐蕃文化的形成和吐谷浑的兴衰、中原文化与吐蕃文化的交融、中西文化交流以及唐代吐蕃的政治、军事、经济、文化具有重要价值。

研究宗教遗迹遗物，对研究当时历史文化具有重要意义。二十世纪初，一些外国人已注意到中国石窟寺遗迹，他们的调查与劫掠石佛造像和剥离壁画是同时进行的，其盗凿的痕迹至今犹存。三四十年代，中国学者的主要精力放在遗迹调查、壁画临摹、艺术研究上。新中国成立后，国家十分重视石窟寺和宗教寺院的保护，在敦煌、云冈、龙门等重要石窟寺相继建立了保护研究机构。五十年来，除了对上述三大石窟寺开展了全面勘察并有新的发现外，1951年在甘肃更仔细地调查了天水麦积山石窟和发现了永靖炳灵寺石窟、庆阳北石窟寺，对河北响堂石窟、河南巩县石窟、山西太原天龙山石窟、新疆古龟兹的拜城克孜尔等石窟、古高昌的吐鲁番柏孜克里克千佛洞和吐峪沟石窟及古焉耆石窟群等做了全面调查，对四川大足石刻、云南剑川石窟、辽宁义县万佛堂石窟也都做了全面勘察，发现了许多重要造像题记史料。1953年在河北曲阳修德寺遗址及周围地区发现总数有二千二百余躯的石雕佛教造像，造像年代约在北魏至唐时期。1979年对洛阳永宁寺塔基的发掘和新疆吉木萨尔县高昌回鹘佛寺遗址的发掘，对了解北魏末期和晚唐五代宋时期高昌回鹘寺院平面布局和绘画、雕塑艺术、建筑风格以及宗教文化演变等方面，提供了重要资料。1979年后在山东青州兴国寺故址也发现一批南北朝至隋唐时期石雕造像。1996年，在青州龙兴寺遗址北部发现一大型石刻佛教造像窖藏，共出土佛像五百余尊，造像种类繁多，题材广泛，造型精美，技艺高超，其时代历经北魏至北宋五百多年，具有极高的历史、艺术价值。此外，各地也都在调查中陆续发现许多塔基、经幢、造像题记，对宗教史迹研究提供了重要佐证。1959年以后，对西藏及藏传佛教遗迹的调查勘察，扩展了佛教考古的内容。应当指出，以往对佛教遗迹遗物的考察，一般多是从美术史的角度研究其艺术价值。只是到了五十年代后，考古学家宿白教授等学者，把石窟寺及佛教遗迹纳入考古学范畴，运用考古学方法，结合历史文献，研究和揭示佛教遗迹的历史变化，取得重大成果。

简牍的重大发现与研究，丰富了中国历史的新内容，拓展了中国古代历史研究的领域。在东周汉晋时期，纸张普遍使用以前，书写材料主要是竹简、木牍和丝帛。在漫长的历史岁月里，不断有简牍发现。汉武帝时期在孔子宅壁中发现的用古文书写的战国竹简和西晋太康二年（281）汲郡（河南汲县）发现的"汲冢书"，对中国古代经学和古史研究起过重要的推动作用。十九世纪末和本世纪初，一些外国人以探险为名，在我国新疆罗布泊楼兰遗址、民丰尼雅遗址和甘肃、内蒙古等地盗掘大批汉晋简牍。1949年以前，瑞典和我国考古学者也曾在甘肃额济纳河居延地区和敦煌地区通过发掘得到一批数量可观的汉代简牍。新中国建立五十年来，简牍的出土数量、规模和发掘的科学性及研究水平都远远超过了以往各个历史时期。以简牍出土地区而言，过去仅限于西北甘肃、新疆，如今简牍出土地点扩及到丝绸之路河西走廊，而且在湖北、湖南、内蒙古、河北、河南、山东、安徽、江苏、江西等省区都陆续有重大发现。其中湖南、湖北、河南等地出土的大批楚简十分重要，其内容一般为"遣册"、"祷辞"或"卜筮记录"之类。1975年湖北云梦睡虎地和1989年龙岗出土的秦始皇统一前后的秦简，其内容有"编年记"、"语书"和"秦律"、"秦律答问""为吏之道"、"禁苑律"，对研究秦律发展是极为重要的资料，这是秦代以法治国的重要佐证。1984、1988年湖北江陵张家山出土的汉简"奏谳书"及其案例，为人们了解汉律与秦律的关系提供了实证。五六十年代，在居延、敦煌汉代烽燧遗址中继续发现大量的汉代简牍。七十年代，甘肃省博物馆在额济纳河以南原来出土过居延汉简的遗址一带，又发现五万九千多枚简牍，其年代上起西汉武帝时期，内容除古籍历书外，有治书、律令、屯戍事牍，包括边疆事务、官吏任免、军纪处理、物品调拨等公文。九十年代初发现的敦煌悬泉置，是汉代西北规模较大的驿站遗址，出土的各种簿籍记录了邮驿制度和汉代边陲社会生活情况。这些资料对研究汉代政治、经济、军事、边防、屯田、水利、交通、法律制度、社会生活，是极为珍贵的。1972、1973年在长沙马王堆汉墓发掘中，出土的竹简"遣册"（随葬品目录）以及帛书、帛画，极大地丰富了我们对先秦古籍和汉代文化面貌的认识。1993年湖北荆门郭店出土的楚简，内容包括《老子》甲、乙、丙三种和《太一生水》、《鲁穆公问子思》等道家、儒家典籍，对学术史研究有极重要意义。1996年湖南长沙走马楼汉末和三国东吴简牍的出土，是本世纪末又一重大发现，吴简总数在十万枚以上，超过本世纪所发现的简牍总和，简牍因有"黄龙"（229～231）、"嘉禾"（232～238）纪年，可以断定系孙权时期的长沙官府档案文献资料。主要内容包括：佃田租税卷书、官府之间调拨卷书及官吏俸禄卷书、官府结案文书、户籍档案、储粮出入账簿等，对研究孙吴时期的社会经济、政治制度、职官设置及社会生活都提供了丰富的史料。此外，江苏连云港东海县尹湾村出土的尹湾简牍，对研究汉代地方行政制度有重要参考价值。可以说，二十世纪以来，特别是新中国建立以来五十年，简牍的重大发现同甲骨文、敦煌石室经卷文书发现一样，极大地拓宽了中国古代史研究领域，成为研究中国古代史的重要材料之一，在推动中国史学研究方面发挥了重要的作用。

总之，中国考古学取得的重大发现和研究成果，本文所述极难概全，仅举较为突出的数例。本书由宿白先生担任主编，各章撰稿人也都是国内知名的专家学者，而且都曾在不同领域为我国考古事业的发展做出过突出贡献，今天他们又执笔为本书撰文，对中国考古学的重大发现作出了比较全面、精彩的评介。本书所收录各重大考古发现项目的说明文字大多约请实际发掘工作的主持者或参与者撰写，考古工作多方面的收获，是他们辛勤劳动的成果。在此，谨向宿白先生和各位撰稿人表示敬意和感谢。

现实中国是历史中国的发展。中华人民共和国成立以来重大考古发现，充分展示中华民族在历史发展进程中，曾创造了灿烂的中华文明，为人类做出过重大贡献。这是激励我们整个民族再创文明辉煌的动力和源泉。对中国考古事业来说，在老一辈考古学家已有工作成就的基础上，继续坚持马克思列宁主义、毛泽东思想和邓小平理论的指导，发扬实事求是、严谨求实的学风，运用现代科技手段处理考古发现新资料给我们带来的各种历史信息，加强考古学基础理论研究，不断提高学术水平，从而展现出历史中国的方方面面，揭示出历史发展的规律，对建设有中国特色社会主义无疑是具有重要意义的。这是时代赋予中国考古学者的历史使命，也是老一辈考古学家毕生从事中国考古事业的理想和愿望。我完全相信，依靠我国考古学者一代又一代的艰辛开拓和奋发努力，中国考古学的研究一定会在二十一世纪做出更大的贡献。

旧石器时代考古

张森水

中国的旧石器时代考古学，在五十年代之前已有了良好的基础。本世纪三十年代周口店的工作，无论发掘方法、研究思想和丰硕成果，在当时都立于世界史前学的先进行列。新中国建立以后，周口店的工作又有新的进展，除发现许多人化石之外，还针对"北京人"生存时期的周口店地区展开了古地理、古气候、孢粉等方面的综合性研究，标志着中国古人类学进入了一个新的发展时期。旧石器考古工作者艰苦努力，为探讨人类起源、早期人类及其文化演进的历程、文化发展的多样性以及历史发展不平衡等问题提供了一批有意义的实物资料。

在过去的五十年里，除极少数省、直辖市外，全国各地包括世界屋脊西藏，均发现了旧石器时代的文化遗物，如石制品，磨制的骨、角器和装饰品等。此外，在实验考古学研究和年代学研究等方面也取得了成果。另一重要发现是找到了直立人化石和早、晚期智人化石以及与人类起源相关的古猿化石。对这些新材料研究的累累硕果为世人所瞩目。

一

人类的起源是基础理论研究的重要课题之一，也是古人类学研究的热点。新中国建立后，于 1958 年在云南开远小龙潭发现距今八百万年前的森林古猿[1]。1975 年以来，在云南禄丰县石灰坝进行了九次发掘，获得了丰富的、距今八百万年前的禄丰古猿化石，其中头骨五具、下颌骨十个、颅骨和颌骨碎片四十七块、上下齿列二十九组、牙齿一千多枚[2]。1987 年以来，在云南元谋距今四百万年前的上新统地层中，发现了一批古猿化石[3]，在广西柳城[4]、武鸣[5]、巴马[6]、大新[7]，重庆巫山[8]和湖北建始[9]，也都发现人类近亲巨猿化石；在云南元谋还找到距今一百七十万年前的人类化石及其石器。由此可以推测，中华大地上可能经历过从猿到人的整个演化进程，中国可能是人类起源的重要地区之一。

建国以后发现了许多不同时期的人化石，直立人化石地点增加了十二处，重要的有元谋人[10]、蓝田人[11]、郧县人[12]、和县人[13]和汤山人[14]；早期智人化石地点都是建国后发现的，以丁村人[15]、金牛山人[16]、大荔人[17]、许家窑人[18]、马坝人[19]和巢县人[20]为代表；晚期智人化石地点增加至四十多处，出土完整头骨的有柳江人[21]、资阳人[22]、穿洞人[23]和黄龙人[24]。在原河套人地点附近，1978～1980年就从萨拉乌苏层中发现了二十三件人骨化石[25]。

这些人类化石的发现，明确了中国境内人类进化的连续性。例如铲形门齿，不仅出现在直立人标本中，如元谋人、郧县人、北京人、和县人，也出现在早期智人如金牛山人、桐梓人[26]、丁村人，及至晚期智人如河套人、柳江人和山顶洞人[27]等标本中。又如矢状脊，在蓝田人、北京人、金牛山人、马坝人、柳江人、山顶洞人和穿洞人的头骨上均可见到。印加骨的出现率也比较高，见于北京人、大荔人、丁村人、许家窑人和穿洞人的头骨上。此外，还有一些重要的体质特征，如面部较扁、鼻宽、鼻骨较直等，均见于不同阶段的人类化石中。这些特征的连续性，正如中国古人类学家所指出，中国古人类是以地区连续进化为主、与周围地区基因交流为辅的演化模式[28]。

新的人类化石的发现与研究，表明在我国这块广袤的土地上，人类进化过程具有一定的复杂性。例如，1966年发现于周口店第1地点顶部（Loous H）的晚期直立人化石距今25～23万年[29]、和县直立人距今20～18万年，而归于早期智人的金牛山人距今28万年、桐梓人距今18～13万年、大荔人距今18万年左右，在演变的过程中，直立人曾与早期智人并存可能达十万年之久。又如，中国境内发现的早期智人存在两种不同类型，从头骨上看，大荔人头骨和许家窑人头骨显得粗壮，头骨壁厚，而马坝人则较纤弱和稍薄；从牙齿上看，桐梓人、许家窑人、巢县人[30]和长阳人[31]的牙齿粗壮，带有较多的原始性，比较接近北京人，而丁村人的三枚牙齿（1954年发现于山西襄汾县丁村54：100地点）与现代人牙齿没有明显的区别。

新中国建立后，随着中国旧石器时代考古学、古人类学的发展，人类在中国大地上生存的时间不断地被向前推移。1929年12月发现了北京猿人及其文化，依地层古生物的研究，定其时代为中更新世，估测其绝对年代为距今四五十万年。1963年在陕西蓝田陈家窝地点发现一完好的猿人下颌骨，次年在蓝田公王岭地点发现蓝田猿人头骨和牙齿，两地点均从地层中发现少量石制品和一批哺乳动物化石。人化石在形态上比北京猿人原始[32]；据对共生的哺乳动物化石的分析，陈家窝地点的地质时代为中更新世早期，公王岭为早更新世晚期。这样就把人类在中国大陆上生息的历史提前了几十万年。1965 年发现的元谋猿人门齿化石[33]，经过 1973 年以后多学科的综合研究，确定其时代为早更新世，古地磁测定为距今 170 万年，把我国人类历史至少提前了五六十万年。1978 年发现的河北阳原小长梁地点，依近年古地磁测定报告，该地点的年代可能为距今 1.87～1.67 百万年[34]。

二

通过大量的旧石器时代文化遗物的发现与研究，对中国境内旧石器文化的发展趋势有了初步了解。石制品总的发展方向是长度与宽度趋向于接近[35]。石制品选材上，砂岩逐渐减少。打片技术以锤击法为主；砸击法在早期使用较多，中期锐减，晚期略有回升；碰砧法打片很快衰落，至晚期基本不用。在旧石器时代晚期稍后阶段（大约距今二万年左右）出现了细石器[36]。在石器制作上用直接法打片的同时，也用间接法打片，说明技术上有了进步。作为主要类型的刮削器，在量和质两方面均得到不断增加和提高。尖刃器的作用渐显重要。砍砸器则与此相反，至晚期在中国北方降到极低点。石器的制造技术渐趋娴熟，石器渐趋精致，形态更加规范化。旧石器时代晚期，已开始使用压制技术，使所产生的石片更加精美。此时技术上更大的进步则表现在磨制和钻孔技术以及割、刮、刹、磨技术相结合的应用上，制造出功能更有效及具有特殊用途的骨、角器，如骨锥[37～39]、骨针[40]、鱼叉、标枪头[41]和一些装饰品[42～45]。

对我国旧石器文化多样性的认识是建国后旧石器考古学研究的重大成果之一。早在本世纪三十年代后期，裴文中曾指出中国旧石器文化与西欧的不同[46]。1954 年丁村遗址群的发掘，从出土的二千多件石制品中看到一些不同以往的特点，裴文中提出"有两种不同文化性质，使用不同类型石器"的看法[47]。通过 1964 年底贵州黔西观音洞试掘出土的石制品的研究，他又指出，"我们将要遇到的与欧洲大陆旧石器文化不同的新文化"[48]。贾兰坡等则对中国北方旧石器文化加以总结，提出旧石器时代的华北至少存在着两种平行发展的文化传统的学说[49]。随着本世纪七八十年代在云贵川以及湖南、安徽等地的一系列发现，有人提出区域性文化[50]、文化划分等论述[51]，以及中国旧石器时代南、北方主工业不相同[52]和若干区域性文化同时并存的看法。

10

中国南、北方旧石器时代主工业是指大体以秦岭为界，各存在一个石制品主要特点相同的、贯穿旧石器时代始终的、分布区很广的工业。现将南、北主工业的分布区、工业特点和彼此差异分别记述于下，同时也对各区域性文化作扼要的介绍。

中国北方旧石器时代主工业的分布区西起贺兰山东缘，东至千山山脉的西麓，南界秦岭北坡，北抵阴山南麓，其地理坐标大致为 E.107°25′～122°10′，N.34°10′～41°15′。其工业特点是：大多数石制品是小型的；生产石片主要用锤击法，兼用砸击法等；早期基本上不预制石核，故石核和石片多不定型，至晚期已开始预制石核；以石片石器为主；石器的主要类型是刮削器、尖刃器，砍砸器、石锥、雕刻器和石球等也是石器组合的成员，但数量不多（石球在许家窑文化中是相当重要的类型）；石器基本上用锤击法（硬锤）加工而成，且以向背面加工为主；石器的形状多不规则，刃缘呈波纹状，但刃口较锐，等等。

在中国北方旧石器时代初期至晚期有偏于一隅的或分布较广的区域性文化。早期的辽宁本溪庙后山文化[53]，其石制品组合的特点是以粗大的石制品为主，石器多用大石片制成，且以砍砸器居多，其中多数是复向加工而成。这种文化类型目前只发现这一处。庙后山文化上、下层石制品，无论从技术或类型上看，均无明显变化，可视为一脉相承。旧石器时代中期，通过对 1954 年在丁村发现的两千多件石制品进行测量和分析，可以把它们分成两组，以 54:100 地点[54]和 54:102 地点为一组，其余各地点的可归于另一组[55]，后者石制品以大型为主，用大石片做的石器较多，其中砍砸器、镐（大三棱尖状器）和手锛等占有显著地位，刮削器和尖刃器居次。根据八十年代后丁村地区的工作可以看出，这样的石制品组合可上溯至旧石器时代早期[56]。

旧石器时代晚期存在着一些不同的区域性文化类型，例如：

其一是以宁夏灵武县水洞沟为代表的长石片——端刮器和雕刻器文化类型。这是 1923 年发现的中国北方第一个旧石器时代遗址[57]，到了 1963 年进行首次系统发掘后，才弄清其文化关系，其中的第 8 层才是属旧石器时代晚期的水洞沟文化层[58]，[14]C 年龄为 25450±800 年或 16760±210 年[59]，其上还有非旧石器时代文化层。水洞沟文化与西方旧石器时代中、晚期文化有较多相似之处，并融合北方旧石器时代主工业成分，而形成颇具特色的另外一种文化类型。

其二是细石器工业类型。以前，细石器工业制品被看作是新石器时代制品，自 1970 年在山西沁水下川地区发现细石器（[14]C 年龄为 23900～16400 年）以后，在山西蒲县薛关（[14]C 年龄为 13550±150 年），黑龙江昂昂溪的大兴屯（[14]C 年龄为 11800±1500 年）和河北阳原的油坊等地均有发现，其地理坐标大致为 E.111°59′～123°53′，N.35°23′～47°02′。

中国南方旧石器时代主工业研究历史短，始于 1972 年湖北大冶石龙头地点的发现[60]，目前已知的分布区较狭窄，基本上分布于中国地形的第三级阶区内，未见深入到第一、二级阶区，其地理坐标为 E.106°44′～118°53′，N.23°33′～33°22′。其主要特点有：大多数石制品是粗大的；打片用锤击法，也用碰砧法，未见使用砸击法；制作石器主要用块状毛坯，砾石占一定比例；石器的主要类型是砍砸器，手斧、手镐和镐等重型石器，多数地点有石球，用石片做的小型刮削器和尖刃器很少；修理石器用硬锤加工，以向砾石的凸面或石片的背面打击为主；使用石片较多，等等。中国南方旧石器时代主工业的发展趋势，由于研究工作起步较晚，目前尚不十分清楚，有迹象表明，也可能是沿着长、宽比例趋于接近的方向发展和石片石器量有所增加等[61]。

在中国南方，文化类型更加多样化。属于旧石器时代早期延续至晚期的观音洞文化[62]，其最主要的特点是多刃器远多于单刃器；石器作陡向加工，刃口很钝，多数刃角在 75° 以上。猫猫洞文化因 1974 年发现于贵州兴义猫猫洞而得名[63]，它的打片方法比较特殊，其大多数石器是向破裂面加工而成的，器形相当规整。这种文化类型最早为距今 57000 年前，在大陆已知最晚的为距今 6000±175 年，在台湾省台东县的潮音洞则晚到距今 5340±260 ～4970±250 年前。此外，还有铜梁文化[64]，它既具有南方主工业的特点又有观音洞文化的特点。西藏阿里地区以大长石片——切割器为代表的文化类型[65]以及云南保山地区以骨角器为代表的文化类型[66]，两者在时代上难以排除越出旧石器时代的可能性。

中国南、北方旧石器时代主工业之间的差异是明显的，主要是两者器体的大小不同，南方的石制品粗大，多数长度大于 100 毫米；北方的石制品较细小，一般长度小于 50 毫米。石器的类型，北方以刮削器为主，另有小型的尖刃器、石锥和雕刻器等，砍砸器除早期稍多外，其后极少；南方以砍砸器为主，而刮削器和尖刃器很少，石锥和雕刻器基本缺失（仅有个别不典型的材料）。与此相关的是，北方做石器的毛坯主要是石片，属石片石器工业传统；南方的主要是块状毛坯，属于砾石石器工业传统。出现这些差别，可能与文化传统、自然地理环境和气候、生产石器的原料来源以及生产方式、生活方式的不同有关。

中国旧石器文化虽具有多样性，但仍可看到它们之间在技术上存在着的共同点：打片主要用锤击法，早期基本不预制石核，都用硬锤打片和修理石器，加工石器的主要方式是向背面（包括砾石的凸面）打击，此外还有石片向长、宽比例较接近的方向发展和使用石片较多等。这些特点若与周边地区及欧洲、非洲旧石器工业相比，除使用石片和不预制石核外，其余皆大同小异，可以看作是区域特点。

<h1 style="text-align:center">三</h1>

　　中国幅员辽阔，地形复杂，旧石器时代各种文化的发展是不平衡的。贵州猫猫洞文化，产生于旧石器时代晚期，发展于全新世早期。西藏、青海、河北等地的一些地点，其文化性质属于旧石器时代，但在年代上已非旧石器时代。在中国，由于受到自然条件和人文因素的影响，历史发展不平衡倾向可能出现于旧石器时代晚期。由此可以推知，在中国境内不存在统一的从旧石器时代向新石器时代过渡的经济模式。这应该也是下个世纪中国史前考古学研究的重点课题之一。

1　吴汝康《云南开远发现的森林古猿牙齿化石》，《古脊椎动物学报》1（1），1957；吴汝康《森林古猿牙齿化石首次在中国的发现及其意义》，《古生物学报》6（2），1958；吴汝康《云南开远森林古猿的新材料》，《古脊椎动物学报》2（1），1958。

2　吴汝康、陆庆伍、徐庆华《禄丰的古猿》，《中国远古人类》，pp.245～265，科学出版社1989。

3　吴新智《云南元谋近年发现的古猿化石》，《中国远古人类》，pp.266～267，科学出版社1989。

4　吴汝康《巨猿下颌骨和牙齿化石》，《中国古生物志》新丁种，pp.1～94，科学出版社1962。

5　张银运《步氏巨猿》，《中国远古人类》，pp.269～276，科学出版社1989。

6　同注5。

7　同注5。

8　黄万波、方其仁等《巫山猿人遗址》，海洋出版社1991。

9　许春华、韩康信、王令红《鄂西的巨猿化石及共生的动物群》，《古脊椎动物与古人类》12（4），1974。

10　胡承志《云南元谋发现的猿人牙齿化石》，《地质学报》1983/1。

11　吴汝康《陕西蓝田发现的猿人下颌骨化石》，《古脊椎动物与古人类》8（1），1964；吴汝康《陕西蓝田发现的猿人头骨化石》，《古脊椎动物与古人类》10（1），1966。

12　李天元、王正华等《湖北省郧县曲远河口化石地点调查与试掘》，《江汉考古》1991/2；李天元、王正华、李文森等《湖北郧县曲远河口人类颅骨的形态特征及其在人类进化中的位置》，《人类学学报》13（2），1994。

13　吴汝康、董兴仁《安徽和县人化石的初步研究》，《人类学学报》1（1），1982。

14　南京市博物馆、北京大学考古学系汤山考古队《南京人化石地点》，文物出版社1996。

15　吴汝康《人类牙齿化石的研究》，《山西襄汾县丁村旧石器时代遗址发掘报告》，pp.15～20，科学出版社1958；吴新智《中国的早期智人》，《中国远古人类》，pp. 24～41，科学出版社 1989。

16　吕遵锷《金牛山猿人的发现和意义》，《北京大学学报（哲学社会科学版）》1985/2。

17　吴新智、尤玉柱《大荔人遗址的初步观察》，《古脊椎动物与古人类》177（3），1979；吴新智《陕西大荔县发现的早期智人古老类型的一个完好头骨》，《中国科学》1981/2。

18　贾兰坡、卫奇《阳高许家窑旧石器时代文化遗址》，《考古学报》1976/2。

19　吴汝康、彭如策《广东韶关马坝发现的古人类型人类化石》，《古脊椎动物与古人类》1（2），1959。

20　许春华、张银运、陈才弟《安徽巢县发现的人类枕骨化石和哺乳动物化石》，《人类学学报》3（2），1984。

21　吴汝康《广西柳江发现的人类化石》，《古脊椎动物与古人类》1（3），1959。

22　裴文中、吴汝康《资阳人》，科学出版社 1957。

23　吴茂霖、曹泽田《贵州首次发现的古人类头骨化石》，《贵阳师范学院学报（社会科学版）》1983/3。

24　王令红、李毅《陕西黄龙出土的人类头盖骨化石》，《人类学学报》2（4），1983。

25　董光荣、高尚玉、李保生《河套人化石的新发现》，《科学通报》26（19），1981。

26　吴茂霖、王令红、张银运等《贵州桐梓发现的古人类化石及其文化遗物》，《古脊椎动物与古人类》13（1），1975；吴茂霖《贵州桐梓新发现的人类化石》，《人类学学报》3（3），1984。

27　a Weidenreich, F. 1993. On the earliest representative of modern mankind recovered on the soil of East Asia. Bull. Nat. His. Soc. Peking, 13: 161～174；吴新智《周口店山顶洞人化石的研究》，《古脊椎动物与古人类》3（3），1961。

28　吴汝康等《中国远古人类》，科学出版社 1989。

29　邱中郎、顾玉珉、张银运等《周口店新发现的北京猿人化石及文化遗物》，《古脊椎动物与古人类》11（2），1973。

30　张银运《中国早期智人牙齿化石》，《人类学学报》5（2），1986。

31　贾兰坡《长阳人化石及共生的哺乳动物群》，《古脊椎动物学报》1（3），1957。

32　同注 11。

33　同注 10。

34　袁宝印、朱日祥、田文来《泥河湾组的时代、地层划分和对比问题》，《中国科学（D辑）》26（1），1996。

35　张森水《中国旧石器文化》，天津科学技术出版社 1987。

36　王建、王向前、陈哲英《下川文化》，《考古学报》1978/3。

37　邱中郎、李炎贤《二十六年来的中国旧石器时代考古》，《古人类论文集》，pp. 43～66，科学出版社 1978。

38　金牛山联合发掘队《辽宁营口金牛山旧石器文化的研究》，《古脊椎动物与古人类》16（2），1978。

39　张森水《贵州旧石器考古浅论》（即刊）。

40　黄慰文、张镇洪、傅仁义等《海城小孤山的骨制品和装饰品》，《人类学学报》5（3），1986。

41　同注 40。

42　同注 39。

43　同注 37。

44　同注 40。

45　盖培、卫奇《虎头梁旧石器时代晚期遗址的发现》，《古脊椎动物与古人类》15（4），1977。

46　Pei Wen-chung, 1937. Palaeolithic industries in China. See Early Man. Phaladephia.

47　裴文中《旧石器研究》，《十年来的中国科学——古生物学（1949～1959）》，pp. 114～125，科学出版社 1959。

48　裴文中、袁振新、林一璞等《贵州黔西观音洞试掘报告》，《古脊椎动物与古人类》9（3），1965。

49　贾兰坡、盖培、尤玉柱《山西峙峪旧石器时代遗址发掘报告》，《考古学报》1972/1。

50　李宣民，张森水《铜梁旧石器文化之研究》，《古脊椎动物与古人类》19（4），1981。

51　张森水《我国南方旧石器时代晚期的若干问题》，《人类学学报》2（3），1983。

52　张森水《中国旧石器考古学中的几个问题》，《长江中游史前文化暨第二届亚洲文明学术讨论会文集》，pp. 6～19，岳麓书社 1996。

53　辽宁省博物馆、本溪市博物馆《庙后山——辽宁省本溪市旧石器文化遗址》，文物出版社 1986。

54　张森水《丁村 54:100 地点石制品研究》，《人类学学报》12（3），1993。

55　张森水《丁村 54:90 地点石制品研究》，《人类学学报》13（3），1994。

56　王建、陶富海、王益人《丁村旧石器时代遗址群调查发掘简报》，《文物季刊》1994/3。

57　Boule, M., et al., Le Pal（olithique de la Chine. Arch. Inst. Pal. Hum., Mem 4: 1～138. Masson, Paris.

58　同注 37。

59　宁夏博物馆、宁夏地质局区域地质调查队《1980 年水洞沟遗址发掘报告》，《考古学报》1987/4。

60　李炎贤、袁振新、董兴仁《湖北大冶石龙头旧石器时代遗址发掘报告》，《古脊椎动物与古人类》12（2），1974。

61　同注 35。

62　同注 52。

63　曹泽田《猫猫洞石器之研究》，《古脊椎动物与古人类》20（2），1980；曹泽田《猫猫洞的骨器和角器研究》，《人类学学报》1（1），1982；张森水《贵州旧石器时代晚期文化的若干问题》，《纪念马坝人化石发现卅周年文集》，pp. 119～126，文物出版社 1988。

64　同注 50。

65　李永宪、霍巍、更堆《阿里地区文物志》，西藏人民出版社 1993。

66　张兴永《保山史前考古》，云南科技出版社 1992。

蓝田直立人

张森水

　　1963 年 7 月 19 日在陕西省蓝田县城西北约 10 公里的陈家窝村发现一完整的直立人下颌骨化石，其下第三臼齿先天性缺失，是直立人的首例。1964 年 10 月 22 日在陕西省蓝田县城东约 17 公里的公王岭发现一猿人头骨化石，将其定名为蓝田中国猿人（Sinanthropus lantianensis），俗称蓝田猿人，后来依国际通用的办法划归直立人（Homo erectus）类型，种名改为亚种名，全称为 Homo erectus lantianensis。蓝田直立人头盖骨属于 30 岁左右的女性个体，其形态特征较原始，如头骨壁很厚，脑量小（780 毫升），前额低平等。

　　在公王岭地点的红色土层中发现二十六件石制品，其中石核十二件、石片七件、刮削器七件。在陈家窝地点采集到十件石制品，包括石核二件、石片五件、刮削器二件和砍砸器一件。与人化石、石制品共同出土的有大量的哺乳动物化石，公王岭地点计三十八种，陈家窝地点有十四种，前者有南方动物群的成员，后者基本上为周口店动物群成员。依古地磁测年的结果，陈家窝地点为距今 65 万或 53 万年，公王岭地点为距今 80～75 万年前，还有主张更古老的。蓝田直立人化石的发现，是新中国建立后古人类学领域中首次也是最重大的成果之一，把人类在中国境内生息的时间提前了几十万年。

公王岭地点

蓝田人头骨化石　公王岭

蓝田人下颌骨化石　陈家窝

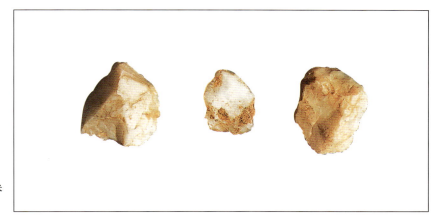

公王岭地点的石器　长3.7～4.6厘米

曲远河口遗址

李天元

砍砸器　长 18.9 厘米

　　曲远河口遗址位于湖北省郧县清曲镇弥陀寺村，1989 年文物普查时发现。1990 年以来，湖北省文物考古研究所、十堰市博物馆和郧县博物馆先后对该遗址进行了六次发掘，共获得人头骨化石二件、石制品三百余件、哺乳动物化石一千余件。遗址可分为上下两个文化层：第 2 层为上文化层，第 3～5 层为下文化层。人化石出自第 3 层，头骨特征较原始，如眉脊粗厚，前额低平并向后倾斜，枕骨圆枕发育，颅顶低矮等，因而属直立人类型，简称"郧县人"。

　　遗址中石制品原料为砾石，以直接打击法为主要的打片和加工方法，也用砸击法。石器以砾石石器为主，石片石器很少。石器类型以砍砸器为主，但在上文化层中发现有典型的尖状器。加工方法以单面加工为主，少数器物为两面加工。哺乳动物化石有二十八种，其中有第三纪的残留种，如剑齿虎；第四纪早期的典型种类，有桑氏鬣狗、大熊猫武陵山亚种、云南马、小猪、秀丽黑鹿、短角丽牛等。动物群的性质与蓝田公王岭动物群相似，时代应为早更新世晚期。古地磁测年结果为距今 90～80 万年，文化遗存应属旧石器时代早期。

单刃砍砸器　长 16 厘米

石核　长 3.8～7.2 厘米

郧县人一号头骨化石

郧县人二号头骨化石

观音洞遗址

李炎贤

观音洞遗址位于贵州省黔西县沙窝区沙井乡，是中国西南地区旧石器时代早期的文化遗址，1964年冬发现。1964～1973年，中国科学院古脊椎动物与古人类研究所和贵州省博物馆先后进行了四次发掘，获得石制品三千多件，哺乳动物化石二十多种。

观音洞文化的特征是：石制品以硅质灰岩为主要原料，素材多为岩块，用锤击法打片和修整，少数石核和石片的台面有修理痕迹。石器中以石片石器为主，形状多不规则，大小悬殊，以3～5厘米的为最多。石器刃缘多陡直而不平齐，少数石器修整痕迹呈平行窄长条状。加工方向多样化，其中以正向加工为主，反向加工的约占20%。单刃石器少，复刃石器数量多并以异向加工为主。石器组合中以刮削器为主，其次为端刮器、砍砸器、尖状器、石锥、凹缺刮器和雕刻器等。观音洞文化的技术传统，在中国西南地区特别是贵州省和四川省旧石器时代文化发展中，起着不可忽视的作用。根据地层情况，观音洞文化可分早晚两期，伴出的哺乳动物化石均属大熊猫—剑齿象动物群，但早期者含第三纪残留种。多数学者认为观音洞文化的地质时代应为中更新世，文化时代应为旧石器时代早期。

砍砸器　长7.8～12.1厘米

观音洞西洞口

刮削器　长 3.1~7.5 厘米　　　　　　　　　　　　尖状器　长 6~9.4 厘米

丁村遗址

王 建

　　丁村遗址位于山西省襄汾县丁村附近的汾河两岸。1953 年发现，1954 年和 1976～1980 年先后进行过两个阶段性的调查发掘。

　　1954 年秋，中国科学院古脊椎动物研究室等单位在汾河东岸 III 级阶地底部发现含有旧石器和动物化石地点十一个，获石制品二千零五件，哺乳动物化石二十七种，其中在 54：100 地点发现了三枚人的牙齿化石。1958 年由裴文中、贾兰坡等对这些发现作了系统研究，确立了"丁村文化"。

　　1976～1980 年，山西省文物部门对丁村遗址进行了多次调查发掘，发现丁村遗址已不是仅限于旧石器时代中期的文化遗存，而是扩及汾河两岸，地点达二十三个，包括旧石器时代早、中、晚三个时期的遗址群。1976 年发现一块幼儿顶骨化石。丁村文化是以大石片、三棱大尖状器、大尖状器、斧状器、宽型斧状器、双阳面石刀、石球等典型器物为传统纽带的一种区域性文化。它们在丁村遗址群内三套不同地质时代的地层中重复出现，说明三者之间有着密切的传承关系。

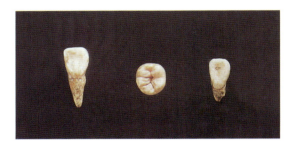

丁村人牙齿　　54：100 地点

丁村　　54：100 地点

丁村遗址

三棱大尖状器　长 18.5 厘米

砍砸器　长 19.5 厘米

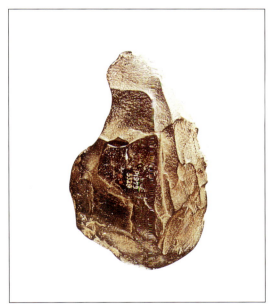

许家窑遗址

李超荣

许家窑遗址位于山西省阳高县许家窑村和河北省阳原县侯家窑村之间的梨益沟西岸（N.40°06′，E.113°59′），1974 年发现，1976、1977 年和 1979 年进行了三次大规模的发掘。从距地表约 8 米深的黄绿色粘土层中发现人类化石二十件，其中包括儿童上颌骨一块，不同年龄的顶骨十二块、枕骨二块、颞骨和下颌骨各一块、单个上臼齿二枚和下臼齿一枚。石制品万余件，其中有大量用锤击法和砸击法产生的石片和各种形状的石核。石器中有刮削器、雕刻器、石钻、砍砸器和大量的石球等。另外还出土一批骨、角器，如铲式工具、三棱尖状器、刮削器和角工具等。哺乳动物化石主要有野马、野驴、赤鹿、裴氏扭角羊、许家窑扭角羊、披毛犀和原始牛等。遗址年代经铀系法测定为距今约 10 万年。考古学年代为旧石器时代中期。

许家窑遗址中发现大量的石球，这是一种特殊的文化内涵。许家窑文化具有细石器文化先驱的性质，这种技术传统在北京人文化和峙峪人文化之间起着重要的作用，为研究细石器文化的起源提供了依据。

人类化石

石器　长 6~8 厘米

许家窑遗址发掘现场

石球　直径5~10厘米

鸡公山遗址

王幼平

　　鸡公山遗址位于湖北省江陵县荆州镇郢北村附近黄宜高速公路北侧的一条南北向小土岗上。遗址面积约 1000 平方米。1992 年，荆州市博物馆与北京大学考古学系对该遗址进行抢救性发掘，揭露面积 467 平方米。

　　遗址分为上、下两个文化层。上文化层发现石制品近五百件，有石英、燧石等原料加工的刮削器等，属小石片石器工业，时代约为旧石器时代晚期。下文化层系遗址的主体部分，时代约相当于旧石器时代的中期或更早。通过发掘，揭露出一个面积很大的早期人类活动场所，上面分布着数以万计的石制品，有砍砸器、尖状器、刮削器等华南砾石石器工业中常见的种类。其中用长条形砾石加工的大尖状器是该遗址中最典型的器物。另外还发现石核、石片、石锤、石砧等。这些现象清楚地表明遗址是一处石器制作场。

　　鸡公山遗址上、下文化层的叠压关系为研究中国南方旧石器文化发展提供了又一证据。下文化层的遗迹现象展示了早期人类生存环境的特点及活动方式。

圆形居址

鸡公山遗址

石制品出土情况

尖状器

刮削器

新石器时代考古

张忠培

一

1949 年以前的新石器时代的发现与研究成果，是最近五十年求索的最初起点。而这五十年新石器时代考古发现与研究，极大地改变了 1949 年前形成的中国新石器时代的知识结构，产生了较为完整的系统认识，摆脱了原先依靠历史传说认识这万余年历史的局面。

回顾我们对中国新石器时代的历史所经历的从量变到质变的认识过程。苏秉琦于 1975 年发表的考古学文化区、系、类型论的演讲，当被视为这一认识过程中出现质的转变的标志。

二

以 1975 年为界的前二十五年，又可分为前后两段。

（一）

前段，考古学界接受前苏联考古学的影响，强化了考古学是史学组成部分这一我国考古学的固有认识。这期间最重要的新石器时代的发现，除了京山屈家岭[1] 及南京北阴阳营[2]

的发掘，分别辨识出屈家岭文化及北阴阳营文化，以及在兰州白道沟坪揭示出一处马厂文化窑场[3] 之外，需做简略说明的是黄河流域如下几项工作：

1. 1951 年苏秉琦于开瑞庄发现的西周墓葬穿破现在被称之为客省庄文化的灰坑，后者又打破现在名为西阴文化的灰坑，这样一组层位关系[4]。苏秉琦在 1951 年发表的《简报》中指出：后两种遗存"和河南境内的两类不同的史前文化遗存好像是遥遥对照的"[5]。他这样含蓄地说出了它们的区别和年代上大致对应的关系，同时，对当时颇为流行的仰韶文化起源于西方和龙山文化起源于东方，以及两者于陕晋豫邻近地区汇合而形成"混合文化区"的观念，提出了质疑。

2. 半坡、客省庄、庙底沟及三里桥遗址的发掘。

在新石器时代考古中，以揭示聚落为目标而采用探方方法发掘，始于半坡的工作。这次发掘，不只是提供了一批使学术界在当时内涵混杂的仰韶文化中分辨出半坡类型，即今名之为半坡文化的较为完整的资料，同时重要的是能从已揭示的部分遗址使我们基本上窥视出半坡文化的村落布局，揭开了研究新石器时代聚落的序幕[6]。

对客省庄及三里桥遗址的发掘，使我们能够确认出龙山时代两类不同性质的文化遗存[7]。同时，三里桥的工作，还首次揭示出一批连接半坡文化和西阴文化而具有过渡性特征的资料[8]。

庙底沟的发掘，提供了能从当时内涵混杂的仰韶文化中拆出庙底沟类型，即今名之为西阴文化的较为完整的资料，还辨认出了庙底沟二期文化。

3. 在甘肃洮河临洮马家窑—瓦家坪遗址，发现了西阴文化在下、马家窑文化在上的层位关系[9]。这一发现的重要性，是给学术界提供了认识甘青地区含彩陶的文化遗存的年代晚于西阴文化的最初出发点。

综上所述，可将这时期对中国新石器时代认识的进展，归纳如下：

1. 提出了马家窑文化晚于西阴文化的认识，为否定"仰韶文化"源于西方说提供了重要证据。

2. 澄清了仰韶文化的混杂内涵，将其区分为半坡和庙底沟两个类型，并基本上认识了半坡文化的聚落形态。

3. 识别出庙底沟二期文化、"河南龙山文化"[10]和客省庄文化这三类遗存，提出了庙底沟二期文化是从"仰韶文化"转变为"河南龙山文化"及客省庄文化的中间环节的新认识。

4．舍弃了陕晋豫邻近地区为仰韶与龙山"混合文化区"的认识，初步搞清楚了渭河流域和陕晋豫邻近地区考古学文化的序列。

5．开始认识到江汉地区及长江下游也存在新石器时代较早时期的文化。

（二）

后段，时值 1958 至 1975 年。这段时期，考古学的实事求是的学术传统遭到史无前例的冲击，文化定名、层位学、类型学乃至一般田野考古技术，不是被当成资产阶级的伪科学，就被定成繁琐哲学遭到批判，直到考古学的一切工作被迫停了下来。然而，同一事物至少也有两面，世界总是多姿多彩。乌托邦的大跃进，却鼓励那些单纯又想做事的人的工作热情与劲头；激烈批判的喧嚣，往往激发人们对同一事物的另面思考；停止了人们的考古工作，使人有了更多的时间消化以往获得的考古资料，等等。更需要指出的是，人们可以停止考古工作，却不能改变这学科的内在规律。因之，只要存在考古工作，不管外部压力多大，这学科的内在规律终将展现出来。当然，这考古学的规律是靠人发现并予以实现的。可喜的是，尹达、夏鼐、苏秉琦这些颇有见识的考古学家，面对大跃进刮起的极左思潮，站了起来，做出了力所能及的努力。同时，在他们的支持、指导和影响下，一些考古学者坚持了实事求是的学风，艰苦奋斗，做出了成绩。正是在他们的努力下，才避免了一些灾难。与前段考古工作相比，这阶段考古学的发现与研究，又有了新的进展。

其一，针对要不要考古学文化定名，如何定名，是否应以蒙昧时代、野蛮时代及文明时代的一般概念，代替对遗存进行考古学文化的划分，以及对遗存应作具体研究等问题，夏鼐发表了《关于考古学上文化的定名问题》[11]。在这篇讲话中，他科学地回答了什么是考古学文化，划分考古学文化的标准，考古学文化定名条件、时机及如何定名等这些考古学的基本问题。在探讨这些问题时，夏鼐所依据的虽基本上是柴尔德的学说，但这是超出柴尔德时空而适合当时中国考古学的创造，同时，夏鼐并没有完全停滞在柴尔德原则上止步不前。在这篇讲话中，夏鼐进而提出"那些算是两个不同的文化，那些只是地区或时代关系而形成的一个文化的两个分支"，这样重要而颇具启迪性的见解。对此，他虽持"留待将来有机会时再加详细讨论"的谨慎态度，却第一次将考古学文化应区分类型与期别，以及对于文化与类型或期别应如何界定这样一些考古学的基本问题的思考，相当明确地提了出来。这一篇逆潮流的、拨乱反正的讲话，捍卫了考古学遗存分类的科学原则，推动了考古学文化及其类型划分的研究，尤其是当年仰韶文化区分类型的探索，促进了考古学的健康发展。

其二，确立了渭河流域考古学文化的先后序列。前面，我们已经指出，由于对半坡及客省庄遗址的发掘，初步究明了渭河流域考古学文化序列。在这一基础上，黄河水库考古工作队陕西分队华县队在华县及渭南的工作，又取得了如下成绩：

1. 新发现了早于半坡文化的老官台文化[12]和位于半坡四期文化和庙底沟二期文化之间的泉护二期文化[13]。前者是最早确认的早于仰韶时代的遗存。

2. 提出了元君庙半坡文化墓地的分期[14]和泉护村遗址西阴文化的分期[15]。后者使我们认识到西阴文化只能是半坡四期文化的前身。同时，又据郭老村[16]、下孟村[17]、三里桥[18]的材料，提出了半坡类型（今名为半坡文化）早于庙底沟类型（今名为西阴文化），以及后者是由前者发展起来的新认识。

这样，就可将渭河流域考古学文化序列概括如下：老官台文化→半坡文化→西阴文化→半坡四期文化→泉护二期文化→庙底沟二期文化→客省庄文化。这是全国最先确立的一个地区的考古学文化序列。它为中国其他地区，尤其是黄河流域、长江中下游和西拉木伦河及燕山南北地区的考古学文化断代，树立了一个标尺。

其三，解析元君庙半坡文化墓地，探讨其时的社会制度。这是继半坡村落之后的另一形态的聚落的研究，开创了解析墓地的道路。

其四，除渭河流域外，其他地区也发现了很多重要遗存。例如：甘肃武威皇娘娘台[19]、山西太原义井[20]、山东宁阳大汶口[21]、河北磁县界段营及下潘汪[22]与唐山大城山[23]、北京昌平雪山[24]、内蒙古巴林左旗富河沟门[25]与敖汉旗小河沿[26]、辽宁沈阳新乐[27]、吉林市二道沟子[28]、黑龙江密山县新开流[29]、上海青浦崧泽[30]、浙江嘉兴马家浜[31]与余姚河姆渡[32]、江西万年仙人洞[33]与修水山背[34]，以及福建闽侯县石山[35]，等等。限于篇幅，我们不能对这些重要发现一一评述，现将其意义简要说明如下：

1. 河北磁县界段营及下潘汪发现的称之为后冈类型遗存，文化面貌与后冈一期文化接近，年代当早于其时认识的后冈一期文化。万年仙人洞遗存的文化面貌，相当原始，年代应早于老官台文化。这一发现显示鄱阳湖地区是中国新石器时代文化的一个发源地。

2. 唐山大城山的龙山时代遗存及武威皇娘娘台的齐家文化遗存，均发现了铜制品。这是1949年以后我国于当时发现的年代最早的铜制品，启迪人们关于龙山时代已进入金属时代的思考。而于皇娘娘台首次发现的一男二女、男尊女卑的合葬墓，与半坡文化元君庙墓地所见的以女性为本位的合葬墓类比，可知齐家文化已进入了父权制时代。

3．除上述外，如本文所列这时期发现的其他遗存，均填补了所在地区文化序列的空白，除吉林市二道岭子外，都是新见的考古学文化赖以命名的遗存。同时，在确认二道岭子这类遗存之前，松花江及其以东地区被认为是新石器时代的文化，年代均晚于新石器时代，故二道岭子这类遗存的确认，为识别该地区新石器时代文化提供了先例。总之，由于这批新的遗存的发现，中国各地区新石器时代文化各具特色，相互异趣，五彩缤纷，还具相似性的形象，又进一步呈现在人们的眼前。

至此，与1949年前相比，对中国新石器时代的认识出现了基本变化，学术界的知识结构发生了巨大改观。

三

"文革"这一史无前例的浩劫，窒息考古学，给广大考古学者，尤其是这个学科的代表性人物制造了灾难。然而，历史却是依辩证逻辑向前滚动的，人们开始了新的思考。邓小平复出给人们带来一丝希望的1975年夏季，苏秉琦将他跳出"两个怪圈"[36]，悟出深藏于资料中的考古学文化区、系、类型论，向吉林大学考古专业部分师生做了一次报告。这预示着考古学新时期的来临，是中国考古学最近二十五年起步的标志。伴随着对"文革"的反思和实践是检验真理标准的讨论，中国人民经历着再一次思想解放。在这适宜学术的环境下，苏秉琦将上述报告整理成文发表出来[37]，接着，于1985年又发表了《辽西古文化古城古国——试论当前考古工作重点和大课题》[38]。这两篇重要著作，植根于中国考古学实践，以自己的话语，或注入了自己概念的传统语汇，表达了自己的理论，是中国考古学人的理论思维已进入一个新阶段的标志，既对以往考古学发现及研究成果做了科学的理论总结，又对广大考古学者因真理标准的讨论而启迪的活跃思想产生了巨大影响，提供了新思路，发挥了重要的指导作用，把中国考古学的研究水平及学科的理论建设，推到了一个新的阶段。

自1975年，尤其是自十一届三中全会以来，中国考古学的新发现，遍地开花，层出不穷。其中最为重要的当数湖南道县蛤蟆洞、河北武安磁山、河南新郑裴李岗、山东临淄后李、辽宁敖汉兴隆洼、湖南澧县彭头山及八十垱、辽宁敖汉赵宝沟、河南邓州八里岗、河南郑州西山古城、湖南澧县城头山、安徽含山凌家滩、浙江余杭良渚反山及瑶山墓地、甘肃秦安大地湾半坡四期文化遗址、辽宁凌源牛河梁、西藏昌都卡若、内蒙古察右前旗庙子沟、河南登封王城岗与淮阳平粮台、山东章丘城子崖和临朐朱封大墓。这些最重要的发现，将于本书的项目中作具体的说明。这里仅就它们的重要意义，先略述如下：

其一，蛤蟆洞，亦称玉蟾岩[39]，年代与前述万年仙人洞相当。由于它的发现，可把植稻农业及陶器的起源，以及新石器时代的开始，明确推到公元前万年以上。

其二，彭头山、八十垱和赵宝沟遗存，被分别命名为彭头山文化和赵宝沟文化，时代基本与半坡文化相当，起始年代较早，填补了所在地区文化序列的空白。兴隆洼、八里岗揭示的聚落，较以往揭示的聚落更完整，同时又填补了空白。磁山、裴李岗、后李及兴隆洼，均是赖以命名文化的遗址，年代基本同于老官台文化。它们的发现，将其所属谱系的考古学文化群体的年代上限推至公元前六千年。由此可推测：一是这些不同谱系的考古学文化起始年代当更早；二是中国新石器时代起源当是多元的。

其三，从玉蟾岩这类面积仅百把平方米的洞穴居址，到3万平方米规模的八十垱聚落的演变扩大过程，反映了共居的居民组织由小而大的变化，是否也同时体现了居民组织结构与性质的演化？

其四，除上述外，前列居址、城址、宗教遗址、墓地及墓葬，均反映了中国新石器时代质的和阶段性的变化，是探讨中国文明起源和形成的重要发现。正是由于这些重要发现，引发了学术界对中国文明起源与形成的热烈讨论。中国文明形成于何时，学术界未能取得一致的意见，但这场讨论，使如下问题获得了共识：

1. 文明起源与形成是不同的概念，应在文明形成之前，探索文明的起源。

2. 文明起源与形成是多元的。中国文明的形成应早于夏代。

3. 公元前三千二三百年前后，是中国社会剧烈变化的时期。有的认为这是诸文明因素起源时期，有的则认为这是文明的形成时期。

积二十世纪下半期中国新石器时代的发现与研究成果，使我们对中国新石器时代的认识，出现了根本性的变化，基本完成了相关时期的中国史前史的重建工作。

---

1 中国科学院考古研究所《京山屈家岭》，科学出版社1965。

2 南京博物院《南京市北阴阳营第一、二次的发掘》，《考古学报》1958/1。

3 甘肃省文物管理委员会《兰州新石器时代的文化遗存》，《考古学报》1957/1。

4 苏秉琦等《西安附近古文化遗存的类型和分布》，《考古通讯》1956/2。

5 考古研究所陕西省调查发掘团通讯组《1951年春季陕西考古调查工作简报》，《科学通报》1951/9

6 中国科学院考古研究所等《西安半坡》，文物出版社1963。

7 中国科学院考古研究所《沣西发掘报告》，文物出版社1962；中国科学院考古研究所《庙底沟与三里桥》，科学出版社1959。

8 张忠培、严文明《三里桥仰韶遗存的文化性质与年代》，《考古》1964/6。

9 甘肃省文物管理委员会《甘肃临洮、临夏两县考古调查简报》，《考古通讯》1958/9。

10 中国科学院考古研究所《庙底沟与三里桥》，pp. 112、119，科学出版社1959。

11 夏鼐《关于考古学上文化的定名问题》，《考古》1959/4。

12 北京大学历史系考古教研室华县报告编写组《华县、渭南古代遗址调查与试掘》，《考古学报》1980/3；苏秉琦《关于仰韶文化的若干问题》，《考古学报》1965/1。

13 北京大学历史系考古教研室《华县泉护村》，未刊稿。另见注12苏秉琦文pp. 52～53。

14 北京大学历史系考古教研室《元君庙仰韶墓地》，文物出版社1983。

15 北京大学历史系考古教研室《华县泉护村》，未刊稿。

16 北京大学历史系考古教研室华县报告编写组《华县、渭南古代遗址调查与试掘》，《考古学报》1980/3，p. 307。

17 北京大学历史系考古教研室《元君庙仰韶墓地》，p. 50，文物出版社1983。

18 同注8。

19 甘肃省博物馆《甘肃武威皇娘娘台遗址发掘报告》，《考古学报》1960/2。

20 山西省文物管理委员会《太原义井村遗址清理简报》，《考古》1961/4。

21 杨子范《山东宁阳县堡头遗址清理简报》，《文物》1959/10；山东省文物管理处《大汶口》，文物出版社1974。

22 河北省文物管理处《磁县界段营发掘简报》，《考古》1974/6；河北省文物管理处《磁县下潘汪遗址发掘报告》，《考古学报》1975/1。

23 河北省文物管理委员会《河北唐山市大城山遗址发掘报告》，《考古学报》1959/3。

24 鲁琪、葛英会《北京市出土文物展览巡礼》，《文物》1978/4，p. 24。

25 中国科学院考古研究所内蒙古工作队《内蒙古巴林左旗富河沟门遗址发掘简报》，《考古》1964/1。

26 辽宁省博物馆等《辽宁敖汉旗小河沿三种原始文化的发现》，《文物》1977/12。

27 沈阳市文物管理办公室《沈阳新乐遗址试掘报告》，《考古学报》1978/4；沈阳市文物管理办公室《沈阳新乐遗址第二次发掘报告》，《考古学报》1985/2。

28 张忠培《吉林市郊古代遗址的文化类型》，《中国北方考古文集》，pp. 219～222，文物出版社1990，原载《吉林大学社会科学学报》1994/1。

29 黑龙江省文物考古工作队《密山新开流遗址》，《考古学报》1979/4。

30 上海市文物管理委员会《上海市青浦县崧泽遗址的试掘》，《考古学报》1962/2；黄宣佩等《青浦县崧泽遗址第二次发掘》，《考古学报》1980/1；上海市文物保管委员会《崧泽》，文物出版社1987。

31 浙江省文物管理委员会等《浙江嘉兴马家浜新石器时代遗址的发掘》，《考古》1961/7。

32 浙江省文物管理委员会等《河姆渡遗址第一期发掘报告》，《考古学报》1978/1；河姆渡遗址考古队《浙江河姆渡遗址第二次发掘的主要收获》，《文物》1986/5。

33　江西省文物管理委员会《江西万年大源仙人洞洞穴遗址试掘》，《考古学报》1963/1。

34　江西省文物管理委员会《江西修水山背地区考古调查与试掘》，《考古》1962/7。

35　福建省文物管理委员会等《闽侯县石山新石器时代遗址第二至四次发掘简报》，《考古》1961/12；福建省文物管理委员会《福建闽侯县石山新石器时代遗址第五次发掘简报》，《考古》1964/12；福建省博物馆《闽侯县石山遗址第六次发掘报告》，《考古学报》1976/1。

36　苏秉琦《中国文明起源新探》，pp. 2～5，商务印书馆（香港）1997。

37　苏秉琦《关于考古学文化的区系类型问题》，《苏秉琦考古学论述选集》，pp. 225～234，文物出版社1984。

38　苏秉琦《辽西古文化古城古国——试论当前考古工作重点和大课题》，《华人·龙的传人·中国人》，pp. 76～79，辽宁大学出版社1994。

39　袁家荣《玉蟾岩获水稻起源重要物证》，《中国文物报》1996/3/3。

玉蟾岩遗址

袁家荣

　　玉蟾岩遗址位于湖南省道县寿雁镇白石寨村，亦名蛤蟆洞，先后于 1993 年和 1995 年进行过考古发掘，为约 100 平方米的洞穴居住遗址。文化层堆积厚 1.2～1.8 米。地层变化复杂，文化现象、面貌性质单纯，为旧石器向新石器过渡时期的文化，年代距今一万年以上。文化遗物主要为打制石器，计有刮削器，切割器，尖头器等，还有磨制的骨铲、骨锥，打制的角铲、穿孔蚌饰及刻槽牙饰。

　　玉蟾岩最重大的发现是十分原始的陶片和水稻谷壳的出土。陶器呈黑褐色，质地疏松，制作粗糙，夹粗砂，砂粒大者直径达 2 厘米。内外装饰似绳纹。1995 年出土的陶片复原为敞口尖圜底的釜形器。稻谷共出土四枚，由于埋藏环境的差异，两枚呈黑色，两枚呈灰黄色，同时在文化堆积土样中分析出有稻属硅酸体。

　　文化层中伴出大量的动、植物化石，其中哺乳动物有熊、貉、灵猫、鹿、猪等二十八种属，鸟禽类有雁、鸭、鹤、天鹅等二十七种，鱼类鲤、草、青等五种，螺蚌类三十三种，以及龟鳖类和昆虫等。植物种属可肯定的达十七种属，有猕猴桃、野葡萄、朴树籽、梅等。这些动、植物化石与人类的生产、生活环境密切相关。

玉蟾岩遗址

陶釜　口径 31 厘米

稻谷

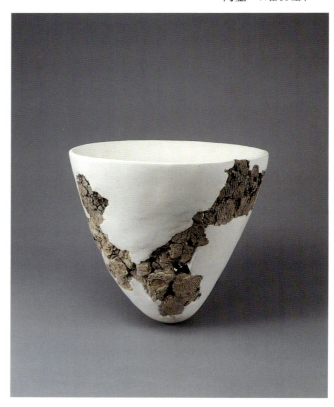

老官台与白家村

张忌培、王仁湘

　　老官台遗址位于陕西省华县县城西南渭河支流西沙河东岸。黄河水库考古工作队陕西分队华县队于1958年在元君庙墓地一些墓葬的填土中，以及在华县老官台和渭南白庙、白刘庄诸遗址的调查时，都发现了区别于当时已认识的新石器时代的陶片。同时，由于这类陶片见于元君庙"仰韶文化半坡类型"的一些墓葬的填土中，故知以这类陶片为代表的遗址的年代，相当或早于"仰韶文化半坡类型"。1959年，华县队在老官台遗址进行了试掘，同年即在元君庙墓地发掘的末期，两地都清理出这类陶片单独存在的单位。同时，该队在整理泉护村及元君庙等地的资料时，得出了这类陶器为代表的遗存年代早于"半坡类型"及后者又早于"庙底沟类型"的认识。无疑，它是一种早于仰韶时代的遗存。七十年代，学术界将之称为老官台文化。

　　白家村遗址位于陕西省临潼县油槐乡白家村，处于渭河北岸的一级阶地上，是一处较为单纯的老官台文化遗址。1982～1984年间，中国社会科学院考古研究所陕西第六工作队在该遗址进行了持续性的大规模发掘，发掘面积1366平方米，揭露出居址二座，灰坑四十九座，墓葬三十六座，葬兽坑一座。出土遗物以陶器为主，也有石器、骨器、蚌器及大量动物骨骸。居址为圆形半地穴式，面积很小。有范围不大的公共墓地，葬式以仰身直肢为主，还有同性多人合葬和屈肢葬。儿童多用瓮棺葬，相对集中地埋入遗址之中。随葬品较少，除实用的石器和骨器外，陶器一般都是仿实用器制作的小型明器。陶器特征鲜明，以圜底钵、三足钵、圈足碗、三足鼓腹罐、三足筒形罐和鼓腹瓮为器群，多数饰各类绳纹，以交错绳纹最富特色。彩陶约占全部陶器的三分之一，褐红色彩，多涂在钵碗类红色陶器和三足器的口沿部位，有的在钵内绘出对称的简单几何纹，这是黄河流域发现的年代最早的彩陶。白家村遗址共测定了九个^{14}C标本，其中七个年代为距今 7330～7050 年（经校正，半衰期 5730 年）。

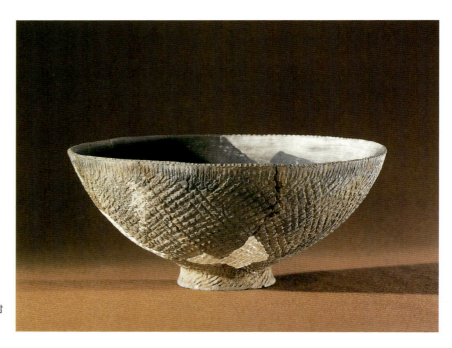

绳纹圈足陶碗　口径 26 厘米　白家村

筒形三足陶罐　高 40 厘米　白家村

三足彩陶钵　口径 33.4 厘米　白家村

裴李岗与贾湖遗址

张居中

1977 年，河南省考古工作者在新郑县裴李岗村发现了一处距今七千年前的新石器时代遗址，文化面貌、特征迥异于已识别的新石器时代文化遗存，遂将此类文化遗存命名为"裴李岗文化"。目前，相当于裴李岗时期的遗存在河南已发现一百多处。经过发掘的有裴李岗、莪沟、班村、贾湖等十多处，发掘规模最大的是由河南省文物考古研究所于 1983~1987 年发掘的贾湖遗址。

该遗址位于河南省舞阳县北舞渡镇贾湖村，面积 5.5 万多平方米，六次发掘共 2400 平方米，发掘出房基、灰坑、陶窑、壕沟、墓葬、瓮棺葬、兽坑等各类遗迹八百多个，其中依次扩建的多间房、带出烟孔的陶窑，大量二次葬或一次葬与二次葬合葬的墓葬很富特色。出土陶、石、骨、甲等各种质料的遗物数千件，大量角把罐、方口盆、凿足鼎、折肩壶等陶制品，丰富的石、骨制品精致美观。其中墓葬中随葬的七声音阶骨笛、内置石子的成组龟甲及其刻符、绿松石饰、柄形石器和骨叉形器，以及房基、灰坑中出土的大量炭化稻米等，均引起学术界的广泛关注。经测定 ^{14}C 年代为距今 9000~7800 年。贾湖遗址的发掘，对研究淮河流域北部地区公元前第六千纪的文化、农业、音乐和卜筮的状况，以及全新世环境变迁等，均提供了新的资料。

稻谷 贾湖

刻符龟甲 长 16.2 厘米 贾湖

贾湖遗址发掘现场

石磨盘、石磨棒　盘长 52.5、棒长 28.5 厘米　贾湖

折肩陶壶　高 15.4~18.5 厘米　贾湖

骨笛　长22.2厘米　贾湖

杈形骨器　高18.5～20.6厘米　贾湖

磁山遗址

高建强

磁山遗址位于河北省邯郸市武安县西南约 15 公里的磁山镇磁山二街村东南约 1 公里的台地上,南临洺河,台地高出河床 25 米,现存面积约 12 万平方米。1972 年,磁山村民在开沟挖渠时发现石磨盘、磨棒。继 1973 年河北省文物管理处和邯郸市文保所调查、1974 年初试掘之后,1976~1978 年、1985~1988 年、1994~1998 年三次发掘,发掘总面积约 7100 平方米。

以磁山遗址为代表的磁山文化是华北地区新石器时代早期重要考古学文化,^{14}C 测定年代为公元前 5400 年左右。此类遗址目前共发现四处,均分布于洺河流域两岸台地上。发现的主要遗迹有窖穴、灰坑、房址、组合物等。其中窖穴和组合物数量较多,引人注意,后者且为磁山文化所特有。窖穴为长方形竖穴,深 2~6 米,部分窖穴下部有粟灰堆积;组合物大陶盂、支架、三足钵、小口壶、深腹罐,石磨盘、磨棒、斧、铲等,集中放置。目前窖穴与组合物的性质、用途尚处于探讨之中。发现的主要遗物有陶盂、支架、三足钵、小口壶、深腹罐,杯、盘,石磨盘、磨棒、斧、铲、镰、石球,骨锥、笄、针、镞、鱼镖、凿、匕,角锥,蚌铲、刀、蚌饰等。其中组成炊器的直壁大平底盂、倒靴状支架为磁山文化代表性器物。发现的植物种籽及果核有粟、榛子、胡桃、小叶朴等。动物骨骼有家鸡、家犬、家猪及鹿类、兔、猕猴、花面狸、金钱豹、牛、野猪、鸟类、龟鳖类、鱼类和蚌类等。其中粟和家鸡的发现为目前世界上所知年代最早者。

磁山文化是继老官台文化之后于黄河流域较早发现的新石器时代早期文化，对当时的前仰韶文化的认识和研究起到了重要作用。

三足陶钵　口径 22 厘米

陶盂　盂高 16.5、支架高 12.5 厘米

陶盂　高25厘米

石磨盘、石磨棒　盘长56.5、棒长41.5厘米

八十垱遗址

裴安平

八十垱遗址位于河南省澧县梦溪乡五福村，即澧水北岸的澧阳平原东北部，南距县城约 20 公里，周围地势开阔平坦。1993～1997 年，该遗址经过连续六次发掘，总面积达 1200 平方米。遗址完全埋藏在地表以下，但当年却属濒临古河的小高地，面积约 3 万平方米。遗址外围筑有环壕和围墙，除北面可能与古河连通外，其余东南西三面皆有发现，总体为长方形，南北最长约 200 米，东西最宽约 160 米。确认彭头山文化之后，它是发掘规模最大的一处彭头山文化聚落址，年代距今 8000～7000 年。遗址中还发现许多建筑遗迹和墓葬，出土了大量陶器、工具，以及各种有机质遗物。

居住建筑的形式主要有半地穴式、地面式和干阑式。台基式建筑数量少，高出地面，有中心柱，四角带犄角形坡道，整个建筑外观似海星状，作用不详。墓葬发掘百余座，多数位于居住区周围，流行二次葬，墓坑小，样式有近方形、圆筒形、长条形三种。随葬品数量很少，大部仅有残陶片。

陶器多数掺稻壳和草叶，胎黑色，器壁厚重，表面有红褐色泥质外衣，火候不匀，通体杂色斑驳。装饰以交错粗乱绳纹为主，还有指甲纹、戳印纹、划纹等。造型古朴粗犷，个体较大，流行圜底，口部无沿。主要器类有大口深腹罐、小口深腹罐、圆腹罐、高领双耳罐、盘、支座、钵，以及盆、碟和三足器等。工具以大型打制砾石器和细小燧石器为主，无固定形状。磨制石器数量很少，只有一种小锛。骨木器的制作也

很简单。骨器多以牛肢骨为原料，管状斜刃。木器常见钻，尖部经火烧烤。还有一种大型木具，斜刃，带扶手，长 90 厘米。有机质遗物最重要的是数万粒保存状况极好的稻谷和稻米。此外有芦席、芦笥、麻绳、藤索、木牌、竹牌等生活用具；牛、猪、鸡、鹿、麂子、鱼等家畜和动物的骨骼；以及菱角、芡实、莲子等数十种植物的果实和种子。

房址

八十垱 T43

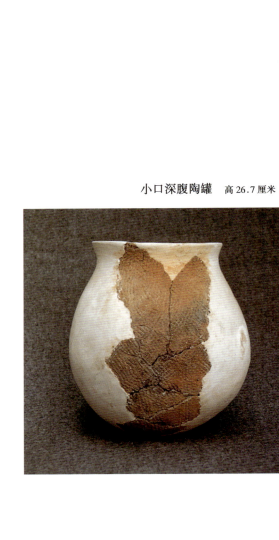

小口深腹陶罐　高 26.7 厘米

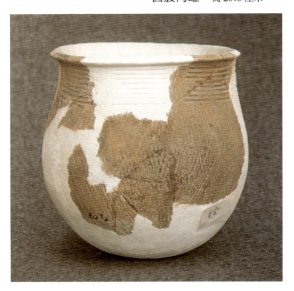

圆腹陶罐　高 20.5 厘米

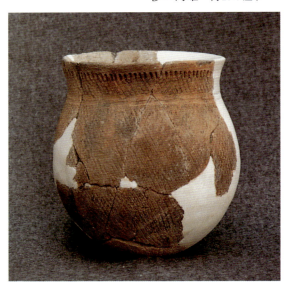

侈口陶罐　高 20.5 厘米

兴隆洼遗址

杨 虎

　　兴隆洼遗址位于内蒙古赤峰市敖汉旗宝国吐乡兴隆洼村东南，地处大凌河支流牤牛河上游右岸一东西向低丘岗地上。1983～1993 年度，中国社会科学院考古研究所对该遗址进行过六次发掘，共揭露面积 3 万余平方米，清理房址一百七十座、窖穴三百余座、居室墓葬三十余座，此外，还有一道完整的围壕，出土大量陶、石、玉、骨、蚌制品以及鹿、猪等动物骨骼。经 ^{14}C 测定并已校正，其年代为公元前 6200～前 5400 年。在 1985 年发表的简报中正式提出兴隆洼文化的命名。

　　兴隆洼遗址可划分为三期，第一期聚落最具代表性。房址均为半地穴式建筑，平面呈圆角长方形或方形，沿西北—东南方向成排分布，排列齐整。一般每间约为 50～80 平方米，最大的两间并排位于聚落中心部位，面积各达 140 余平方米。居住区外侧绕以近圆形的围壕。这类以围壕环绕成排房址为特征的史前聚落形态，区别于半坡文化聚落形态，可以称之为"兴隆洼聚落模式"。居室葬，是将少数有特殊身份的死者埋在室内的特定位置，均为长方形竖穴土圹墓，墓主为单人仰身直肢葬。M118 是规格最高的一座，随葬品十分丰富，墓主右侧葬有两头整猪，一雌一雄，占据墓穴一半位置，此类现象在国内史前遗址中尚属首例。陶器均手制，以夹砂筒形罐和钵为主，器表多满施纹饰。石器有打制锄形器、磨制石斧以及磨盘、磨棒等。玉器有玦、管、匕形器、锛、凿等，是迄今国内所知年代最早的真玉器。

兴隆洼文化的发现，解决了学术界讨论多年的红山文化的源头问题，进一步明确了辽西地区与黄河流域新石器时代是谱系有别、平行发展、相互影响的文化。兴隆洼一期聚落是目前发现的年代最早、保存完整并做了全面揭露的史前聚落。

兴隆洼聚落遗址

居室墓葬 M118

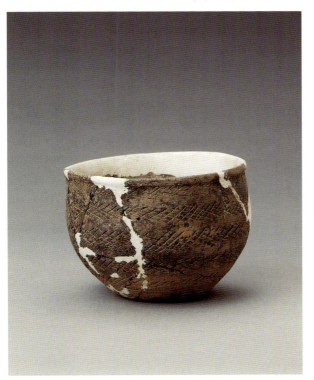

陶钵 口径 11.8 厘米

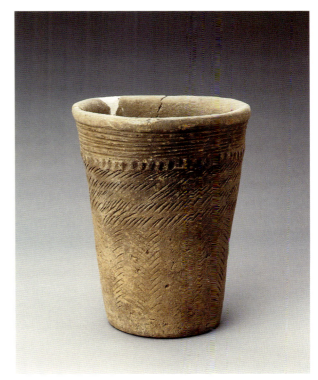

筒形陶罐 高 22.7 厘米

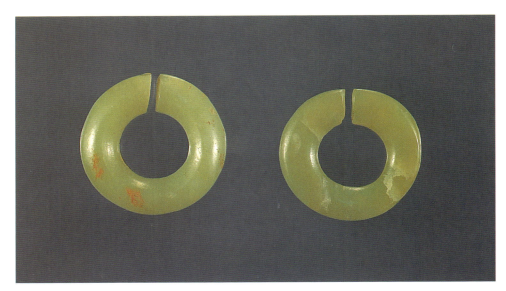

玉玦　长 2.8~2.9 厘米

石斧　长 10.7 厘米

半坡与姜寨遗址

巩启明

半坡遗址位于西安市东浐河东岸二级阶地上。中国科学院考古研究所于 1954～1957 年在此有计划地进行了五次发掘，揭示面积约 1 万平方米，了解这里是一处环壕村落。半坡村落由居住区、墓地、窑场结合而成，面积 5 万平方米。居住区外环以大致呈椭圆形的围沟，沟北为墓地，沟东有窑场。居住区只揭露了位于围沟内的北边的一部分。这部分的房屋绝大多数背向围沟，据此推知居住区内的房屋是呈背环围沟的布局。要清楚地了解半坡类型的村落，需要介绍经过了全面揭露的姜寨遗址。

姜寨遗址位于陕西省临潼县城北 1 公里的姜寨村南，面积约 5 万平方米，经西安半坡博物馆 1972～1979 年十一次大规模发掘，揭露面积 17084 平方米，是迄今中国史前聚落遗址中发掘面积最大的一处。其文化层厚达 3～4 米，仰韶文化堆积由下而上依次为半坡文化早期、史家文化晚期、西阴文化及半坡四期文化。^{14}C 测定断代并经校正，半坡文化早期的年代为公元前 4600～前 4400 年左右。遗址的发掘揭露了半坡文化早期的一处聚落遗址，其保存之完好、布局之清晰是前所未见的。

姜寨聚落的居住区西南临河，东南北三面环绕人工壕沟，轮廓呈椭圆形，面积约 2 万平方米。居住区内有中心广场，周围分布着一百多座房子，分为五群。每群以一座大房子为主体，其附近分布着十几座或二十几座中小型房屋，屋门均朝向中心广场。房屋附近分布有储藏东西的地窖群、家畜圈栏及儿童瓮棺葬等。烧制陶器的窑场在村西临河。村东围沟以外墓葬区分布着三片墓地。从整个聚落遗迹的建筑组群来看，在这里居住的可能是由若干氏族组成的一个胞族或一个部落居民群体。

姜寨遗址出土各类遗物一万多件，其中以彩陶最为精美，特别是鱼、蛙和人面纹陶盆，简练古朴，不失为原始艺术的珍品。在部分陶器上发现有刻划符号，共三十八种一百二十多个，多数与半坡遗址所出相同，有少数是初次发现，为研究中国原始文字的起源提供了科学资科。

人面鱼纹彩陶盆　口径 50 厘米　半坡

鱼蛙纹彩陶盆　口径 30.4 厘米　姜寨

刻符彩陶钵　口径 34.2 厘米　姜寨

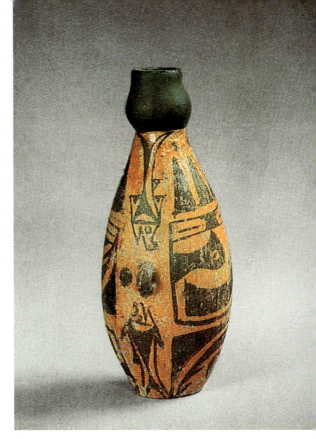

鱼鸟纹彩陶葫芦瓶　高 29 厘米　姜寨

姜寨聚落平面图

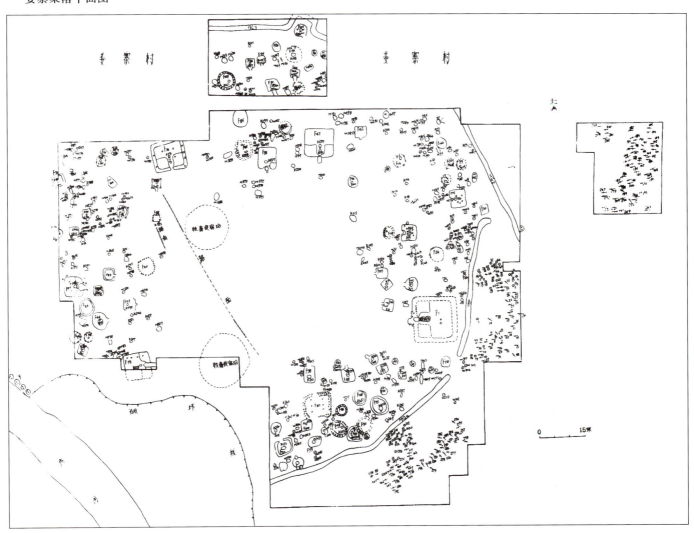

尖底彩陶罐 高 18 厘米 姜寨

细颈彩陶壶 高 9 厘米 姜寨

元君庙墓地

张忠培

元君庙墓地位于陕西省华县渭水支流沟峪河东侧，西南距泉护村1公里。1958～1959年，黄河水库考古工作队陕西分队华县队在此全面揭露了一处基本保存完整的半坡文化墓地，探明墓地北面存在着同时期的居住地，还发现了二里头文化墓葬及少数老官台文化的灰坑。揭示半坡文化墓地，是这次发掘的主要收获。

墓地内共有五十七座墓葬。其中M438、M432、M460和M461四座墓葬，虽也属于半坡文化，但年代晚于其他墓葬且年代差距较大，或许代表尚未形成的另一墓地。余下的五十三座墓葬，可基本分为连续发展的三期。其中的四十五座，分属东西并列的两个同时墓区，每一墓区内的墓葬，按年代早晚由东向西分列成三个纵行，各行列的墓葬则是自北向南依次入葬的。除一部分单人墓外，同时葬入的多人合葬墓有二十八座。合葬墓中的死者，占墓地死者总数92％，一墓中少则二人，多则二十五人，一般都在四人以上，大多为二次葬，其次兼有一次葬和二次葬，也有个别纯为一次葬。单人墓亦分一、二次葬者。尸体或尸骨皆以仰身直肢形式放置，头向西。除个别墓用卵石垒砌"椁室"，或用红烧草泥土块铺砌墓底外，都是无葬具的土坑竖穴墓。小口尖底瓶、夹砂陶罐及细泥陶钵为随葬品的基本组合，少数墓葬中还随葬彩陶、生产工具及饰品。

从合葬墓中一、二次葬死者和纯为一次葬死者死亡年龄的分析比较，得知有些是老少二三代人的合葬。合葬墓中的成年男女不成比例，说明合葬于一墓的成员未经婚姻关系调整。值得注意的是，这里只有母女合葬墓，而无成年男性带儿童的合葬墓，同时，女性墓的随葬品一般多于男性，存在着对成年、未成年女性实行厚葬的现象。后者反映了当时存在着爱重女孩的习俗和财产方面的母女继承制。故可将合葬墓视为母权家族一定时期死亡成员的合葬墓。依此，可认为高于家族的组织为以墓区为代表的单位，高于墓区的则是以墓地为代表的单位。依民族学对此时期的社会组织的研究，后二者或分别是氏族与部落。

墓葬排列情况

元君庙墓地发掘现场

M458

M419

陶钵

小口尖底陶瓶

弦纹陶罐

河姆渡遗址

刘 军

河姆渡遗址位于浙江省余姚市河姆渡镇浪墅桥村（原余姚县罗江乡渡头村），E.121°22′，N.29°58′。总面积约4万平方米，1973年夏发现。1973年和1977年进行过两次发掘，实际发掘面积2630平方米。该遗址文化堆积厚度达4米。自上而下叠压四个文化层，第四文化层经树轮校正 ^{14}C 年代距今约7000年。

该遗址是河姆渡文化依以命名的遗址。遗址的第3、4文化层系河姆渡文化时期。它的主要文化内涵为多种多样的石、骨（角）、木质生产工具，平面呈梯形的小型石斧、石锛，打琢痕迹明显，仅刃部磨光。骨耜最具特色。有一群夹炭黑陶典型器物，如肩脊上饰繁缛花纹、腹部施绳纹的敛口釜和敞口釜，半环形的双耳罐，深腹盆，凸棱盘，单耳钵，盘形、钵形圈足豆，侈口筒腹平底尊，方柱形支座和器盖等。以动、植物纹为图象的石、骨（角）、牙、陶为质料的原始雕刻艺术品丰富多彩，鸟纹、猪纹及植物枝叶纹最引人注目；莹石制作的玦、璜、管、珠是当时的装饰品。最为壮观的是榫卯结构、基座支撑的长条形木构干阑式建筑。遗址还保存大量外形完好的人工栽培稻，为同时期遗址所少见。

河姆渡遗址发掘现场

骨耜　长18厘米

陶釜　高22.8厘米

方形陶钵　高 11.7 厘米

象牙蝶形器　长 16.6 厘米

鸟形陶盉　高 13.8 厘米

骨镰　残长 17.5 厘米

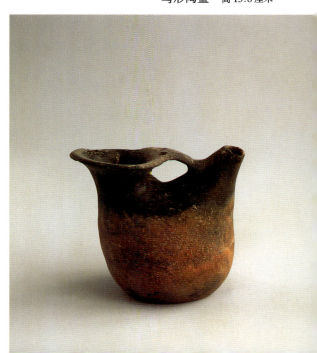

赵宝沟聚落遗址

刘晋祥、董新林

赵宝沟聚落遗址位于内蒙古自治区赤峰市敖汉旗高家窝铺乡赵宝沟村西北2公里一处平缓开阔的坡地上，是"赵宝沟文化"的命名地。中国社会科学院考古研究所内蒙古工作队和敖汉旗文化馆文物组于1982年在敖汉旗进行文物普查时发现该遗址。1986年夏，内蒙古工作队进行了科学发掘，清理了十七座房址、一个灶址、五个灰坑和一处石头堆遗迹，获得了一批十分重要的陶器、石器、骨器、蚌器和动物骨骼等遗物。

赵宝沟聚落遗址是一处性质比较单纯的新石器时代遗址，至少残存八十九个半地穴房址灰土堆积被破坏后遗留下来的灰土圈，均大体沿坡地等高线方向有规律地成排分布。其布局勾勒出原始社会赵宝沟聚落的生活场景。聚落中的房屋均为半地穴式建筑，平面形状主要是长方形，个别为凸字形。遗物群特征鲜明，陶器以筒形罐、椭圆底罐、圈足鼓腹罐、尊形器、平底钵、凹底钵、圈足钵、碗等为主要组合；石器以斧或斧形器（平面呈梯形，两侧长边磨成平面）、耤（形体扁平，顶部打有一浅凹槽）、锄等最具特色；骨蚌器较少，但动物遗骸则发现较多。该聚落遗址陶器纹饰别具一格。除东北地区较常见的之字形纹外，还有大量的F字形、己字形、菱格形等抽象几何形纹，以及刷划纹、指甲窝纹、压划形纹等，以"鹿"纹为主的拟象动物纹尊形器更独树一帜，似乎标识着使用者的身份或聚落遗址的级别。在文化性质相同的敖汉小山聚落遗址出土了一件完整的尊形器，腹部刻绘有"鹿"、"猪"、"鸟"三种瑞兽图案，堪称精品。

据^{14}C年代测定，可推定赵宝沟聚落的年代约在距今6800年（前4800）左右，遗址的发掘及"赵宝沟文化"的命名。对于研究中国新石器时代聚落形态和探讨燕山南北长城地带的考古学文化谱系等，具有重要的学术价值。

陶塑人面像　高5.5厘米

房址　F105

椭圆底陶罐　高 20.5 厘米

陶复形碗　高 25.5 厘米

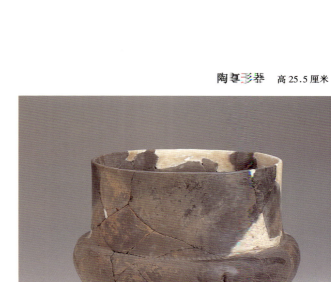

泉护村遗址

王炜林

泉护村遗址位于陕西省华县柳枝镇南1公里的泉护村及其周围，南依华山，北眺渭水，1955年发现。1958、1959年，黄河水库考古工作队陕西分队华县队两次在这里进行大规模发掘，1997年为配合渭潼高速公路建设，陕西省考古研究所又对其进行了发掘。泉护村遗址面积大约60万平方米，是目前所知关中东部最大的新石器时代遗址。数千平方米的发掘表明，遗址以西阴文化为其主要内涵，是该文化在关中东部最具代表性的遗址，还首次揭示了西阴文化发展去向即识别出泉护二期文化。

这里西阴文化的主要特征，包括绘有弧线勾叶纹和鸟纹两种图案的彩陶盆、钵、敛口盆、瓮、双唇小口尖底瓶、葫芦小口平底瓶、夹砂罐、釜、灶和各种小杯、大量长方形陶刀及大型石铲等重要器物。出土陶器从早到晚连续性、阶段性都清楚，据此可将被揭示出的遗存分为三期，反映了西阴文化经成熟、转化、退化的全过程。该遗存中"房址"引人注目，除发现一座显然不是平常居住用的特大型半地穴长方形房基外，还首次揭示出带斜坡或台阶、坑底多抹草拌泥或用黄土打实并带有烧灶的居穴，以及两三座一组的陶窑群。1997年发掘资料显示，这类居穴成组分布，每组附近皆有窖穴。这种现象在西阴文化聚落的研究中很有意义。

早在五十年代，就在泉护村庙底沟遗址发现了粟和稻的外壳，1997年又在此发现了炭化稻米，为研究我国新石器时代的农业生产，特别是稻作农业的发展过程提供了重要证据。

泉护村除发现以小口尖底瓶为葬具的儿童墓外，未见成年人墓地。1958年，华县队在泉护村西侧的太平庄清理出一座埋葬成年女性的土坑墓，随葬陶器有小口瓶、钵、釜、灶、黑泥质大型陶鸮鼎，另有石铲、骨匕、骨笄等。陶鸮鼎是迄今发现的西阴文化及其以前时期构思制作最为精良的艺术品。

从泉护村遗址识别出来的泉护二期文化，提示了西阴文化通过半坡四期文化发展为泉护二期文化的去向。

地穴式房屋 庙底沟文化期

陶鸮鼎　高23.3厘米　鹰鼎墓

泉护村遗址发掘现场

陶钵 口径 13.6 厘米

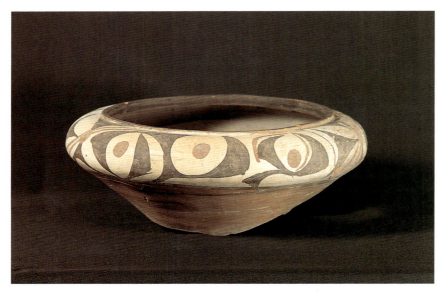

彩陶钵 口径 29 厘米

彩陶钵 口径 40 厘米

八里岗遗址

张 弛

  八里岗遗址位于河南省邓州市城郊乡白庄村后（北）湍河南岸的阶地上。遗址顶面高出周围平地1米多，面积6平方米。1991～1998年，北京大学考古学系与南阳地区文物研究所合作，对八里岗遗址进行了六次发掘，发掘位置在遗址的北部或东北部，发掘面积达3000平方米。

  发掘区内遗址的文化堆积厚4米以上，基本是属于新石器时代的聚落遗存，其中尤以仰韶时期的聚落内容保存完好，其遗存分属半坡文化时期和西阴文化。前者自具特征，聚落遗存主要为一片墓地，已清理的墓葬一百二十余座，有多人二次合葬墓和单人一次葬墓两种，前者的年代偏早，后者略晚，另有这一时期的墓祭坑和圆形房址等。西阴文化的聚落遗存主要是排房基址，已发现或清理了五十余座，在发掘区内它们被规划为东西长南北分列的两组三排。北边一组有东西向房屋两排，两排间距2～5米，其中南排偏早阶段的房址已揭露了近100米长的一段，揭出这一时期的排房三栋，包括东端的F34、中间的F65和西部的F61，F34和F65东部均被晚期遗址破坏，分别残存西头的五套和两套房间，F61则仅清理出了东头的两套半；北排房址只局部清理了其中的两栋。南边一组目前发掘了偏北一排的东部F22一栋，尚存房间八套。两组房屋之间是一片20米宽的空旷场地。两组三排中都有因遭火焚而毁弃的房址，保存有较高的墙体和许多的室内器物。八里岗遗址的屈家岭文化和石家河文化的遗存则主要是一些窖穴、灰坑和瓮棺葬等。

房址　F34、F35

房址　F21

墓葬　M120

郑州西山古城

张玉石

郑州西山遗址位于河南省郑州市北 23 公里处的邙山区古荥镇孙庄村西南枯河北岸二级阶地南缘，1984 年冬在此地筹建中原石刻艺术馆时调查发现。1993~1996 年，国家文物局第七、八、九期考古领队培训班先后在这里举办，并对西山遗址进行了连续四年的大规模发掘，最终确认这是一座仰韶时代晚期的城址。

城址平面略呈圆形，直径约 180 米。城址南部因历史上枯河河床北移及山坡流水冲蚀，早已破坏不存。城墙采用先进的方块版筑法夯筑起建。墙外有壕沟环绕。现存西门和北门。其中北门由三角形的城台和外侧正中护门墙组成，城内道路与城外野途径相连属。

城内遗迹分布具有一定布局。北门内一号道路两侧，房屋约可分为门向北的一组和门向聚落中心方向的一组，城内西部有大型夯土建筑基址。储物窖穴多集中分布于地势高耸的城内西北部。两处墓地的内涵有别：一处位于城外西部，均单人葬；另一处位于城内北部，可见成年男女合葬、父子合葬及同穴分层合葬。房基下及周围、城门附近，发现丰富的以婴幼儿作牺牲的奠基祭祀遗存。城内出土的大批以陶器为主的遗物，表明西山城址的性质属于中原地区仰韶时代晚期的秦王寨文化，绝对年代约在距今 5300~4800 年间。

陶鼎　通高 20.6 厘米

西门北侧城墙

西门正中下层奠基遗存

彩陶钵　口径20.5厘米　北门西侧城墙夯土内

彩陶钵 口径 24.8 厘米

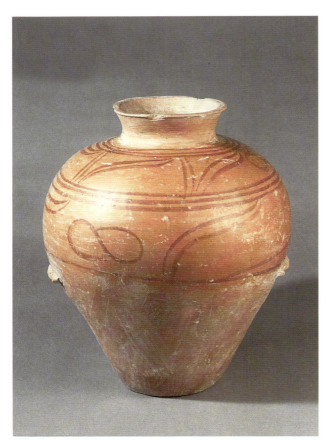

彩陶壶 通高 32 厘米

大地湾考古发掘

郎树德

　　大地湾遗址位于甘肃省秦安县五营乡邵店村东及其相邻地带，总面积110万平方米。1978～1984年和1995年，甘肃省文物工作队进行了大规模的发掘，揭露面积达1.38万平方米。

　　大地湾遗址是一内含多种文化堆积的遗址。从该遗址揭示出来的第四期即半坡四期文化的遗存，对于较全面地了解该文化的内涵、发展水平及其所处社会发展阶段十分重要。其陶器种类繁多，其中钵、碗、盆、罐类常见，以敛口钵、平底碗、深腹盆、喇叭口尖底瓶、侈口或敛口罐、厚圆唇缸、瓮为基本组合，以素陶为主，仅有5％左右的彩陶。

　　本期房址发现五十六座，大多是长方形的白灰面建筑，平地起建，在遗址的中心部位发现三座面积超过100平方米的大型房址，其中的F901，由前坪、“主室”（当为前堂）、后室和东西厢房组成，总面积达420平方米左右，可确定具有墙及屋顶的建筑面积290平方米，主室面积130平方米，有东西侧室。室内地面处理十分讲究，用砂粒和料礓石煅烧制成的轻骨料及粉末状胶结材料的混凝土铺抹，有很高的强度。主室与东西侧室以门相通，无通向后室的门道，显示主、后室的严格区分。主室除中门外，还有东西两侧门。中门前设有方形门垛。迎门置一直径约2.7米的巨大炉台，炉台后有东西对称外径约90厘米的顶梁圆柱。顶梁圆柱及主室扶墙柱均用草泥包裹，表面又抹砂礓石末及细泥等调成的灰浆。无疑，F901是首领议事、行政和居住的建筑。F411是座平地起建、前设门垛的方形单室建筑，属于宗教性祭祀建筑，室内地面上用炭黑绘着1.2米×1.1米的地画。画中数人面对今难以确认之物跳舞，可能与行巫祭祀有关。这片居址当是半坡四期文化一定区域内的聚落中心。

人面形口平底彩陶瓶　高31.8厘米

房址 F901 发掘现场

部分陶器　F901

凌家滩遗址

张敬国

凌家滩遗址位于安徽省含山县铜闸镇西南约10公里处的凌家滩村。以凌家滩遗址为中心，半径约2公里的范围内分布着六处新石器时代遗址和一处大型墓地，是一处规模较大的新石器时代晚期聚落群址，年代距今五千多年，早于良渚文化。

1987年安徽省文物考古研究所对凌家滩墓地进行过两次小规模发掘，1998年10月进行第三次发掘，发掘面积达1775平方米。通过三次发掘，发现大型排房基址，用小鹅卵石和粘土搅拌建造的祭坛和一片墓地。墓地中发掘墓葬四十四座，出土陶器、石器、玉器、玛瑙等一千多件。陶器种类繁多、造型新颖。石器磨制精细，光亮照人。玉器精美，有别于良渚文化和红山文化玉器而具自身特征，有斧、环、璧、玦、璜、管、双虎璜、龙凤璜、玉龟背与腹甲、勺、龙、鹰、三角形片及刻有原始八卦图的长方形片等。玉鹰呈展翅飞翔状，腹部刻划圆圈纹和八角星纹。玉龙器身扁平，首尾相连，造型完美，刀法简练，栩栩如生，是中国考古发掘出土的最早的一条龙。还出土一组加工玉石器的工具，其中一件石质钻孔工具呈长扁圆形，两端的钻头为螺丝纹，一端较粗，另一端较细。这件石钻是本世纪中国新石器时代考古最重大发现之一。

墓葬均为竖穴土坑墓，以随葬玉器为主。其中M4长2.75米、宽1.4米，是一座随葬器物十分丰富的大墓，出土器物一百三十一件中有玉器九十六件。石器为成套的斧、锛、凿及石钺一件。玉器有斧，用于卜卦的玉龟和刻有八角星纹

的长方形玉片，以及玉璧、玉玦、玉璜等，显然，墓主人生前是一位富有的巫师。无疑这是在社会出现巨大分化背景下的一处上层人物的墓地。

玉人　高8.1厘米

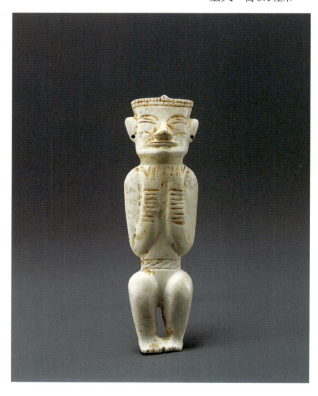

玉龙　高 4.2 厘米

玉鹰　长 8.4 厘米

石钻　长 6.4 厘米

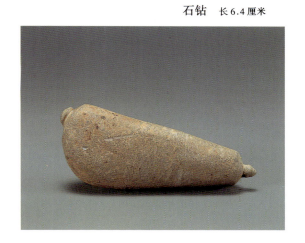

玉玦　外径 7.2 厘米

玉璜　长 18.1 厘米

玉钺　长24.4厘米

玛瑙斧　长18.9厘米

方形圆孔石斧　长9厘米

鸡形灰陶壶　高21.5厘米

灰陶豆壶　高32厘米

城头山遗址

何介钧

　　城头山在湖南澧县车溪乡南岳村，距县城12公里。1978年调查发现，1991年试掘，证明这里是一座新石器时代古城。1991～1998年，由湖南省文物考古研究所连续八年发掘，发掘面积4000平方米。

　　城头山城址内堆积一般厚3～4米，大溪文化、屈家岭文化、石家河文化的遗存遍布全城，城内东部最底层有汤家岗文化遗存。古城呈圆形，城外有护城河。城内面积8万平方米。城墙现高5米，分四期筑造。第一期为大溪文化早期，距今超过六千年。第二期为大溪文化中期，距今约五千六百年。第三期为屈家岭文化早期，距今五千二百年。第四期为屈家岭文化中期，距今四千八百年。八年发掘，除通过多处城墙解剖所提供的地层关系外，其他收获中最重要的有如下几项：一是发现了距今六千五百年汤家岗文化时期的稻田及配套的灌溉设施，这是目前已揭露的全世界最早的水稻田。二是完整地揭露出一座面积达250平方米、由黄土夯筑的大溪文化祭坛和数十个祭祀坑。三是发现在屈家岭文化时期城墙外坡下压着大溪文化早期的环壕。四是揭露一处五百余座墓葬的屈家岭文化墓地和二百多座大溪文化墓葬。五是揭露了一处包括多座陶窑、取土坑道、贮水坑及泥坑、众多工棚的制陶作坊区。六是清理出数十座大溪文化和屈家岭文化的房屋遗迹和用红烧土铺筑、两旁有排水沟的宽阔道路。

薄胎单耳彩陶杯　口径10厘米

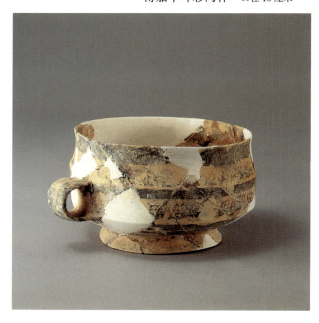

黑陶豆　高 13.2 厘米

折腹黑陶壶　高 15.5 厘米

侈口黑陶壶　高 19 厘米

折腹红陶盆　口径21.5厘米

磨光红陶盘　口径23厘米

城头山遗址

良渚遗址群

王明达

良渚遗址群位于浙江省余杭市良渚、瓶窑、安溪三镇所辖范围，约 30 余平方公里内，1936 年发现，是良渚文化的命名地和已知良渚文化中最重要的遗存。遗址群内已发现三处马家浜文化的地层和六十余处良渚文化的各类遗址。

1986 年发现的反山墓地是土方量达 2 万余立方米的"土筑金字塔"，已清理的十一座贵族墓葬大多有棺椁葬具，随葬品一千二百余件套，玉器占 90%，是目前良渚文化中随葬品最丰厚，等级、规格、地位最高的"王陵"。

1987 年发掘的瑶山是祭坛和墓地的复合遗址，祭坛平面呈回字形三重结构，用石磡护坡筑成阶级式高台，总面积超过 3000 平方米，是良渚文化中最宏大的祭坛遗址，清理墓葬十余座，随葬品八百余件套、玉器占 90%。

1991 年发掘的汇观山与瑶山的格局相似，祭坛面积超过 1600 平方米，清理墓葬四座，随葬品一千七百余件套。

这类墓葬的玉器，以钺、琮、璧为大宗。其在墓中的组合关系，或有钺无琮，或有琮无钺，或琮、钺共见于一墓。这种组合关系的差异，反映了墓主人身份或是军事领袖（王），或为巫师，或既是军事领袖（王）又兼巫师之职。

1987 年试掘发现、1992～1993 年发掘的莫角山遗址是东西长约 670 米、南北宽约 450 米的大土台，系良渚先民人工营建而成，土层最厚地段达 10.2 米，在 30 万平方米的基址上耸立大小莫角山、乌龟山三座土台，三座土台之间有 2 万余平方米的大片夯土及大型柱洞。莫角山四周环绕着出土玉礼器的著名遗址反山、桑树头、钟家村等。莫角山显然是良渚的礼仪中心址。

良渚遗址群对探索中国文明起源与形成的研究具有重要意义。

反山 M23 墓穴

三叉形玉饰　高5厘米　瑶山

玉琮　高10厘米　反山

玉琮　高4.5厘米　瑶山

瑶山遗址

冠形玉器　宽8.3厘米　反山

玉璧　外径16.2厘米　反山

牛河梁遗址

郭大顺

牛河梁遗址位于辽宁省朝阳市的建平县与凌源市交界处、努鲁儿虎山谷间曼延十余公里的多道黄土山梁上，在东西 1 万米、南北 5000 米的范围内，依山势按主次分布有女神庙、祭坛和积石冢共十六个遗址点，它们分属于建平县富山乡张福店村，凌源市万元店乡大长子村，凌北乡哈海沟村和三官甸子村。遗址属红山文化，距今五千多年，发现于 1981 年，1983 年开始发掘。

女神庙位于主梁顶部，至今未作全面发掘。经试掘所知，女神庙为平面呈 "亚" 字形的半地穴式土木结构，主体由主室、东西侧室、北室和南三室连为一体，另有南单室。总范围南北长 25 米、东西宽 2～9 米，面积 75 平方米。出土的女神塑像残件分属六个个体，其中有真人大小的头像和相当于真人三倍的鼻、耳。另出龙头、鸟爪塑件、陶祭器、仿木建筑构件和彩绘壁画。庙北有相关的大型山台。

其中第二地点，就有规模宏大的积石冢五座和积石坛一座。它们或为圆形 或为方形，东西排开，总长 160 米，南北宽 50 米。Z2 号积石冢呈方形，东西长 17.5 米，南北宽 18.7 米，东、西、北垒砌石墙。石冢中央为一座编号 M1 的石椁墓，惜已被盗掘，发掘时仅于亢中发现一段人骨、少数红陶片和猪、牛骨；在此中心大墓以南的冢界内，另置有几座规模较小的墓葬。这些石冢除核心部位埋葬一二位主要人物外，还有一些地位居次者的石棺墓。有的石冢周围列置筒形彩陶器。迄今清理出来的墓葬，有的无随葬品（其中有的被盗）。出随葬品者，多只葬玉器，种类以马蹄状箍、勾云形佩、外方内圆形璧和以玉雕龙为代表的动物形玉器为主，个别墓随葬彩陶盖瓮。

腕轮形玉器　外径 8.5 厘米

女神头像　残高 22.5 厘米

龟形玉器　长 8 厘米

玉猪龙　高 7.9 厘米

三联玉璧　长 6.4 厘米

牛河梁遗址第二地点

箍形玉器　高 18.6 厘米

钩云形玉佩饰　长 22.5 厘米

彩陶盖罐　通高 40.2 厘米

石家河遗址群

赵　辉

石家河遗址群位于湖北省天门市石河镇北，在总面积8平方公里范围内，遗址分布密集，是一处由三十多处遗址构成的大型聚落群，主要遗存年代为新石器时代屈家岭文化至石家河文化时期，局部地方还有稍早些的大溪文化遗存，也有个别周代遗存。遗址群于1954年发现。1955～1957、1978、1982年，湖北省文物考古部门先后发掘了罗家北岭、贯平堰、石板冲、三房湾、邓家湾、谭家岭和土城等遗址。1987年起，北京大学考古学系、湖北省文物考古研究所和荆州地区博物馆组成石家河考古队，对谭家岭、邓家湾、土城和肖家屋脊四处遗址进行过多次发掘。其中罗家北岭、邓家湾和肖家屋脊三处遗址面积较大，依次为1147平方米、900平方米和6000平方米，清理出大批房址、墓葬、瓮棺以及灰坑、水塘等诸多种类的遗迹，所获陶、石、玉器等遗物极其丰富。

1990、1991年，考古队还进行了旨在探明整个聚落结构的系统调查，于遗址中心发现了一座规模宏大的城垣建筑。该城垣始建在屈家岭文化中期，使用至石家河文化早期，到石家河文化晚期废弃。城垣边长1100～1200米，保存最好部位的底宽80米、顶宽20米、高6～8米，外围环壕最宽处80～100米。城垣之外的遗址成组分布，对大城呈拱卫之势。城内文化堆积丰厚且密集、连续，并可判断出若干功能区划：居于城内西北角的邓家湾系一片墓地，墓地中的灰坑里出土了上千件人和动物小陶塑；自邓家湾以南直到城东南角，是连绵不断的建筑区。城中部的小面

积试掘发现，有的房子墙体厚度几近1米，附以直径30厘米以上的大型柱洞，可知建筑颇为巨大；城西南的三房湾遗址地表暴露大量粗制红陶杯，整个堆积中杯的数量估计达数十万乃至百万计。这些情况展示了遗址群在整个长江中游史前文化中的重要地位。

石家河遗址西城垣

卡若遗址

侯石柱

卡若遗址位于西藏自治区昌都县东南约 12 公里的卡若村西，为澜沧江上游新石器时代遗址，面积约 1 万平方米，东部已遭破坏，残存不足 5000 平方米，1977 年发现。1978、1979 年西藏自治区文物管理委员会等单位两次发掘该遗址，揭露面积 1800 平方米，是西藏境内首次大规模考古发掘，对研究西藏高原原始文化意义重大。

卡若遗址文化特征为红烧土和石墙房屋，分圆底或半地穴和地面两种类型，可能出现半地穴楼屋，面积一般在 10～30 平方米之间，最大的一座近 70 平方米。生产工具绝大多数为大型打制石器，且与细石器、磨制石器共存。生活用具主要为夹砂陶器，手制，以罐、盆、碗为基本组合，均为小平底，流和耳不发达，纹饰以刻划纹、锥刺纹和附加堆纹为主，发现少量黑色彩绘，花纹多为几何形。此外出土许多炭化粟米及藏原羊、麝、麂、猪等大量动物骨骼。^{14}C 测定年代为公元前 3000～前 2000 年左右。遗址分早晚两期。

早期为红烧土房屋，分圆底或半地穴和地面房屋两种。磨制石器、陶器与晚期相比不仅数量多，质量也高。其中陶器的刻划纹和黑色彩绘以及单耳罐、带流罐、带耳罐等均不见于晚期。

晚期为石墙房屋，仅半地穴一种类型，可能出现半地穴楼屋。打制石器、细石器与早期相比明显增多。

遗址的发掘反映出这里居民经营以农业为主的经济，种粟米，饲养猪，狩猎业也很发达。遗址附近鱼类资源丰富，但未发现捕鱼工具及同鱼有关的遗存，表明当时的卡若人可能不食鱼。

红陶罐　高 25.5 厘米

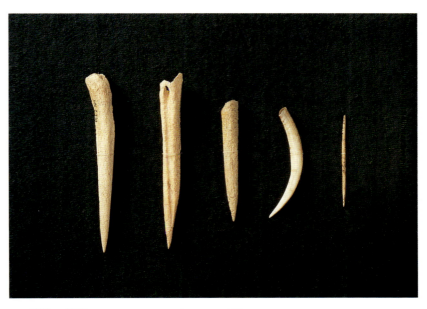

骨针、骨锥　针长 2.3~6.1、锥长 8~11.6 厘米

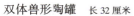

双体兽形陶罐　长 32 厘米

石墙房屋遗迹

登封王城岗遗址

安金槐

王城岗遗址位于河南省登封市告成镇西北约
0.5 公里的五渡河西岸漫平土岗上。根据文献记
载和历史传说，我国历史上夏代的"夏都阳城"
或"禹居阳城"的地望，就在告成镇附近。为了
探索夏代文化遗存，河南省文物研究所从 1975
年至 1980 年曾以登封市告成镇为中心，展开了
较大面积的考古调查与发掘工作，并在当地群众
传说的"王城岗"上发掘出了两座东西并列的豫
西龙山文化类型中晚期夯土城垣遗址。其中"东
城"大部被五渡河西移所毁，仅剩下城垣的西南
角部分；相连接的"西城"略呈边长约 100 米的
正方形。四面城墙口宽底窄斜壁的基础槽和槽内
的夯土层尚有保存。基础槽口宽约 2.6～5.4 米、
底宽约 2.5～3.3 米、残深 2 米左右。槽内每层
夯土厚约 0.07～0.40 米。每层夯土上都铺垫有
一层细沙，并残留有大小不等的圆口圆底夯杵窝
印痕。在西城内还残存有夯土基址、埋人奠基
坑、窖穴灰坑等遗迹，并出土了大量龙山文化中
晚期的陶器、石器、骨器、蚌器等遗物。特别是
在一个龙山文化晚期灰坑中，出土了一件器形似
斝的青铜器残片。

王城岗龙山文化遗址初步可以区分为前后五
期。已发掘出的两座夯土城垣属于这里龙山文化
的第二期。另外，还发掘出与这里龙山文化晚期
相承袭的豫西二里头文化一、二、三、四期和商
代二里冈期下层与上层，以及商代晚期和西周等
时期的文化遗存。

王城岗遗址发掘现场

奠基坑　龙山文化二期

陶杯　高8厘米

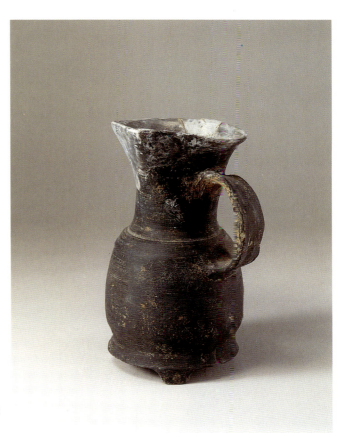

鬶口杯　高16厘米

陶豆　高12.5厘米

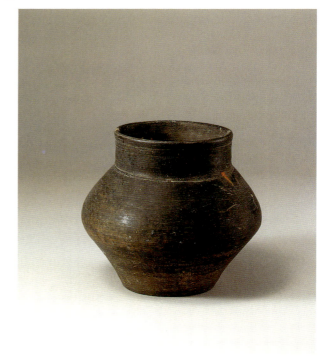

单耳陶罐　高 7 厘米

陶壶　高 11 厘米

陶罐　高 19 厘米

平粮台古城址

曹桂岑

平粮台古城址位于河南省淮旧县城东南 4 公里大连乡大朱庄村西南的台地上，群众称其为"平粮台"，《淮阳县志》称其为"平粮冢"、"贮粮台"，"高二丈，大一顷，有四门，林木郁然未详何代所筑"。1979 年河南省文物局举办的文物考古训练班在此发现龙山文化的高台建筑。1980 年河南省文物研究所对该遗址进行发掘，发现龙山文化城址的城墙、门卫房、陶排水管道等重要遗存，至 1989 年共发掘面积 4532 平方米，清理房基二十九座，灰坑二百六十座，墓葬二百一十一座，陶窑三座，车马坑一座。

城址平面呈正方形，面积达 5 万平方米（城内使用面积 3.4 万余平方米），城外有护城河。城墙顶部宽 8～10.2 米、底部宽 13.5 米、现存高度 3.6 米，系采用小版筑堆筑法建造，夯窝为圆形圜底、椭圆形和用四根木桩绑在一起的组夯。有南北两门，南门有两个用土坯垒砌的门卫房，中间是路土，路土下铺设陶排水管道。城的东南部有高台建筑，夯土台上有用土坯垒砌的排房。城内还有灰坑、墓葬、陶窑等，其中一个灰坑内发现铜碴。从地层叠压和出土遗物看，夯土城墙叠压在大汶口晚期文化层之上，同时又被河南龙山文化层、二里头文化层叠压和打破，从稍晚于城墙的 H76 出土木炭 ^{14}C 测定年代为距今 4500±140 年，H15 为距今 4355±175 年（均为树轮较正）看，平粮台古城址是一座 4500 年前兴建的河南龙山文化城址。平粮台古城坐北朝南，方向为北偏东 6°，几乎与子午线重合，有贯通南北的中央大道，有排污管道设置和土坯垒砌的门卫设施，可见是精心规划并实施严格管理的。

陶罐　高 21.5 厘米

陶鼎　高 25 厘米

陶甗　高 50 厘米

平粮台古城夯土台基上的建筑遗址

城子崖龙山文化城

张学海

城子崖遗址位于济南章丘市龙山镇龙山村东北，1928 年发现，1930、1931 年秋原中央研究院历史语言研究所进行了发掘，发现了后来定名为龙山文化的黑陶文化，动摇了当时几成定论的"中国文化西来说"，因而名扬中外。发掘中还发现了"黑陶文化期城"和"灰陶文化期城"，但考古界对前者是否为龙山城多持谨慎态度。1989～1992 年，山东省文物考古研究所对该遗址进行钻探试掘，确认该遗址是三个时代的城址，下层是龙山文化城；中层为岳石文化城，即三十年代初发现的黑陶文化期城；上层基本属春秋城，即所谓灰陶文化期城。

新发现的龙山城，平面近似凸字形，城垣东南西三面基本呈直线，北垣弯曲外凸，城东西宽 445 米、南北最长 540 米、面积约 20 万平方米。城角弧拐。城垣由原始版筑、堆筑法结合筑成。版筑城垣夯层薄而规整，弧底小夯痕较密；堆筑城垣夯层厚薄不匀，倾斜而不规整。城始建于龙山文化早期，北垣东段探沟提供的最早城垣基宽约 10 米、顶宽约 5 米、外壁高约 7 米。此后曾多次在其内、外侧进行修筑。城属台城，地势或临河、或就高于周围地面，城垣外高内低，外壁近陡直，内壁作小缓坡。城内地面高于城外，并随时间推移而不断抬高。城东西临河而无门，南北各一门，有道路连接。已知南门建于城垣外侧，有缓坡形夯土基，两侧似有门卫类建筑。城内龙山文化遗存丰富，龙山陶器制作精工，器形优美而硕大，晚期流行素面鬲。城子崖岳石文化城似承袭龙山城，城垣版筑，夯土层规整，夯痕密集。

黑陶簋 高 13.8 厘米

黑陶鼎 高 25.7 厘米

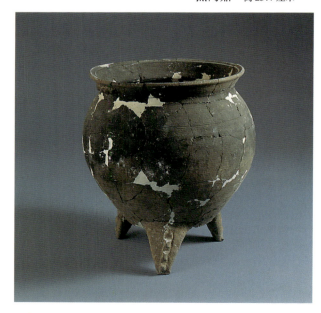

城子崖城垣遗址发掘现场

黑陶鬲　高 27 厘米

黑陶鬶　高 21.4 厘米

黑陶杯　高9.8厘米

黑陶罍　高30.2厘米

黑陶甗　高52.7厘米

黑陶罐　高27.9厘米

朱封龙山文化大墓

李日训

朱封遗址位于山东省临朐县城南 5 公里弥河北岸的高台地上，北面紧靠西朱封村，南面距弥河约 0.5 公里。1986 年在此发掘了一座龙山文化的重椁大墓，1989 年又发掘了两座。

M1 为一座长方形土圹竖穴墓，东西长 4.4 米、南北宽 2.5 米、深 1.8 米。墓室西南角因断崖倒塌稍有破坏，其余保存完好。葬具为两椁一棺，并设置有边箱及脚箱。外椁整体呈长方形，长 4.1 米、宽 2 米、板灰厚 0.1 米。外椁中下部设脚箱，中上部设内椁。内椁的形制结构与外椁相同，长 3.81 米、宽 1.61 米，右侧置棺室，左侧设边箱。棺长 2 米、宽 0.64 米。边箱长 1.78 米、宽 0.43 米。外椁的内侧还有两排十二根木桩。木桩直径约 8 厘米。在内椁的底部，铺垫了三块长短不一的木板。棺内墓主人仰身直肢，戴绿松石耳坠，胸部佩五管饰，两手交于下腹部，手中握有獐牙。随葬器物主要放置在脚箱、边箱内，计有陶鼎、豆、盆、鬶、罍、罐、器盖、蛋壳陶高柄杯、三足盆、单把杯、骨匕、蚌器等，加上二层台上随葬的白陶鬶、泥塑小动物、陶网坠等，总计达五十多件。墓葬年代属于龙山文化中期偏晚，墓主人似一中年女性。

M203 也是重椁一棺墓，随葬三件玉钺、一件玉环、五件松绿石管珠、九十五件松绿石片，内椁盖板上置石、骨镞十八件，棺与内椁之间随葬精美陶器五十件。

M202 为一椁一棺墓，有小型边箱，内置蛋壳陶杯、骨匕、砺石和鳄鱼骨板数十片。棺椁之间所见彩绘，当系彩绘木器朽烂后的遗痕。该墓除随葬二十件左右的精美陶器外，还有石、骨镞，玉钺、冠饰、笄。

朱封这样的大墓，为龙山文化乃至史前中国所仅见，开棺椁制度之先河，与凌家滩相比，其特点是不见石工具，而仅用兵器随葬，反映社会已出现了更深刻的分化。

双孔玉斧　长12.5厘米

四孔玉刀　长23.5厘米

陶盖碗　通高 7.5 厘米

玉笄　长 22.5 厘米

黑陶罍　高 25 厘米

陶盖鼎　通高 12.5 厘米

陶鬶　高 33 厘米

黑陶杯　高 9.2 厘米

黑陶杯　高 11.5 厘米

夏商周时代考古

邹 衡

1949 年以前，商代考古集中在河南安阳殷墟的发掘；周代考古仅在河南卫辉地区和陕西宝鸡斗鸡台发掘了几批墓葬；至于夏代考古，根本没有开展工作。所以说，夏商周考古工作的全面展开，主要是 1949 年以后的事。

一

五十年代，在河南郑州发现了二里冈商代遗址和郑州商城[1]；八十年代又在偃师发现偃师商城遗址[2]。学术界普遍认为郑州商城和偃师商城基本上是同时的，都属于二里冈期商文化，其绝对年代都是成汤之时所兴建。二里冈商文化已被证明早于殷墟晚商文化[3]，从而二里冈商文化就被确定为早商文化。那么，在冀西南太行山东麓发现的早于二里冈商文化而又晚于河北龙山文化的漳河型早期商文化，自然就是先商文化了[4]。

另外，在郑州洛达庙、登封玉村、洛阳东干沟和偃师二里头都发现早于郑州商城和偃师商城、晚于河南龙山文化的遗址，现已命名为二里头文化。二里头文化同先商文化是平行发展的，而其分布地域两者却完全不同，两者的文化面貌又大相径庭，因此，目前学术界大都认为二里头文化 1~4 期统属于夏文化[5]。

二里头文化即夏文化主要分布在豫西和晋西南两个地区，现已暂时分为两个类型：豫西的叫二里头类型，晋西南的叫东下冯类型，而以偃师二里头遗址为典型代表。二里头遗址位于偃师洛河以南，面积约为 9 平方公里。遗址内已发现两座大型宫殿基址，其为王都无疑，此王都应为夏都。

二里头文化即夏文化，同其周围如山东、安徽、湖北、陕西、山西、河北等地的诸龙山时期文化及其后的诸早期青铜文化都存在或多或少的交往关系，相互都有影响。可以这样说，夏文化主要是在伊洛地区河南龙山文化的基础上产生的一种青铜时代文化，而又不同于河南龙山文化，在其产生和发展的过程中，又吸取了其周围诸龙山时期文化及其后的诸早期青铜文化的先进因素不断地丰富了其本身，从而形成高于其他文化（主要指生产水平）的一种考古学文化实体。从这个意义上说，夏文化的来源又是多元的。

夏文化作为夏王朝时期最高级的一种青铜时代文化之所以在伊洛地区产生，而不在其他地区产生，并不是偶然的，除了特定的历史条件之外，还有其得天独厚的地理条件，特别是同其所处的地理位置分不开的。这是因为伊洛地区正处于古代中国的所谓"天下之中"，四方交往方便，容易成为中国古代文化荟萃之所。所以，我国历史上最早的国家在这里出现就容易理解了。

二

五十年来，商代考古有很多重要发现，现仅就其具有重大学术意义者简述如下：

郑州商城　本世纪二十年代以来，殷墟遗址的大规模发掘，确凿无疑地证实了殷墟是自盘庚迁殷直至纣之灭的都城所在。在殷墟发现的青铜器已达到中国青铜器发展的最高顶点。然而，这种高度发展的青铜文化是从哪里来的呢？长期以来没有得到解决。1952年在郑州发现了二里冈遗址，经过研究，证明二里冈商文化的确早于在殷墟发现的晚商文化，于是，殷墟文化的来源问题就算彻底解决了，殷墟的青铜文化就是来源于郑州的早商文化。

郑州发现的早商文化，分布面积甚为广阔，与殷墟遗址不相上下，共约25平方公里。尤其在遗址中还发现了一座城址，即郑州商城，城内面积约300万平方米，是目前我国发现最大的商城。在城址的东北部还发现一大片宫殿基址，总面积约6万平方米。这显然是一大都会。

这座都会究竟为何王所都？长期以来学术界存在两种说法：一说是商王仲丁所迁居的隞（嚣）都[6]；另一说则认为是成汤所居的亳都[7]。目前郑州商城已分为四至五期，可见其连续使用的时间很长。若是隞（嚣）都，其所居王仅二王，不到一代，时间一定很短，显然与郑州商城的使用年代不合；若是亳都，则其所居王为五代十王，其时间一定很长，与郑州商城的使用年代是能大体相合的。过去在郑州商城的东北部曾发现大批带"亳"字的战国陶文，其中有一件作"亳丘"二字，"亳丘"应即"亳墟"。《左氏春秋经》曾言"同盟于亳城北"，《史记·晋世家·集解》引服虔说与《国语·晋语》韦昭注同此。杜预注《左传》曰："亳城，郑也"，恰好与陶文出土地相合。近年来在郑州西北郊黄河岸边发现小双桥遗址，其所处地理位置，与古文献所记嚣（隞）都的地望基本相合。因此，郑州商城亳都说，是比较可信的。

郑州小双桥遗址　小双桥在郑州商城西北 20 余公里处。荥阳故城在遗址西北 5～6 公里。荥泽古城在遗址附近，相距仅约 2 公里。遗址北靠邙山，邙山北临黄河（古济水）。《水经·济水注》引《帝王世纪》曰："仲丁徙嚣于河上者也，或曰敖矣。"小双桥的地理位置与此基本相合。

小双桥遗址的分布面积约 144 万平方米，稍小于偃师商城，在全国发现的早商遗址中居于第三位。小双桥遗址的年代主要相当于郑州商城的末期，合于仲丁之时。小双桥遗址内已发现几座大型宫殿基址，并发现三件满饰花纹的青铜建筑饰件，可见当时的宫殿非同一般民居，其为王宫无疑。宫殿基址附近还发现不少祭祀坑，正合乎商代宗庙的情况。

根据以上地望、遗址范围、年代、宫殿设施，等等，说明小双桥遗址很有可能即仲丁所迁居的嚣（隞）都[8]。

偃师商城　此城址是 1983 年中国社会科学院考古研究所洛阳汉魏故城工作队配合基本建设发现的。城址北依邙山，南临洛河。城内面积 190 万平方米，约为郑州商城的三分之二。城内已发现几座大型宫殿基址，布局错落有致。城址的年代与郑州商城基本相同。从整体规模来看，偃师商城应该是早商时期的一大都会。

关于偃师商城的性质，学术界还存在两种不同的看法：一种意见认为是商汤所都的西亳[9]；另一种意见认为是早商时期的别都或离宫，亦即太甲所放处的桐、桐邑或桐宫[10]。

建造此城的有关古代文献材料，最早可追溯到西汉之时。董仲舒《春秋繁露·三代改制质文》曾说到商汤"作宫邑于下洛之阳"，并未言"作宫邑于亳"。及至东汉，班固《汉书·地理志》自注也只是说"尸乡，殷汤所都"，而未言亳。可见偃师亳都名乃后起，盖后人据文献而名之也。最早记载偃师境内直接名亳之地的是《晋太康地记》，明言"尸乡南有亳坂"，并最早记载亳坂"东有城"，亦未言是西亳，而只说是"太甲所放处也"（《史记·殷本纪·正义》引）。据《史记·田儋列传》、《水经·谷水注》及《史记·殷本纪·正义》等所记，此"东有城"指的就是现在发现的偃师商城。所以，偃师商城很可能就是太甲所放处的桐、桐邑或桐宫，亦即早商时期的离宫或别都所在。

最近，偃师商城内又有新的发现，即在原来大城内发现另一座小城，其城内面积仅为郑州商城约近四分之一。因其材料尚未正式公布，暂时不必赘言了。

殷墟发掘 自 1950 年发掘武官村大墓以来，殷墟的发掘工作一直未曾间断。五十年中，殷墟不断有重要发现，其中最著名者有武官村大墓[11]、"妇好墓"[12]、小屯南地甲骨[13]以及殷墟大型宫殿基址[14]等，尤以后二者学术意义特别重大。

以前在殷墟发现的甲骨，虽然多有明确的层位关系，但同层或同坑出土陶器或陶片多未经整理，发表的并不太多，有些层位较难准确地推断年代。小屯南地所出甲骨则不同，同出陶器或陶片都经过整理，发表的也不少，由此可以比较准确地研究陶器和甲骨的年代关系。例如学术界有争议的历组卜辞，就可以用层位关系来确定其年代，早期武丁之说如依地层就很难成立了。

1989 年发掘的殷墟大型宫殿基址，位于三十年代发掘的乙区以南的临（洹）河区，沿河地段，三十年代尚未发掘。这一发现，使殷墟宫殿基址的分布范围向南扩出了约 130 米。这组基址是由南、北、西三座房基构成的半封闭式建筑群，这种自成一体的建筑形式，在殷墟尚属首次发现。更重要的是，此基址的年代属武丁偏早，为今后发现更早的宫殿基址开拓了广阔的前景。

此外，商代比较重要的考古发现还有湖北黄陂的盘龙城遗址[15]、山西垣曲的古城镇遗址[16]和山西夏县的东下冯遗址[17]。此三处遗址都发现有城垣，惟其规模都不是太大，因而都不会是大都邑，但作为方国的小都邑倒是很相称的。

<h1 style="text-align:center">三</h1>

周代考古可分先周、西周和列国几个段落。

先周文化 1949 年以来周代考古最重要的收获就是确定了先周文化。早在五十年代，新发现的周代考古材料中就不断地提出了先周文化的信息，经过研究，最后终于确定了先周文化[18]。

先周铜器的认定，主要是 1956 年在陕西耀县丁家沟[19]和 1971 年在陕西泾阳高家堡[20]发现了两座先周墓。这两座墓中都出土了典型的先周陶罐与大批青铜器共存，由此确定了先周时期的青铜器群。根据这些青铜器的特征，可以确定先周文化的年代大体在商代武丁以后。

先周青铜文化主要来源于商文化。先周文化在接受商文化铸造技术的基础上，已经有了自己非常发达的青铜铸造工业。先周青铜文化的发展是有一个过程的。起初，周人几乎是全盘地接受了商人的青铜文化，到了后来，才逐渐发展起来具有一定周人风格的青铜文化。

周原遗址 周原遗址的发掘[21]，在周代考古中占据很重要的地位。在陕西岐山凤雏村发现的一座宫殿基址更显得特别重要。这样成组的建筑群，在西周还是首次发现，从而为研究西周的宫寝制度提供了可贵的实物例证。

在凤雏基址中还发现了带字甲骨近三百片。这批甲骨的下限年代晚至西周武、成、康之时，上限年代可早到商王帝辛、周文王之时。早晚甲骨既同出一坑，应均为周王所卜，有意储存。其中最早的甲骨当可谓先周甲骨，包括在先周文化之内。

沣西、沣东遗址 《诗·文王有声》记载，周文王建丰邑，周武王建镐京。《毛诗》郑笺："丰邑在丰水之西，镐京在丰水之东。"很清楚，丰、镐二京就在西安西郊的沣河两岸。

1949年以来，中国社会科学院考古研究所沣西队和陕西省考古研究所分别在沣河两岸做了大量的考古工作，有不少重要发现。例如在沣西，除了铜器窖藏坑之外，还发现了如井叔墓等大型墓葬[22]。但是，直到现在，似乎尚未找到丰、镐的中心地区，还没有发现大型宫殿基址。

西周封国考古 《左传》昭公二十六年载："昔武王克殷，成王静四方，康王息民，并建母弟，以藩屏周。"可知周初曾经进行过三次大分封。以后还不断进行分封。《吕氏春秋·观世篇》说："周之初封四百余，服国八百余。"可见当时封国不是很少的。这些封国分散在全国各地，现在从考古上完全能证实者还相当有限。1949年以来，封国考古工作量较大者有北京之燕国，山西之晋国，山东之鲁国、齐国，河南之虢国、应国等，其中鲁国、齐国、虢国之始封地问题并未解决。今以燕国和晋国为例说明其重大考古发现。

北京琉璃河燕国都城遗址 古文献与东周金文中见到燕、北燕、燕亳和蓟等地名，这些地名在今何处，一直无法确考，燕之始封地在今何处，更是无从查知。1949年以来，考古工作者在北京及其郊区调查，发现了一批西周遗址，但也无法确定何处为燕都。1962年和1972年，北京大学考古专业与北京市文物工作队合作，共同发掘了琉璃河的刘李店和董家林遗址，发现了西周城墙。据《太平寰宇记》所载，幽州良乡县"在燕为中都，汉为良乡县，属涿郡"。汉良乡县在刘李店西约 2.5 公里。因而刘李店、董家林西周遗址有可能即燕之中都；又因该遗址的年代最早可到西周初年，燕之始封地更有可能就在这里。后来经过北京市文物工作队与中国社会科学院考古研究所的继续发掘，发现了有"匽侯"铭文的铜器十数件，进一步证明了刘李店、董家林西周遗址就是燕国的始封地[23]。

山西翼城县曲沃县天马—曲村晋国遗址 晋之始封最早见于《左传》定公四年："分唐叔……而封于夏墟。"夏墟在哪里？两千多年来无定说。班固《地理志》和郑玄《毛诗·唐谱》都认为晋之始封地在晋阳，即今山西太原。可是，自 1949 年以来，考古工作者在太原做了不少考古工作，始终未找到晋始封地的线索。清初学者顾炎武否定班固太原说，认为"唐叔之封，以至侯缗之灭，并在于翼"。翼即今山西省南部的翼城县。1979 年秋，北京大学考古专业师生八人乃据顾说至翼城县进行调查（复查），在翼城县与曲沃县之交的天马—曲村看到大规模的西周遗址，面积约 3800×2800 米，与西周首都丰、镐相若。次年，与山西省考古研究所合作，在此开始了大规模的发掘，发现了大批西周陶器和铜器。1992 年春，更发现了一批晋侯及其夫人墓。由此证明了晋之始封地和晋国最早的绛都并在于此[24]，解除了几千年来的疑难，天马—曲村遗址成为周代考古最重要的发现之一。

列国考古 入东周以来，齐、晋（包括以后的魏、赵、韩）、秦、楚、吴、越等诸侯国先后兴起，并逐渐形成自成体系的文化。五十年来，列国的考古工作也普遍展开，各国几乎都有重要发现。在墓葬方面，尤以楚国及与楚国有关系者居多，如淅川下寺楚墓[25]、曾侯乙墓[26]、信阳长台关楚墓[27]以及寿县蔡侯墓[28]等。北方的列国墓以中山国国王墓[29]最为突出。都城遗址的发掘，多在北方诸国，如山西侯马晋国遗址、山东临淄齐国遗址、陕西凤翔和咸阳秦国遗址、河北易县燕下都遗址等。至于南方的楚、吴、越、巴、蜀等发掘不多，且少重大发现。

四

夏商周三代的国境是不断扩展的，夏商周三代统治地区之外，还存在众多的边境地区文化，其文化面貌与夏商周文化也不尽相同，从而形成各自独立的文化体系。其著者：东方有岳石文化；东北方有夏家店下、上层文化；西北方有辛店文化、卡约文化、寺洼文化、沙井文化和四坝文化等；北方有朱开沟青铜文化；南方有湖熟文化、土墩墓文化、吴城文化和蜀文化等；其中岳石文化，夏家店下层、上层文化，吴城文化和蜀文化是 1949 年以来比较重要的发现。

岳石文化主要分布于山东省，泗水尹家城遗址为其典型代表[30]。根据地层关系，岳石文化的年代晚于山东龙山文化，早于早商文化，大体与中原地区的二里头文化即夏文化相当，应该属于东夷文化系统的早期范畴。夏家店下层文化分布于东北长城内外，其年代大约跨越中原地区的夏代和早商早期。夏家店上层文化主要分布于东北长城以北，其年代大约相当于中原地区的西周至东周早期[31]。吴城文化分布于江西中北部，而以新干大墓为典型代表[32]。吴城文化的青铜器大体来源于中原地区的商文化，其陶器则具有明显的地方特点。蜀文化集中分布于四川省中部，广汉三星堆的祭祀坑为其典型代表[33]。蜀文化的青铜器也来源于中原地区的商文化，其陶器则多为四川特产，与中原地区的商文化有显著的差别。

1 河南省博物馆、郑州市博物馆《郑州商代城址试掘简报》，《文物》1977/1。

2 中国社会科学院考古研究所洛阳汉魏故城二作队《偃师商城的初步勘探和发掘》，《考古》1984/6。

3 邹衡《试论郑州新发现的殷商文化遗址》，《夏商周考古学论文集》第壹篇，文物出版社 1980。

4 邹衡《试论夏文化》，《夏商周考古学论文集》第叁篇，文物出版社 1980。

5 同注 4。

6 安金槐《试论郑州商代城址——隞都》，《文物》1961/4、5。

7 邹衡《论汤都郑亳及其前后的迁徙》，《夏商周考古学论文集》第肆篇，文物出版社 1980。

8 陈旭《郑州小双桥商代遗址即隞都说》，《中原文物》1997/2；邹衡《郑州小双桥商代遗址隞（嚣）都说辑补》，《夏商周考古学论文集·续集》第叁拾篇，科学出版社 1998。

9 黄石林、赵芝荃《偃师商城的发现及其意义》，《光明日报》1984/4/4。

10 邹衡《西亳与桐宫考辨》，《夏商周考古学论文集·续集》第贰柒篇，科学出版社 1998。

11 郭宝钧《一九五〇年春殷墟发掘报告》，《中国考古学报》第五册，1951。

12 中国社会科学院考古研究所《殷墟妇好墓》，文物出版社 1980。

13 中国社会科学院考古研究所安阳工作队《1973 年安阳小屯南地发掘简报》，《考古》1975/1。

14 郑振香《安阳殷墟大型宫殿基址的发掘》，《文物天地》1990/3。

15 湖北省博物馆、北京大学考古专业盘龙城发掘队《盘龙城一九七四年度田野考古纪要》，《文物》1976/2。

16 中国历史博物馆考古部等《垣曲商城——1985～1986 年度勘察报告》，科学出版社 1996。

17 中国社会科学院考古研究所等《夏县东下冯》，文物出版社 1988。

18 邹衡《论先周文化》，《夏商周考古学论文集》第柒篇，文物出版社 1980。

19　贺梓城《耀县发现一批周代铜器》，《文物参考资料》1956/11

20　葛今《泾阳高家堡早周墓葬发掘记》，《文物》1972/7。

21　陈全方《周原与周文化》，上海人民出版社1988。

22　中国社会科学院考古研究所沣西发掘队《长安张家坡西周井叔墓发掘简报》，《考古》1986/1。

23　北京市文物研究所《琉璃河西周燕国墓地》，文物出版社1995。

24　邹衡《晋始封地考略》，《夏商周考古学论文集·续集》第伍肆篇，科学出版社1998。

25　河南省文物研究所《淅川下寺春秋楚墓》，文物出版社1991。

26　湖北省博物馆《曾侯乙墓》，文物出版社1989。

27　河南省文物研究所《信阳楚墓》，文物出版社1986。

28　安徽省文物管理委员会等《寿县蔡侯墓出土遗物》，科学出版社1956。

29　河北省文物研究所《䍮墓——战国中山国国王之墓》，文物出版社1996。

30　山东大学历史系考古专业教研室《泗水尹家城》，文物出版社1990。

31　中国社会科学院考古研究所《大甸子——下家店下层文化遗址与墓地发掘报告》，科学出版社1996。

32　江西省文物考古研究所等《新干商代大墓》，文物出版社1997。

33　四川省文物管理委员会《广汉三星堆遗址》，《考古学报》1987/2；四川省文物考古研究所《三星堆祭祀坑》，文物出版社1999。

偃师二里头遗址

郑光、缪雅娟

二里头遗址位于河南省偃师市西南约9公里，南临古洛河，北部为今洛河所切断，以二里头村为中心，总面积约9平方公里。1959年发现。同年，中国科学院考古研究所、河南省文化局分别组队来此发掘。后单独由科学院考古所在此发掘。

遗址中心部位面积约3平方公里，其主要内涵是中部有大量的大、中型建筑的夯土基址，形成宫殿建筑群；有三处铸铜遗址、二处制骨遗址；东部、中偏北部有大量中小型建筑遗迹；遗迹中还有大量的小墓，其中有相当多的朱砂墓，绝大多数铜器、玉器、漆器、石器、象牙器、骨器、蚌贝饰和各种精美的陶礼器皆出于这些墓中。

最重要的遗迹是宏伟的一、二号宫殿。一号宫殿面积1万余平方米，在中心大殿的前面有广庭，四周有回廊，南面有三座大门。

文化遗物有铜器如鼎、爵、斝、盉、铃、戈、戚和各种形式的刀、锛、凿、钻、锯等；玉器如圭、璋、戚、钺、琮、璜、戈、镯、柄形饰、多孔大刀、斧、铲等，还有各种绿松石饰品和绿松石镶嵌的精美牌饰；陶器种类繁多，产生一些新品种，如印纹硬陶、釉陶和造型精美的白陶、黑陶等。

遗址的文化遗存现分五期，^{14}C年代约在公元前1900～前1400年，其中一至四期被当作二里头文化。

二里头遗址无疑是个帝都遗址，是目前探索夏文化和中国文明起源及发展的关键性遗址。

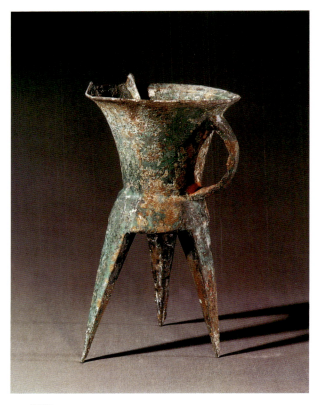

铜斝　高30厘米

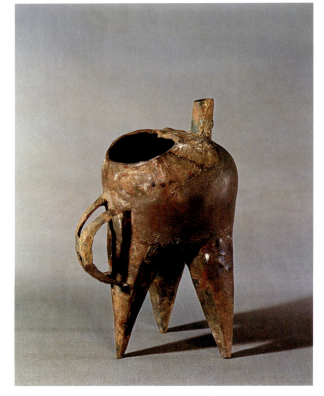

铜盉　高24.5厘米

铜爵　高20.7厘米

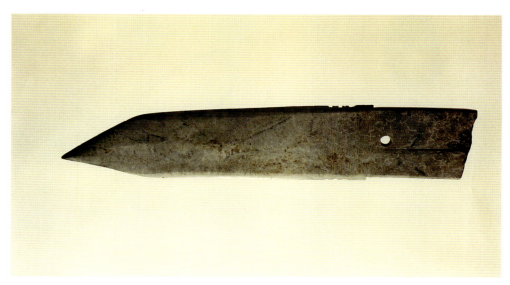

玉戈　长43厘米

石钺　宽22.3厘米

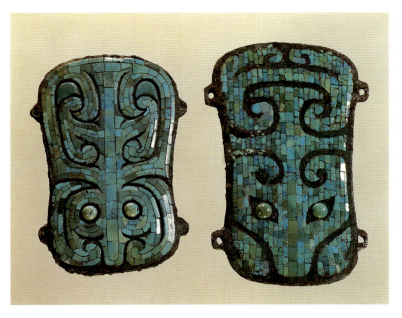

嵌绿松石兽面铜牌饰　长14.4~16.3厘米

陶爵　高 20.8 厘米

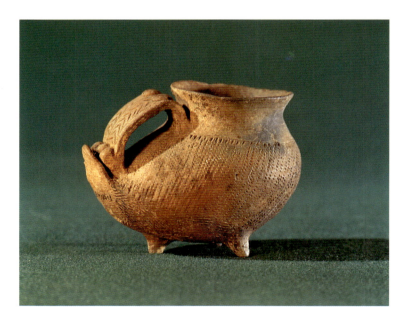

鸭形陶器　高 10 厘米

郑州商城

杨育彬

郑州商城遗址位于河南省郑州市市区，是一处以商代二里冈期为主的大型遗址，分布面积约25万平方公里。该遗址发现于1950年，开始发掘于1952年。1955年在遗址中部发现了一座略呈南北纵长方形的商代二里冈早期夯土城垣遗址。城垣周长6960米，残存高度1~5米，城垣底宽20~30米，为我国发现最早和保存较好的一座商城。

通过近五十年的考古发掘，除在城垣内东北部发掘出一处夯土台基密布、残存有部分宫城夯土墙的宫殿区和在城垣南面、西面发掘出外郭城城垣外，还在城垣外侧附近分别发掘出与城垣同时期的商代铸造青铜器、烧制陶器和制作骨器的各种手工业作坊遗址，并在商城内外发掘出分布密集的灰坑、窖穴、房屋、壕沟、墓葬、祭祀场地、祭祀坑等遗址。尤其是在商城西墙外杜岭张寨南街、东南城角回族食品厂和西南城角南顺城街还发现了三处青铜器窖藏坑，出土了一批巨型青铜器，最大者高达1米余。在其他遗址或墓葬内，出土了大量的青铜器、陶器、原始瓷器、玉器、石器、骨器和象牙器、金器和刻字骨等。

鉴于郑州商城延续时间长、内涵丰富，多数学者认为可能是商代前期的一处都城。

战国陶文"亳丘"

铜器墓

兽面纹铜壶　高 50 厘米

兽面纹牛首铜尊　高 30.5 厘米

兽面纹铜方鼎　高 81 厘米

陶簋 高 16.5 厘米

陶尊 高 27.5 厘米

陶鬲 高 37.5 厘米

陶斝　高 27.2 厘米

卜骨　高 26.5 厘米

釉陶尊　高 14.5 厘米

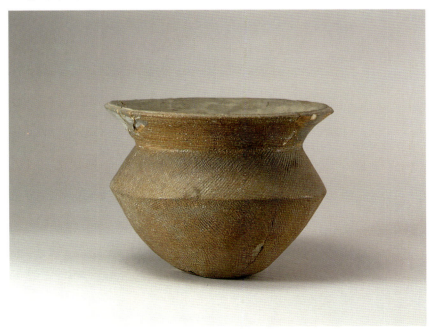

偃师商城

杜金鹏

　　湮没于地下的商代城址——偃师商城位于河南省偃师市城关镇，1983 年中国社会科学院考古研究所发现，随后对其城墙、城门、宫殿、府库和城内居址、墓葬等进行了一系列发掘。

　　偃师商城有大城、小城、宫城三重城垣。大城平面近于长方形，南北最长约 1710 米，东西最宽约 1240 米，城墙基部宽约 19 米。小城位于大城西南部，平面大致呈长方形，南北长约 1100 米，东西宽约 740 米，其南、西城墙与大城城墙重合。宫城坐落于小城南部，规模约 200 米见方，宫城墙厚约 2 米，宫城内分布着若干宫殿，东部宫殿均为以北殿为主体、三面有庑的独院建筑，西部则是由多座主体殿堂与附属廊庑组合成的多进院落的建筑群。在宫城的附近有两座府库建筑，其内分布着数十座库房基址。现在探明大城至少有五座城门，其中的三座已经发掘。在城址南部发现有地下水道横贯宫城北部，经城门连通城外护城河。

　　偃师商城的商文化基本属于二里冈期早商文化。

　　偃师商城是经过周密规划、逐步建造而成的一座早商城池，具有重重城垣、大片宫殿和庞大府库，显然是一代帝都。据董仲舒《春秋繁露·三代改制质文》记载，商汤灭夏之后"作宫邑于下洛之阳"，可以推定其为商汤灭夏后所建之城。

陶鬲　高 15 厘米

陶斝　高 21 厘米

大口陶尊　高 34.5 厘米

宫城西部宫殿基址

小城北城城墙发掘现场

郑州小双桥遗址

宋国定

郑州小双桥遗址位于河南省郑州市石佛乡小双桥村西南部，居岳岗、葛寨、后庄王和小双桥四个自然村之间。遗址于 1989 年发现，河南省文物研究所郑州工作站自 1990 年以来进行了调查与发掘，遗址中心区域的发掘一直持续至今。

遗址南北长 1800 米，东西宽平均 800 米，面积逾 144 万平方米。主要文化遗迹有夯土台基、夯土建筑基址、祭祀场、祭祀坑、奠基坑、灰沟、灰坑等。最大的夯土台基保留在地面以上高 10 米余，长 50 米，宽 40 米，面积 2000 平方米左右；夯土建筑基址发现四处，其中一处长 80 米左右，残宽 11 米，夯土表面发现有柱础坑及柱础石；祭祀场位于夯土建筑基址附近，发现大小不等的祭祀坑数十个，有的葬埋七十余个牛头。祭祀场内还发现与冶铸青铜器有关的遗迹。奠基坑有人祭坑和狗坑两种。遗址出土的文化遗物可分为青铜器、玉石器、陶器、原始瓷器、金箔饰及卜骨等。青铜器有建筑饰件、鼎、斝、爵、戈、镞、甬、圆形铜泡等。玉器多为绿松石类装饰品，石器以工具类居多；陶器器类有鬲、斝、爵、甗、觚、缸、大口尊、尊、盆、捏口罐、瓮、豆、盘、簋、器盖等；卜骨多为牛、羊肩胛骨。在陶缸、大口尊器表及口沿内壁发现有朱书文字和符号。

郑州小双桥遗址属商代前期晚段，相当于郑州白家庄期。结合地理位置和文化年代分析，该遗址有可能就是商王仲丁所迁隞（嚣）都。

陶斝　高 21 厘米

牛头祭祀坑

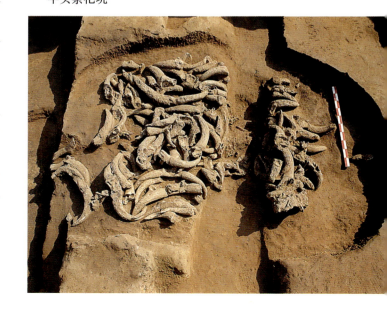

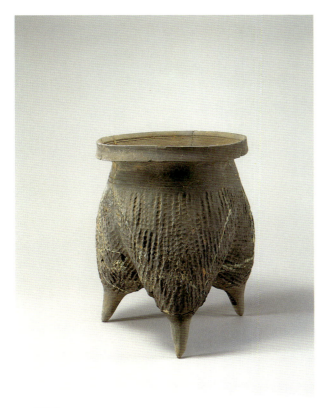

陶鬲　高 23.2 厘米

大口陶尊　高 30.5 厘米

夯土台基

铜构件

石铲 长 29 厘米

安阳殷墟

郑振香、刘一曼

大型建筑基址

1981 年在安阳市小屯村东北地探出一处大型建筑群，占地面积约 5000 平方米。1989～1991 年进行发掘，揭出三座大型排房式建筑，南北各一排，西面一排与南北两排连成一体，整体呈凹字形，东面濒临洹水。南边一排长 75 米、宽 7.5 米；北边一排长约 62 米、宽 7.5 米，在这排房基南面有与之相连接的五座残房基，北边房基的门道压在残房基上。西边一排是在南北两排建起后修建的，南北长 50 米，宽 7.5 米。修建西边一排建筑时为与北排取齐，将南排房基西端截去 6.5 米。

在三排建筑中，北边一排当是主要建筑，排列整齐的墙柱下多有柱础石，南面有保存比较好的门道三座，东端有一残门，在北面另有一向北的后门，可通向洹水岸边。南面门道间的距离约为 4.3 米，门道宽约 2 米，两侧有排列密集的河卵石，门的两侧有祭祀坑，内走砍头人架，人头扔在坑内，人架俯身直肢，随葬陶盆、罍、圆底尊等。在中间一门西侧埋有一残陶罐，内放铜封口盉一件，其鋬下铸"武父乙"铭文。出土陶盆、罍的形制属第一期晚段，封口盉上的"武父乙"，当指武丁之父小乙，此房基修建不晚于武丁早期。

该建筑群北面与三十年代所发掘乙组基址中最南边的乙二十基址相距约 80 米，这处建筑群的发现，使已知的宫殿宗庙区的范围向南扩展了约 130 米。

妇好墓

妇好墓位于河南省安阳市小屯村西北地，1976 年发掘遗址时发现。此墓被压在一座殷代房基（F1）之下，房基可能是为祭祀墓主而建的"享堂"。墓圹作长方竖井形，方向 10°，墓口长 5.6 米、宽 4 米，墓深 7.5 米。墓中有二层台、壁龛和腰坑。

葬具有椁有棺。墓内共发现殉人十六个个体，犬六只。殉人中有一具被砍头，一具被腰斩。

随葬器物共有一千九百二十八件，其中青铜器四百六十多件，玉器七百五十多件，宝石器四十七件，石器六十三件，陶器十一件，骨器五百六十多件，象牙杯三件，蚌器十五件。另有海贝六千八百多件，绶具一件，红螺二件。

青铜器以礼器和武器为主，乐器、工具、生活用具、杂器等为数较少。在二百一十件礼器中，有铭文的一百九十件。铭文凡九种，其中妇好铭的一百零九件。玉器类别较齐全，有礼器、用作仪仗的武器、工具、生活用具和装饰品等。其中玉人和各种动物形象的玉雕最引人瞩目。在少数玉器上还发现有刻文。三件象牙杯也是难得的珍品。

墓主妇好为殷王武丁配偶，其生前事迹见于甲骨文，曾参与征战，主持祭祀。在武丁诸妇中地位显赫。这是目前所知唯一能够确定墓主身份并保存完好的殷代王室墓。

小屯南地甲骨

小屯南地遗址位于河南省安阳市西北郊的小屯村之南。1973 年，中国社会科学院考古研究所安阳工作队在该处进行了两次发掘，开探方二十一个，发掘面积 430 平方米。

1973 年小屯南地发掘的最大收获是发现了殷代的刻辞甲骨五千三百三十五片（卜骨五千二百六十片、卜甲七十五片），这是建国以来甲骨文发现最多的一次，其中大块和完整的刻辞牛肩胛骨上百片，是前所未见的。这批甲骨文，大部分属康丁、武乙、文丁卜辞（或称无名组、历组卜辞），少量属武丁和帝乙时代的卜辞。

小屯南地甲骨大多出于殷代的灰坑或文化层中，在一百二十个殷代灰坑中，有五十八个出刻辞甲骨，并多与陶器共存，对甲骨文的分期断代研究有重要的价值。如过去学术界对"自组卜辞"、"午组卜辞"的时代有不同的看法，这次发现这两组卜辞出于小屯南地早期（相当于殷墟文化一期）的灰坑与地层中，伴出陶器也属早期，再次为判断它们的时代提供了可靠的地层依据。

小屯南地甲骨，内容丰富，包括祭祀、田猎、征伐、天象、农业、旬夕、王事等，其中有不少新颖的资料，对甲骨文和商代历史的研究有重要的意义。

小屯东北地建筑基址北排 F1

虎纹石磬　长 84 厘米　武官村大墓

妇好爵　高38厘米　妇好墓

踞坐玉人　高7厘米　妇好墓

妇好钺　长39.5厘米　妇好墓

司粤母斝　高 65.7 厘米　妇好墓

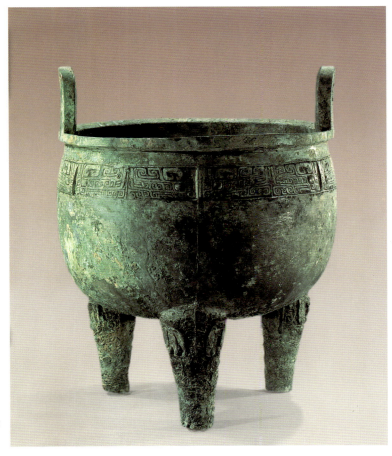

玉琮　高 10.4 厘米　妇好墓

亚弜鼎　通高 72.2 厘米　妇好墓

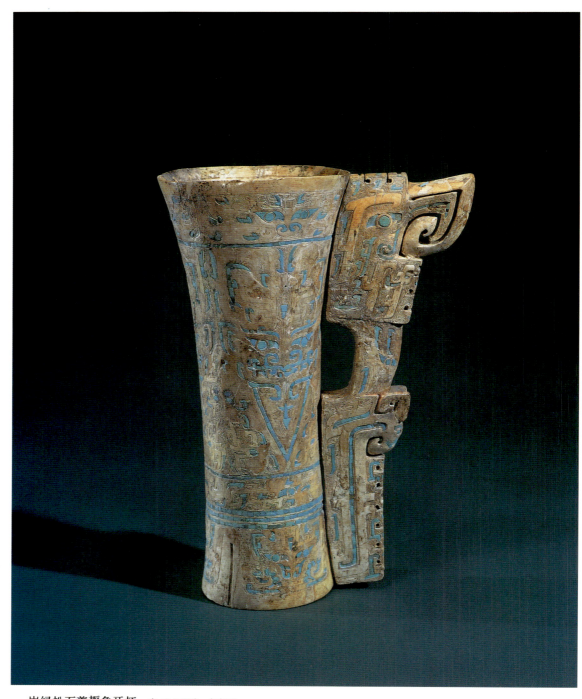

嵌绿松石夔鋬象牙杯　高30.3厘米　妇好墓

刻辞卜甲　宽16.8厘米　小屯南地

刻辞卜骨　长19.5厘米　小屯南地

垣曲商城

佟伟华

　　垣曲商城位于山西省垣曲县古城镇，雄踞于黄河北岸垣曲盆地中央三面环水的阶地上，发现于1984年，中国历博物馆考古部等单位1985～1986年进行了勘察与试掘，1987～1998年发掘城内东南部遗址区，解剖了全城地层堆积，并发掘了城内南半部遗址区、手工业作坊区和西城门，以及宫殿区西半部分等，发掘总面积约1.2万平方米。

　　垣曲商城始建于商代二里冈下层晚段，延续使用到二里冈上层晚段，很可能是一座军事城堡，形状略呈梯形，南北长约400米，东西宽约350～370米，周长1470米，总面积13万余平方米。北城垣现存于地面之上，其余三面墙均湮没于地下，西、南城垣为双道城墙。四周城垣共发现缺口四处，经发掘确认的城门只有西城门一处。城内中部偏东为宫殿区，分布着六座大型夯土台基，多为长方形，边缘分布有成排柱洞，底部有柱础石。宫殿区西部还发现了长约70米的宫城墙。城内东南部为一般居民区，分布着大量灰坑、房址、沟壑、墓葬等遗迹。城内南半部发现了制陶作坊区。

　　城址内涵有仰韶晚期、二里头晚期、商代二里冈期上下层等不同时期的文化遗存，以二里冈期遗存最为丰富。城址内出土了大量商代遗物，主要有石器、骨器、蚌器、陶器等生产工具和生活用具，陶器中出现了大量绳纹鬲、大口尊、小口罐、圈足簋、豆等二里冈期的典型器物。此外还出土了鼎、斝、爵等少量铜器，铜炼渣以及卜骨等。

铜爵　高16.5厘米

黄河北岸阶地上的商城遗址

城垣西北角

宫殿区西部

陶鬲　高49厘米

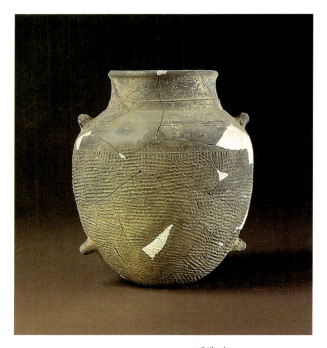

四系陶壶　高24.6厘米

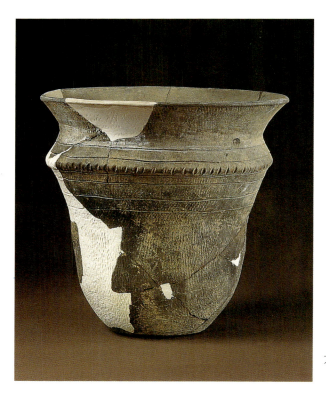

大口陶尊　高29厘米

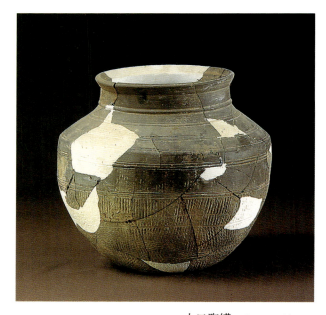

小口陶罐　高22.4厘米

盘龙城遗址

陈贤一

　　盘龙城遗址位于湖北省武汉市黄陂区滠口镇叶店乡的杨家湾境，面积约 1.1 平方公里，1954 年发现。1963 年湖北省博物馆在此进行了考古探掘。1974、1976 年湖北省博物馆与北京大学历史系考古专业合作进行了两次较大规模的发掘。遗址的时代，上限相当于二里头文化晚期，下限至殷墟一期，城址兴建于商代二里冈期。已发掘的遗迹除城址一座外，还有宫殿基址二座、手工作坊四座、灰坑三十七个、祭祀坑三个、墓葬三十九座。

　　古城址平面近方形，周长 1100 米，残高 1～3 米。南北城墙之外有濠沟遗迹，宫殿基址分布在城内东北部高地。已发掘的宫殿基址，一座有四室，周围有回廊，另一座为空间式的厅堂建筑。已发掘的墓葬，等级最高者有棺有椁，椁板雕花，墓底设腰坑，随葬成组的青铜酒器多达四套，有的殉人三具。

　　出土的青铜工具和武器有锸、斤、戈、矛、钺、镞等；青铜礼器有觚、爵、斝、盉、罍、尊、卣、鼎、甗、鬲、簋、盘等。最大的铜鼎，口径约 55 厘米。最大的铜钺，长 41 厘米，刃宽 26 厘米。陶器有鼎、罐、鬲、甑、甗、斝、爵、簋、盆、豆、瓮、大口尊、大口缸、坩埚、器盖以及硬陶、原始瓷器尊、瓮等。玉器有璜、戈、钺、刀、锛、铲、笄、柄形器等。石器有刀、斧、镰、纺轮、杵、臼、砺石等。

盘龙城遗址

宫殿基址 F1

铜瓿　高 16.8 厘米

铜钺　长 41 厘米

铜鼎　高81厘米

铜盘　外径31.7厘米

铜斝　通高 22.8 厘米

陶尊　高 15.8 厘米

玉戈　长 94 厘米

泗水尹家城岳石文化

于海广

　　尹家城遗址位于山东省泗水县金庄乡尹家城村南，为一高出周围地面 10 余米的高台遗址。1963 年，中国科学院考古研究所山东队在该地区调查时发现，1973 年至 1986 年，山东大学历史系考古专业先后进行了五次发掘，揭露总面积 2020 平方米。该遗址有自大汶口文化晚期至汉代各时期的文化堆积，以山东龙山文化和岳石文化的遗存最为丰富。

　　在该遗址的岳石文化堆积中，共清理房址十一座、灰坑一百九十五个。出土遗物丰富，其中玉、石器六百零二件，骨、角、牙器二百二十六件，蚌器二百零五件，小件铜器十四件，完整和可复原的陶器三百四十七件。

　　在遗址中找到了岳石文化叠压在龙山文化层之上，又被二里冈上层灰坑打破的"三迭层"，为确立岳石文化的相对年代提供了考古层位学上的依据。该地点岳石文化遗存可分为早、晚两期，并提出为岳石文化尹家城类型。

铜镯　外径7.7厘米

铜刀　长5.7厘米

陶尊　高13厘米

骨鱼钩　长9.4厘米

双孔石镰　宽10.4厘米

蚌箭镞　长6.9厘米

方孔石镢　长17.8厘米

夏家店上层文化与夏家店下层文化

刘观民

夏家店村位于内蒙古自治区赤峰市（原昭乌达盟）的赤峰区英金河北岸。在村北的沿河山岗上分布着古遗址和墓葬。1960年中国科学院考古研究所内蒙古工作队在此发掘，揭出了青铜时代两种文化堆积，依村名和层位关系分别称这两种性质不同的遗存为"夏家店上层文化"和"夏家店下层文化"。

夏家店上层文化分布区的北侧与白金宝文化相接，东侧与西团山文化相邻，南缘在河北省北部。在秦汉长城以南迄今发现的都是燕秦以前年代的遗存，其中有几个地点的墓中发现西周至春秋时代的青铜礼器。在西拉木伦河以北的遗址地点，据^{14}C测定年代有几例达到西周以前，学者多以为这是不同于中原诸侯国的戎、胡遗存。

夏家店下层文化主要分布区在燕山南麓和北麓。北麓的发现限于西拉木伦河以南，东侧与高合山文化相接，是渤海北岸青铜时代最先出现空足三足器的文化。燕山北麓有几处遗址经^{14}C年代测定在公元前2000至公元前1500年之间。近年在墓中发现的一批随葬陶器，器表绘有白、红两色图案，纹样单元与商代铜器图案单元结构因素相似；出土器物中有陶鬶、陶爵，形态有的与偃师二里头文化中的相同，皆是引人注目的发现。

青铜短剑　夏家店上层文化

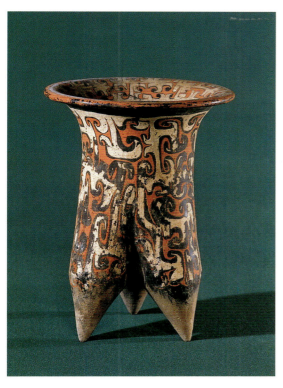

铜刀、铜饰件　夏家店上层文化

彩绘陶鬲　高25厘米　夏家店下层文化

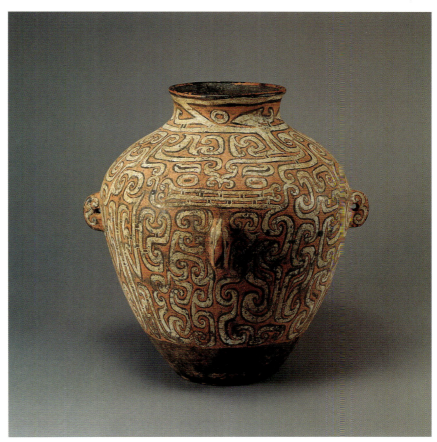

彩绘陶壶　高30厘米　夏家店下层文化

彩绘陶罐　高 12.5~40.5 厘米　夏家店下层文化

陶鬶　高 27 厘米　夏家店下层文化

陶鬲　高 26 厘米　夏家店下层文化

新干商代大墓

彭适凡

　　新干大墓位于江西省新干县大洋洲乡程家涝背沙洲，1989 年江西省文物考古研究所发掘清理。该墓的年代大体相当于中原商代晚期。

　　墓底距今地表 2.15 米，棺木位于椁室中部偏西，东西向，棺椁均已朽而不存。墓中出土文物极为丰富，计有青铜器四百八十六件、玉器七十五件（不包括近千件、颗的玉珠、玉管等）、陶器和原始瓷器三百五十六件。其中尤以青铜器令人瞩目。

　　青铜器有礼器、兵器、农具、工具和生活杂器等，其中以兵器和生产工具数量较多。礼器主要有圆鼎、方鼎、扁虎足鼎、鬲、甗、盘、豆、瓿、壶、卣、瓒等，其中又以鼎、鬲、甗等食器为主，酒器较少，这与中原地区商代青铜器的组合不完全相同。其器体大者气势恢宏，小者纹饰瑰丽，像奇特的双层带门的兽面纹方鼎、诡秘的双面神人头像和威猛的双尾虎等则更是商代青铜器中所仅见。在青铜器的纹饰及附饰上，除了有中原地区常见的兽面纹、夔龙纹、雷纹等外，尚普遍使用虎的形象以及带状燕尾纹，为该地区商代青铜器上所特有，表现出强烈的地方特色。青铜兵器有钺、刀、戈、矛、勾戟、镞、匕首、宽刃剑等，其中长达 67 厘米的蝉纹大刀，至今锋刃寒光闪烁。青铜工具和农具的品类众多，有凿、刻刀、斧、锛、铲、臿、镰、耒、耜、犁等，其中不少器形前所未见，表明商代的赣江流域已具有相当发达的农业和手工业。

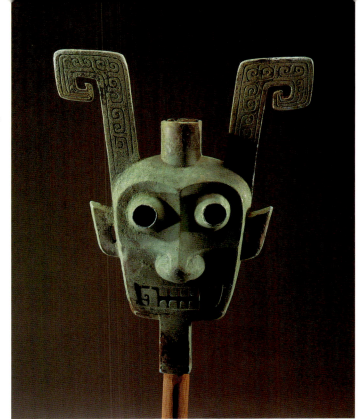

铜双面神人头像　高 53 厘米

四足铜甗　通高 105 厘米

虎耳铜方鼎　高 97 厘米

双尾铜虎　长 53 厘米

羽人玉佩饰　通长 11.5 厘米

铜方卣　通高 28 厘米

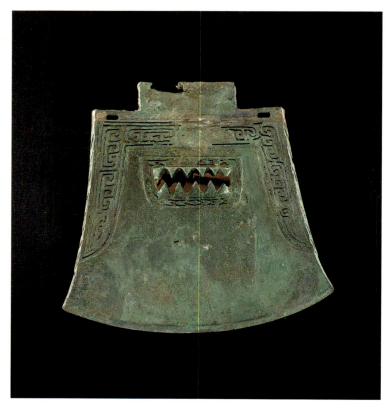

铜钺　长 36.5 厘米

三星堆祭祀坑

陈德安

　　三星堆遗址位于四川省广汉市南兴镇真武村和三星村。1986 年 7 月 18 日和 8 月 14 日先后在三星堆遗址南面发现两个商代祭祀坑。

　　一号祭祀坑长 4.50～4.64 米、宽 3.00～3.48 米、深 1.46～1.64 米。二号祭祀坑长 5.30 米、宽 2.20 米、深 1.40～1.68 米。二坑均填黄色五花土，层层夯实。坑内埋藏有铜器、金器、玉器、石器、陶器、琥珀、绿松石饰件等共一千七百余件。铜器有立人像、人头像、跪坐人像、人首鸟身像、人面像、人面具、神兽、眼形器、龙柱形器、虎形器、神树、神殿、戈、瑗、璧、尊、罍、瓶、盘、器盖等；金器有金杖、金面铜人头像、金箔饰等；玉石器有璋、琮、璧、瑗、环、戈、刀、斧、锛、凿、磨石等；陶器有罐、盘、尖底盏和器座等。另外，还出土象牙、骨器和海贝等。

　　两个坑出土的文物中，以一号坑的金杖、二号坑的铜神树、铜立人像最为重要。金杖长 1.42 米，上刻有鱼、鸟、箭、人头等图案，与传说中的古蜀鱼凫时代有关系。铜神树高 396 厘米，铜立人像高 260.8 厘米。

　　根据迹象推测，一号坑下埋的年代约在"殷墟一期"（约当商王盘庚至武丁时期），二号坑约相当于"殷墟二期"（武丁至祖甲时期）。两个坑的文物系商代蜀国早期两次埋下的重器。

金面铜人头像　高41厘米

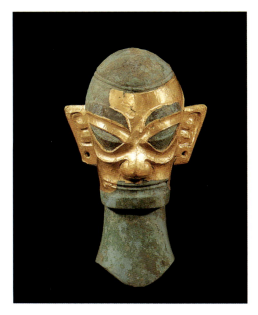

金面铜人头像　高48.5厘米

一号祭祀坑

金杖　长142厘米

铜立人像　通高262厘米

铜神树　高 396 厘米

铜兽面具　高 83 厘米

铜兽面具　高 65 厘米

铜罍 高 54 厘米

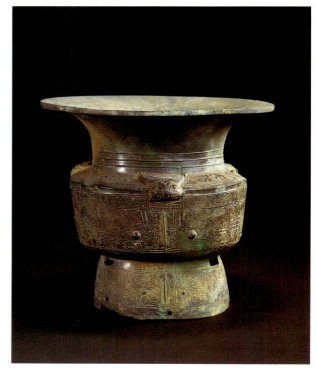

铜尊 高 34 厘米

玉璋 长 36 厘米

玉璋 长 38.2 厘米

丰镐遗址

张长寿

丰、镐是西周时期的都城，遗址位于今陕西省长安县沣河两岸。建国以来，这个遗址的考古调查、发掘工作主要由中国科学院考古研究所负责。经过半个世纪的工作，主要的发现有：

一、划定了丰、镐遗址的范围。经过长期的调查，确定沣河以西的客省庄、马王村、张家坡、大原村、冯村一带，沣河以东的斗门镇、花园村、普渡村、洛水村一带，是西周遗址最丰富、最密集的地区，从而为丰镐遗址划定了比较确定的范围。

二、确定了西周文化和先周文化晚期的文化。依据地层关系和器物类型学的研究，建立了西周文化的序列和分期，为西周考古学文化的研究树立了标尺。

三、在沣西的客省庄、马王村发现大型夯土建筑基址群，在沣东的洛水村发现大型居住址和大量的板瓦，为进一步探查丰镐遗址的中心区域提供了线索。

四、在沣西的张家坡、大原村，沣东的普渡村、花园村发掘了大量的西周时期的墓葬，特别是在张家坡发现的带墓道的井叔家族墓，为西周时期的墓葬制度和葬俗的研究提供了重要的资料。

五、在沣西张家村、新旺村屡次发现青铜器的窖藏，大大地丰富了丰镐遗址的内涵，并为遗址的性质提供了重要的佐证。

张家坡井叔墓　M163

张家坡 M157 车马坑

井叔钟　通高 37.5 厘米

交工鼎　高74厘米

孟簋　高24.5厘米

异仲䍒尊　高38.8厘米

龙凤人物玉雕

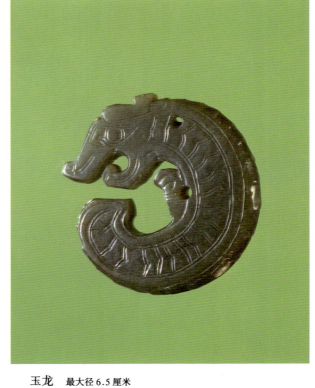

玉龙　最大径 6.5 厘米

玉琮　高 5.5 厘米

兽面玉饰　高 5.2 厘米

周原遗址

徐锡台

周原遗址位于陕西省关中西部岐山、扶风两县之间。此处是周王朝的发祥地，自公亶父由邠迁居周原起，直至文王由岐徙丰为止，一直是先周都邑。其范围包括今岐山县京当、岐阳、双庵、王家嘴、礼村、贺家、董家、凤雏、朱家、周家桥，以及扶风县刘家、庄白、齐家、齐镇、午子、强家、云塘、黄堆、上下樊村、召村、康家、任家、齐村等地。

1970 年，在岐山县凤雏村南发现周初甲、乙两组宫殿（宗庙）基址，并清理出甲组宫殿（宗庙）基址三十二开间。基址南北长 45.2 米，东西宽 32.5 米，计 1469 平方米。整个建筑基址坐北朝南，是一座由庭堂、室、塾、厢房、回廊组成的高台建筑。

同年于扶风县召陈村北发掘了西周中、晚期大型建筑基址群。保存较好的三号建筑基址也是一座夯土高台建筑。这座基址东西长 22 米，南北宽 14 米。基址中出土大量西周瓦。

周原地区已发掘周墓三百多座，其中有一百多座先周墓。

1977~1979 年，凤雏村宫殿（宗庙）西厢二号房中两个窖穴出土周初甲骨一万七千五百多片，绝大多数是龟腹甲，其中有字卜甲二百九十三片；后又在扶风齐家村发掘出带字大龟版一片，牛肩胛骨三片，总字数六百多个。这么多周初甲骨文的发现，在我国还是首次。它是研究周初历史、周人与商人关系、周人与真围部族关系以及卦画起源的重要史料。1949 年以来，周原出土西周大小青铜器近八百件，其中有卫盉、卫簋、卫鼎、墙盘等重要器物。此外，遗址还出土许多玉器、瓷器、漆器、金箔、丝绸等遗物。

玉鸟　高3.5厘米

玉佩饰　长10厘米

玉人　高6.5厘米

癫簋　高37厘米

牆盘　口径47厘米

三年𤲬壶　通高 66 厘米

父辛爵　高 18.5 厘米

父乙觚　高 25 厘米

陶簋　高 14 厘米

陶鬲　高 19 厘米

琉璃河燕国遗址

赵福生

　　琉璃河遗址位于北京市西南的房山区琉璃河镇，其范围包括洄城、刘李店、董家林、黄土坡、立教、庄头等，整个遗址东西长 3.5 公里、南北宽 1.5 公里，面积 5.25 平方公里。

　　在遗址中部的董家林村，有一座土城，平面略呈长方形，北墙全长约 829 米，南城墙及东西城墙的南半段破坏严重。在东北西三面城墙外均有护城河，上口宽约 15 米。宫殿区在城址中部偏北，已探明夯土台基六处，二处呈长方形，四处为圆形。宫殿区外发现有祭祀用的牛坑、马坑，灰坑中还发现有很多甲骨，其中三片龟甲上发现"用贞"、"成周"、"其驭宝余"，共八字。

　　古城外的黄土坡村是墓葬区，共发现、发掘了数百座西周墓葬，可分为大中小三种类型，大型墓多被盗一空，小型墓一般只出几件陶器，中型墓随葬品比较丰富，除陶器外还有不少的青铜器、玉器、蚌器、原始瓷器和成组的漆器。大型墓和部分中型墓附葬有车马坑，最多的葬有四十二匹马、十四辆车。出土的青铜器大多铸有铭文，其中带有"匽侯"铭的就有十数件。尤为重要的是 M1193 出土的克盉、克罍，铭文记载了周初周王分封燕国的史实，证明琉璃河遗址就是西周早期燕国的都城。

　　居住遗存主要分布在城址西部，文化堆积很丰富，出土大量的陶器，还有原始青瓷器、陶排水管、卜骨和冶铸铜器的陶模和陶范等。文化堆积可以分为早中晚三期，分别相当于西周早、中、晚期，其文化面貌比较复杂，有周文化因素、商文化因素和当地土著文化因素。

西周燕国都城城墙

琉璃河燕国遗址发掘现场

M25 铜器出土情况

伯矩鬲　通高 30.4 厘米

克罍　通高 32.7 厘米

未爵　高22厘米

刻文陶簋　高15.6厘米

玛瑙首饰

象牙梳　长 16.9 厘米

天马—曲村晋国遗址

刘 绪

天马—曲村遗址位于山西省南部的翼城和曲沃两县交界地带，以周代晋文化遗存为主，规模大（3800×2800平方米），内涵极其丰富，发现于1962年。1979年以来，北京大学考古学系同山西省考古研究所，先后对该遗址进行了十余次大规模的科学发掘，累计揭露面积近2万平方米。

居址区的发掘不仅获取了铜器、陶器、石器、骨器、蚌器等丰富的遗物，还发现了大量的窖穴、陶窑、水井和房屋等遗迹。墓葬区的发掘尤为引人注目，迄今为止已发掘了上自晋国君侯，下至普通庶民等不同阶层的墓葬近千座。在1992年发现并开始发掘的晋侯墓地，共发现了八组十七座晋侯及其夫人的墓葬和附葬的车马坑、祭祀坑等。由随葬铜器上的铭文及墓葬的排列顺序，可以清楚地判定八代晋侯的世系。出土的铜器、玉器不仅数量多、组合完整，而且制作精美，具有极高的学术价值。天马—曲村遗址的重要收获可归结如下：

一、确定了该遗址即为西周初年晋国始封地之所在，从而解决了聚讼近两千年的一桩历史悬案。

二、建立了晋文化编年体系，对整个周代年代学的研究将产生积极而又深远的影响。

三、大面积的墓地揭露及数量众多且保存完整的墓葬，为研究当时的丧葬制度、社会结构及与之相关的诸多问题提供了弥足珍贵的材料。

玉人　高9.1厘米

M63棺内晋侯夫人玉佩饰出土情况

天马—曲村遗址

M64 椁内部分铜器出土情况

四足铜方盒　通高 9.3 厘米

铜钟　通高 51 厘米

铜簋　通高 38.4 厘米

玉鹰　高10.3厘米

铜兔尊　高22.2厘米

铜盉　通高34.6厘米

曲阜鲁故城

张学海

周代鲁国都城遗址位于山东省济宁市曲阜市，曲阜市区坐落故城西南部，1977～1978 年山东省文物考古研究所等进行了勘探试掘。

鲁城平面呈不规则横长方形，城垣弯曲，城角圆拐，东西最长 3.7 公里，南北最宽 2.7 公里，面积 10 平方公里余。有十一门，东西北三面各三门，南面两门，南东门形制特殊。西面三门和北东门、东北门、东中门之间，均有横贯全城的干道相连。城由宫城、郭城两部分组成。宫城居全城中部，大型建筑群基址分布范围东西 1000 余米、南北约 500 米，以凸起周围地面的"曲阜"基岩为基础。东部已发现东周殿基和东北面的宫城残基。郭城包围宫城。北部大半分布着许多居住址和冶铜、制陶、制骨、冶铁手工业作坊址及墓地。在宫城以南和东南发现不少东周大型夯土基址。始于西周的四处遗址，三处在西郭门内，一处在北郭靠近城垣。六处族坟墓分属甲乙两类，甲类墓属殷、奄遗民墓；乙类墓属周人墓。北郭的大规模居住区南邻宫城，宫城南有全城最宽的干道和南东门连接，门南 1735 米处有舞云台，应为郊坛，以上依次构成鲁城的南北中轴线，同"左祖右社，面朝背市"的布局相符。

铜盘 口径 38.7 厘米

铜簋 高 16.4 厘米

铜簋 通高 21.5 厘米

铜鼎　高 18.2 厘米

铜壶　通高 38 厘米

错金银铜杖首　长 19.6 厘米

陶鬲　高 15.7 厘米

灰陶簋　高 11.8 厘米

三门峡虢国墓地

姜　涛

　　虢国墓地位于河南省三门峡市市区东北约1.5公里的上村岭上，墓地占地面积近30万平方米。1956～1957年黄河水库考古队曾在此处进行了一次大规模的发掘，共计发掘各类墓葬二百三十四座，出土各类文物万余件，其中青铜容器一百八十一件。1990年始，河南省文物考古研究所与三门峡市文物工作队联合在原发掘区的北部又进行了一次较大规模的发掘，清理了包括虢国国君墓在内的高等级贵族墓葬九座、车马坑四座，共计出土各类文物一万七千余件，其中以青铜器、玉器为大宗。

　　1990年发掘的M2001（虢季）、M2009（虢仲）为国君级大墓，M2011为太子墓，其余均为三鼎以上的高等级贵族墓葬。国君级墓葬的始葬年代不晚于西周宣王时期。

　　两座虢公墓中出土了虢季列鼎（七件）、虢季甬编钟（八件）、虢仲宝铃钟（八件），以及成套的黄金带饰等。玉柄铁剑、铁刃铜戈等人工冶铁制品及整件麻织衣物的出现，为科技史等相关学科提供了迄今最早的实物例证。出土的三千余件玉器中，既有以大型多璜玉佩为代表的玉礼器，又有几乎囊括了我国北温带地区所有动物群品类的大批肖生玉雕。这批玉器中还有应属于六千年上下红山文化时期的猪龙及一批有相当数量并包括多件刻铭玉器在内的商代时期玉器制品，属西周时期早、中、晚各段的上乘佳作亦均有涉及。

M2001

M2009 外棺玉器清理现场

虢季列簋　通高约 23.2 厘米

虢季列鼎　高 25.4~39 厘米

虢季甬编钟　通高 22.7~58.7 厘米

虢季铭文　拓片原大

铜盨　通高 20.4 厘米

丰伯叔父簠　通高 21.6 厘米

玉盘龙　高4厘米

玉蚕　长2厘米

铜方壶　通高49厘米

玉虎　长6.6厘米

玉卧牛　长5.8厘米

金带饰　圆环外径 3.7～4.35、兽面高 2 厘米

玉鸽　长 7.5 厘米

侯马晋国遗址

叶学明、陶正刚

　　侯马晋国遗址位于山西省侯马市西北部汾河、浍河交汇地带，为晋国晚期都城新田（前585～前376）所在地，面积约35平方公里。1955年发现，多年来持续进行了勘探、发掘和研究工作。先后发现牛村、平望、台神、白店、呈王、马庄、北坞七座古城。前三座为主体部分，呈品字形分布，面积共约5平方公里。

　　牛村古城南部分布多处铸铜、制石、制骨、制陶等作坊遗址。其中II号和XXII号两处铸铜遗址面积各约2万平方米，发掘出房址七十多座、作坊一处、井窖等一千五百余个，出土五万余块陶范（完整的近千件）和大量陶器、熔炉、通风管、铅锭等。陶范上纹饰有二十五种，蟠螭纹最常见。

　　发现盟誓和祭祀遗址八处。盟誓遗址面积约3800平方米，发掘长方形竖坑（"坎"）三百二十六个，坑中大部埋牲，以羊为主，牛、马次之。出土书写文字的玉石器五千余片，多呈圭形，能辨识者六百五十六件。字多朱红色，个别黑色，一般每件数十字，内容为晋国卿大夫举行盟誓时记载誓辞的文书。盟书的年代约在公元前495年前后，主盟者和敌对者可能是赵孟（赵鞅）和赵尼（赵稷）等。

　　已发现四处较大墓地。上马墓地面积10余万平方米，已发掘一千三百七十三座竖穴土坑墓，时代从西周晚期至春秋战国之际，应属《周礼》所记载的族坟墓。另在侯马市西南15公里柳泉墓地发现较大墓葬四组，已发掘其中二座，可能为晋国晚期的公、夫人墓。

陶模　铜钟舞

侯马盟书　长 16.6~17.9厘米

铜盖鼎　通高 42.4厘米

玉石串饰

铜匜　通长 26.8 厘米

铜鑑　高 50 厘米

淅川下寺楚墓

赵世纲

淅川下寺楚墓位于河南省南阳市淅川县城南约45公里的丹江水库西岸，1977年发现，1978～1979年发掘，共发现大中型墓九座、小型墓十五座及车马坑五座。其中，一号墓最大，二号墓随葬遗物最为丰富。

一号墓长9.9米，宽7.1米，一椁两棺。出土铜器有鼎、鬲、浴缶、障缶、簠、盘、匜、簋、盏、编钟等，玉器有璧、瑗、玦、璜，还有石磬、石排箫等，共三百六十余件。

二号墓虽经盗掘，仍出土青铜器、玉器及金箔饰、海贝等随葬品五千余件。墓长9.1米，宽6.47米，一椁两棺。出土的青铜礼器、乐器高大宏伟，铸造精美。如王子鼎，共七件，最大的一件高68厘米，重110.4公斤。又如王孙诰钟共二十六件，最大的一件高120厘米，重152.8公斤。其他许多青铜器铸有铭文。

该墓群可分为三期：八、九号墓等为第一期；一、二、三号墓等为第二期；十、十一号墓等为第三期。二号墓出土王子午鼎，子午又名子庚，楚共王时为司马，楚康王时为令尹，卒于康王八年（前552），故第二期墓葬年代当在春秋晚期前段。第一期的年代约当春秋中期后段，第三期约在春秋晚期后段。

环形金箔饰 外径26厘米

石排箫 长15厘米

M2 遗物出土情况

王子午鼎　通高 67.4 厘米

寿县蔡侯墓

李治益

寿县蔡侯墓位于安徽省寿县城西门内，1955年发现，安徽省文物管理委员会等进行了清理和发掘。

该墓形制为竖穴土坑墓，方向北偏东 10°，无墓道，南北长 8.45 米，东西宽 7.1 米，深 3.35 米，南壁偏西处有一长方形小坑，较墓底略深。墓坑正中偏南有明显的漆棺痕迹，无人骨，从发现的佩玉及铜剑的位置看，可知为头北足南。东南侧有一残朽的人骨架，仰身直肢，足向南，无葬具。

寿县蔡侯墓出土器物共计五百八十四件，包括玉器五十一件、金饰十二件、骨器二十八件、漆皮等七件。最突出的是青铜器四百八十六件，其中礼器百余件，主要有鼎一、鼎七、列鼎十、鬲八、簋八、簠四、敦二、豆二、筐二、方壶二、尊三、盉二、镐一、尊缶四、盥缶二、鉴四、盘四、匜一、甬钟十二、镈钟八、钮钟九、钲一、錞于一，等等。

青铜礼器多数有铭文，最重要的是蔡侯编钟、大孟姬盘、尊及吴王光鉴上的铭文，反映了蔡与吴、楚大国间的关系。铸造方面，多数礼器采用了嵌红铜工艺，花纹醒目活泼。专家多年来对墓主的考证，意见趋于一致，即文献所记公元前 493 年迁都州来的"昭侯申"。

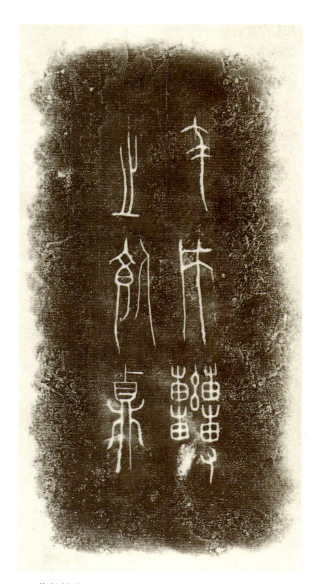

蔡侯铭文　拓片原大

铜编钟　通高 16.3~28.6 厘米

铜戈　援长 15.1、内长 6.1 厘米

铜列鼎　通高 36.8~49 厘米

随州曾侯乙墓

谭维四

曾侯乙墓位于湖北省随州市城关西郊擂鼓墩附近，战国早期曾国君主乙的墓葬，是一座岩坑竖穴木椁墓，1978 年湖北省博物馆发掘。

墓坑平面呈多边形，东西长 21 米，南北宽 16.5 米，坑底深约 13 米。内置木椁，由一百七十一根巨型方木垒成，用十二道椁墙将其分隔成东、中、西、北四室。椁内置墓主套棺和陪葬棺二十一具、殉葬棺一具。墓主内棺保存骨架一副，男性，年龄 42～45 岁。陪葬棺内亦各有一人骨，皆女性，年龄在 15～26 之间。

出土随葬品一万五千余件，品类繁多。乐器有青铜编钟、石编磬及鼓、瑟、琴、笙、排箫、篪、均钟（正律器）共九种一百二十五件。其中尤以保存完好的编钟最为珍贵。钟共六十五件，分三层立架悬挂于中室。全套钟音律齐全，音域宽阔，其中心音域十二个半音齐备，可以旋宫转调，至今仍能演奏各种乐曲。

青铜礼器、用具共三十六种一百四十三件，主要器形有鼎、鬲、甗、簋、簠、豆、壶、鉴、盘、匜等，多置于中室南部。

各类青铜器总重量达 10.5 吨，是历年来所出青铜器中数量最多的一群。

包括钟、磬铭文，青铜礼器、用具、兵器铭文，竹简及其他木刺、石刻、漆书、墨书文字，总数达一万二千七百二十五字，是我国先秦古墓发掘中一座墓出土文字资料最多的一次。文字内容丰富，其中钟磬铭辞中的乐律铭文尤为珍贵。

曾侯乙墓发掘现场

铜尊盘　高 23.5 厘米

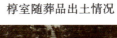

椁室随葬品出土情况

楚王熊章镈钟　通高 92.5 厘米

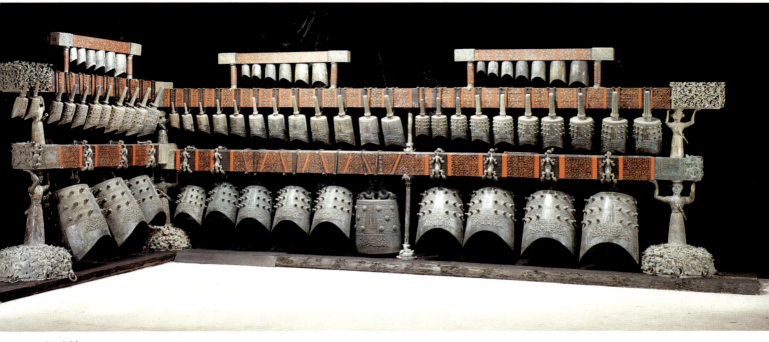

铜编钟 编钟架高 265～273 厘米

漆盖豆 通高 24.3 厘米

木雕梅花鹿　高 77 厘米

卷龙玉佩　长 11.3～11.5 厘米

金盏、金漏匕　盏通高 11、漏匕长 13 厘米

灵寿城与中山国王陵

刘来成

　　战国时期灵寿城及中山国王陵位于石家庄市西35公里的平山县三汲乡一带，1974年发现，1974～1978年河北省考古工作者在这里进行了调查和发掘。

　　灵寿城址原为战国时期中山国都城遗址，平面略呈葫芦形，南凸北阔，南北长约5公里，东西最宽处约4公里，中间有一隔墙将其分为东西两部。城墙夯筑，基厚34～35米，夯层坚实，层厚7厘米左右。城内分布有居住遗址、夯土遗迹、制陶、制骨、制铜铁器的作坊遗址等。

　　中山国王陵有三座，已清理两座，其中一座为中山王𰯼墓。王𰯼墓与哀后墓东西并列，封土平面呈方形，现高15米，底边东西长90米、南北长100.5米，于半腰处尚有回廊建筑遗迹和散水。墓的后半周有陪葬墓六座，前面平台有车马坑二座、杂殉坑一座，西侧台下有葬船坑一座。墓室地上部分夯筑，平面呈中字形，南北通长97米，宽30米，高5.6～5.7米，室壁呈四级阶梯状。墓室地下部分可分南北墓道、椁室、东库、西库、东北库等部分。出土遗物十分丰富而珍贵。其中中山王𰯼兆域图铜板是我国发现最早的建筑规划设计图；中山王𰯼铜鼎、中山王𰯼铜方壶、中山𫓧蚉壶，号称"中山三器"，上面刻有长篇铭文，其内容填补了战国特别是中山国历史的空白。此外，大量的玉器、精美的磨光压划纹黑陶器，以及造型生动的错金银青铜四龙四凤方案、虎噬鹿屏座、双翼神兽等，都是巧夺天工的佳作。

卷龙黄玉佩　长23.6厘米

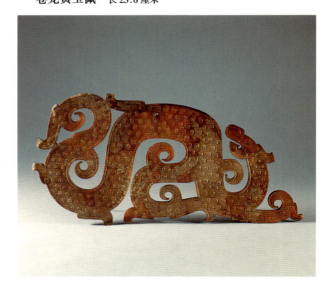

刻铭铁足铜盖鼎　通高 51.5 厘米

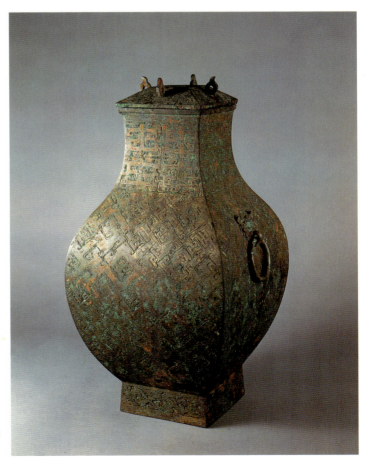

镶绿松石填漆纹铜方壶　通高 45 厘米

错金双翼铜神兽　长 40 厘米

错金银虎噬鹿铜器座　长 51 厘米

磨光压划纹黑陶鼎 　通高 41.2 厘米

磨光压划纹黑陶鸭尊 　通高 27.8 厘米

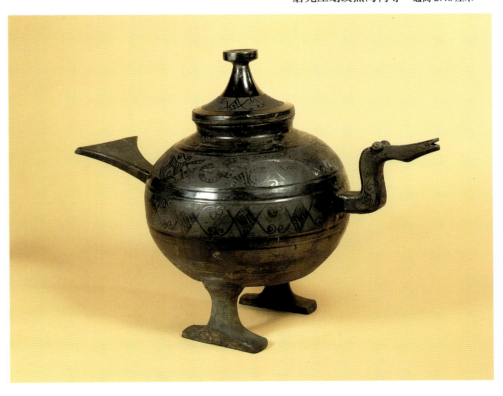

秦汉时代考古

俞伟超

北宋以来的金石学，已经对秦汉时代的铜器、碑刻、画像石、砖瓦陶文、玺印、封泥、钱币、度量衡等实物资料，做过大量著录和研究，但考古学工作要到本世纪才开始。

最初是一些外国学者，在当时中国政治虚弱之时，独自发掘过敦煌一带的汉代边塞遗址，掠夺走一批简牍，并对四川、山东、河南等地的汉阙、汉画像石做过调查，发掘了东北的一些汉墓。瑞典与中国合组的"西北科学考察团"，则系统调查过居延地区和罗布泊附近的汉代烽燧遗址，发掘出大量简牍。日军侵华期间，日本学者在华北调查和发掘了一些汉代遗址和墓葬。我国学者自己则在三四十年代发掘了陕西宝鸡斗鸡台的汉墓群、山东滕县的传曹王墓（东汉画像石墓）、四川彭山的东汉崖墓，还调查了乐山及重庆的一些崖墓。这些工作，引发出了对于西北汉简和汉代艺术的专门研究，并对秦汉时期考古学遗存的形态特点有了概貌性的了解，但还没有能力来考虑建立秦汉考古的体系。

新中国建立后，这种情况发生了转折性变化，一系列秦汉时期的考古学遗存，得到了规模巨大的勘察和发掘。其中最重要的如：

咸阳[1]、长安[2]、洛阳[3]三大秦汉都城及其周围帝陵[4]，特别是秦始皇陵园的勘察和发掘[5]，揭示出了秦汉文明所具有的宏伟气魄，使当今世界的目睹者深感震撼；两汉诸侯王中的中山王[6]、楚王[7]、鲁王[8]、梁王[9]、长沙王[10]等陵墓区的发掘，再现了这种最高贵族惊人奢华的生活状况，表现出三代以来丧葬、礼仪制度发生的阶段性大变化；

各地发掘的各级（列侯至平民）汉墓数以十万为计[11]，大致反映出了两汉时期的文化区域性、人们的等级差别、历史进程的阶段性这三大基本情况；

云梦睡虎地[12]与龙岗[13]、临沂银雀山[14]、长沙马王堆[15]、江陵张家山[16]与王家台[17]、连云港东海尹湾[18]等地秦汉墓中出土的简牍和帛书，包含了许多已佚古籍和律令、券约、遣册等文书，大大增加了对当时政治制度、意识形态和风俗习惯的认识；

敦煌悬泉置[19]和居延甲渠候官遗址[20]发掘中新获得的大批屯戌文书，扩大了对汉代管理边塞情况的了解；

郑州古荥镇[21]、巩县铁生沟[22]、南阳瓦房庄[23]等汉代铁官遗址的发掘和各地所出汉代铁器的金相学考察，揭示出了当时居于世界前列的冶铁技术；其战国时已用液态生铁铸造农具的实例，说明汉代农业生产所以能获得大发展，正因有此新的物质条件[24]；

有此冶铁技术，再结合黄河三门峡一带和汉中褒斜道沿线古栈道的调查材料[25]，又知汉代为保证某些必要的水陆运输，已能在一些险要地段实施开山凿道的工程；

对匈奴、东胡、东夷、百越、西南夷和西域等"四裔"文化进行过广泛探索，并发掘了晋宁石寨山的滇王墓地[26]和广州的南越文王墓[27]，已大体认识到这些文化的特征及其与秦汉文化的关系，为寻找秦汉文明与中亚、东北亚、东南亚及南亚等地的文化联系，架起了桥梁。

这些发现，更新着对秦汉文明的认识，并逐步建立起秦汉考古的体系。秦汉文明同三代以及三国以后的文明，有着阶段性的差别，她与罗马文明同时创造了历史上的光辉，并对以后东西方文明的发展产生重大影响，在全球的古代文明中占有同样重要的位置。这个文明有其庞大的体系，就其主体而言，在四百多年内主要经历了四大阶段。

一

秦代历时仅十五年，但秦文化最迟在西周中期已于甘肃东部崛起。

这本是西北某支羌戎文化融入一些北狄文化并接受了大量周文化影响后形成的。据现有发现，西周中、晚期时新形成的秦文化因素已占主要位置；至春秋中期已很强大，并扩大到关中。战国中期实行商鞅变法前后，又深受魏国的文化影响，并比东方六国更彻底地抛弃"周礼"传统。在征服六国过程中，各地大受秦文化影响，并因秦人的进入而同时存在纯粹的秦文化和原有文化同秦文化因素糅成一体的两种遗存。

在纯粹的秦文化中，原有的礼乐器虽存，但沿自"周礼"的使用制度已基本破坏，礼器的性质类同一般的日用器皿，并因其他文化影响而新出现鍪、钫（扁壶）、蒜头壶等器，有的（如鍪）大概源自巴蜀。

秦人在土木工程和手工制品方面原有喜好巨大体量的作风，在统一六国后发挥极致。修长城、开驰道、兴建阿房宫和骊山陵墓以及众多离宫别馆等，浩大工程接连不断。许多遗迹已被发现，其阿房宫前殿基址和秦始皇陵墓的工程之巨及陪葬物之多，远远超出已往的想象，堪称古代奇迹。秦始皇陵周围已发现的遗迹，有接近万数的比真人真马还要高大的兵马陶俑、尺寸约为实用车马一半的多辆青铜车马、同原物一样的大量石甲胄、众多的马厩坑和珍禽异兽坑、成片的筑陵刑徒墓、大型的寝殿基址和纵横达 1000～2000 米的内外两道陵园围墙，等等，所示滥用民力的程度，是当时任何国家都不堪承担的。毋怪乎这样一个财富如此集中、军事力量空前强大的王朝，顷刻之间便土崩瓦解。当然，这也表现出文化积淀已是何等深厚，因而一旦把人力集中起来，就能产生如此令人惊讶的文化奇迹！

历时数百年的东周文化，是许多地区原有文化结合周文化后的一种多元结构。其中的秦文化本有可能长期成为一种全国性的统一文化，但秦代的短促，打断了这个进程，使两汉时期的文化朝着另一种形态发展下去。

二

各地方国和诸侯国经三代而迄战国，都有本身的主体族群及其主体文化，如燕人、齐人、楚人、秦人和后分为韩、赵、魏的晋人及其文化。他们既有自身的族系和文化渊源，又曾不同程度地融入他族及其文化。至于两汉的汉人及汉文化，却是综合了许多族群及其文化，在短短的六七十年时间内突然形成的，源头甚为复杂。

汉初是汉人及汉文化的形成时期。原有的周人、燕人、齐人、楚人、韩人、赵人，等等，此时尚未称汉人，但为了相对于周边的"四裔"诸族，曾统称为"中国人"；其文化结构还是多元的。当时承袭秦之官制、郡县制和度量衡制度，其行政管理制度促进了各地文化统一性的加强。但许多地方还残存着列国文化遗痕。

此时的精神领域，仍有儒家、法家等多种思想并存，但以主要是承自楚地传统的黄老思想为主流。

黄老思想的主体是《老子》。老聃，楚人，其学说多抽象的虚拟比喻，主张社会行为的原则是"无为而无不为"。楚地的原始巫术残余远比中原为重，这是产生《老子》的人文原因。近年湖北荆门郭店楚墓所出《老子》残本竹简，正说明战国时的楚地流行老子学说。

黄帝颇似宗教之神，初见于战国中期齐威王的陈侯因脊敦铭文。以五帝中的轩辕氏为名，当然是依托的。齐地近海，战国中期已多入海求神洲仙药之人，神仙思想发达。邹衍的五行学说和后来的太平道，亦起源于此。

这两种思想有接近之处，故能联在一起而称黄老之学。汉初民生凋敝，推行这种思想正符合休养生息的需要。而且，西汉王朝的建立者，正多三楚之人，这同当时提倡黄老思想当亦有关系。长沙马王堆汉墓出土帛书中的《老子》甲、乙本和《黄帝四经》等，表明汉初的楚地依然是老子思想发达的地区，因而黄老之学亦比其他地区更发达。

在生活习俗方面，秦朝曾要求六国遗民服从秦人规矩。如在随葬品方面，六国本沿周礼传统，秦代则改用日用器皿。但一到汉代，各地无论是贵族或平民，都重新以成组礼器随葬，鼎、盛（盒形）、壶、钫是最基本的组合。六国遗风一下子就复苏了。只有一些秦人遗民，还用屈肢葬和少量日用陶器，保持着原有传统。

大约至汉武帝时，成组出现的秦和六国遗痕，已基本消失，一个完整形态的汉文化真正出现了。

三

自西汉武帝至东汉明、章二帝，是汉文化最繁荣的阶段。

这时期，经过汉初以来的土地兼并，大土地所有制的存在已成为一种社会现象。大批由宗法制度维系的先秦贵族，丧失了世袭特权，宗法制度失去了基础。汉初新出现的官吏集团，虽以本身的劳绩而升迁，毕竟又产生了一批世代占有土地的家族，形成了新的宗族制度。汉武帝时为稳定这些情况和国家的大统一局面，由董仲舒提出的以"天人感应"的世界观、"三纲五常"的道德观为经纬的今文学派儒家学说，成为社会的正统思想直至汉末。这也是汉文化的整体思想基础。

战国时取得的液态生铁冶炼技术已相当普及，大土地所有制发展后实行大面积耕作的需要亦日渐突出，这两方面的结合促使中原地区普遍使用铁农具和牛耕。古代农业技术中具有革命性进步意义的轮作制初见于北魏的《齐民要术》，但汉武帝时的赵过代田法已经对成片土地实行分垄轮休，走到了产生轮作制的门槛。看来，轮作制在东汉应已出现。

除简单的家庭手工业外，技术复杂的手工业，春秋时还全在官府控制之下。战国以来，富商大贾的私工虽已迅速发展，但直到此时，官工仍占很大比重。尤如盐铁生产，因其在国计民生中的重要地位，除去从东汉光武帝至章帝初的那段时间外，此时全由国家垄断。

官工还制作许多兵器和讲究的铜器、漆器以及丝织品。在中央，由考工、尚方管理；在郡县，设工官、服官管理。但私工并未衰落。据满城中山王陵出土物和传世铜器铭文，河东平阳的私工作坊，其制品自武帝至元帝时，曾销至中央官府和中山王、敬武长公主等高等贵族手中。这又暗示出商业活动更为发达。西安三桥镇出土和传世上林铜鉴、鼎、钟之铭，说明在成帝阳朔元年至鸿嘉四年这八年期间，考工的作坊铸造出这种铜器三千三百四十九件以上。两汉的工商业在西汉晚期发展到高峰。

城市也发展到隋唐以前的最高峰。特别是西汉都城长安，经武帝以后大加扩建，成为当时世界上规模最大、人口最多的城市。

埋葬制度进入到一个新阶段。依宗法制度安排墓位的族坟墓制度，被家族茔地代替。夫妇并穴而葬变为同穴合葬。随葬品中成组礼器消失，主要是各种日用器皿和象征庄园生活乃至墓主身份的模型明器。从西汉晚期起，为更充分地反映这些内容（包括天道观和历史道德观），又日益流行壁画墓和画像石墓，用图画来表现之。

这时期汉文化遗存表现出的整体面貌，若同先秦相比，一望而知应分属两种形态。

四

自东汉和帝至汉末，汉文化进入衰落阶段，但其历史特点却表现得更充分，因而也可视为汉文化的最典型形态。

此时大土地所有制迅速膨胀，地方豪强力量扩大，各种依附关系日益发展，自然经济有所加强，商品货币关系开始走向衰落。

由这些原因引发的现象是，官工显著收缩而地方豪强经营的私工却大有发展。其突出标志就是和帝时的"罢盐铁之禁"（《后汉书·和帝纪》），政府已把最重要的手工业放给地方豪强。不久后，和熹邓太后又大大紧缩中央至蜀郡、广汉等工官。不过，最迟创设于明帝时的今云南昭通一带的朱提、堂狼工官却大有发展，所铸双鱼纹铜盆在各地常有发现，但不见黄巾起义以后之物，此地的工官当已消失。

与官工衰落相应，此时以某氏为标记的各种私工铜器大增。多见的如蜀郡"董氏"、"严氏"铜盆等，花纹以羊、鸟等为主。

意识形态的变化是神仙思想日益成为普遍的宗教信仰。一般讲，宗教是在人间遇到难以解脱的苦恼而发达起来的。西汉晚期正逢此情，于是结合着原有的神仙信仰，太平道在齐地形成。佛教亦传入中国。在东汉，佛道始终交糅在一起而佛教信仰一直依附于道教。到顺帝后，太平道在黄河流域广为传布，关中则有缅匿法道，四川及汉中出现五斗米道。最早出现的太平道，本是在西汉晚期盛行的谶纬学说基础上发展起来的，而此时含有多种教派的早期道教，又融入了西王母等民间信仰，再加上同传入的佛教混在一起，内容非常复杂，以至于可以统称为神仙信仰。这时，夹杂着羽人、仙禽、异兽的流云纹突然流行起来；三峡至四川等西南地区到甘、青交界处一带，又出现了很多往往含有羽人、西王母、佛像的青铜钱树；山东、苏北、河南、内蒙古、重庆、四川等地壁画墓、画像石墓、崖墓中，也屡见羽人、西王母、佛和菩萨等图像；江苏连云港孔望山的太平道东海庙故址更出现了佛道信仰并存的摩崖造像，这些都是盛行神仙信仰的产物。如果不是黄巾起义后太平道受统治者的严厉打击，三国以后宗教的发展，应当主要是道教。佛教正是因此机缘才迅速成为最主要的宗教。

正因为此时的大土地所有制、宗族制度，天人感应思想和神仙信仰愈益发达，埋葬习俗中又出现了多代葬于一墓和模拟庄园生活的模型明器更为完备等现象；墓葬壁画和画像石内容中的各种祥瑞图以及多种神仙图像，也更为多见了。

五十年来秦汉考古一系列重大发现中的最重要成果，就是可以概括出上述的文化进程，对周边的四裔文化亦已了解到大致的轮廓。从此，秦汉考古就可以概括出自己的框架系统了。

1　陕西省社会科学院考古研究所渭水队《秦都咸阳故城遗址的调查和试掘》，《考古》1962/6；秦都咸阳工作站《秦都咸阳第一号宫殿建筑遗址简报》，《文物》1976/11。

2　俞伟超《汉长安城西北部勘查记》，《考古通讯》1956/5；王仲殊《汉长安城考古工作的初步收获》，《考古通讯》1957/5；王仲殊《汉长安城考古工作收获续记——宣平城门的发掘》，《考古通讯》1958/4；中国社会科学院考古研究所汉城发掘队《汉长安城南郊礼制建筑遗址发掘简报》，《考古》1960/7；中国社会科学院考古研究所《汉长安城未央宫》，中国大百科全书出版社 1996。

3　阎文儒《洛阳汉魏隋唐城址勘查记》，《考古学报》1955/9；中国科学院考古研究所洛阳工作队《汉魏洛阳城初步勘查》，《考古》1973/4。

4　刘庆柱、李毓芳《西汉诸陵调查与研究》，《文物资料丛刊（6）》，文物出版社 1982；中国社会科学院考古研究所《汉杜陵陵园遗址》，科学出版社 1993。

5　陕西省文物管理委员会《秦始皇陵调查简报》，《考古》1962/8；陕西省考古研究所始皇陵秦俑坑考古发掘队《秦始皇陵兵马俑坑》，文物出版社 1998 年。

6 中国科学院考古研究所、河北省文物管理处《满城汉墓发掘报告》，文物出版社 1980 年；河北省文物研究所《河北定县 40 号汉墓发掘简报》，《文物》1981/8。

7 徐州博物馆《徐州石桥汉墓清理报告》，《文物》1984/11；南京博物院《铜山龟山二号西汉崖洞墓》，《考古学报》1985/1；徐州博物馆、南京大学历史系考古专业《徐州北洞山西汉墓发掘简报》，《文物》1988/2；狮子山楚王陵考古发掘队《徐州狮子山西汉楚王陵发掘简报》，《文物》1998/8

8 山东省博物馆《曲阜九龙山汉墓发掘简报》，《文物》1972/5。

9 河南省文物研究所《永城西汉梁国王陵与寝园》，中州古籍出版社 1996。

10 湖南省博物馆《长沙象鼻嘴一号汉墓》，《考古学报》1981/1；长沙市文物局文物组《长沙陡壁山西汉曹巽墓》，《文物》1979/3。

11 洛阳区考古发掘队《洛阳烧沟汉墓》，科学出版社 1959；中国科学院考古研究所《长沙发掘报告》，科学出版社 1957；广州市文物管理委员会、广州市博物馆《广州汉墓》，文物出版社 1981；中国社会科学院考古研究所《陕县东周秦汉墓》，科学出版社 1994；黄河水库考古工作队《河南陕县刘家渠汉墓》，《考古学报》1965/1；湖南省博物馆、中国科学院考古研究所《长沙马王堆一号汉墓》，文物出版社 1973。

12 睡虎地秦墓竹简整理小组《睡虎地秦墓竹简》，文物出版社 1978。

13 湖北省文物考古研究所等《云梦龙岗六号秦墓及出土简牍》，《考古学集刊》第 8 集，1994。

14 山东省博物馆、临沂文物组《山东临沂西汉墓发现〈孙子兵法〉和〈孙膑兵法〉等竹简的简报》，《文物》1974/2；银雀山汉墓竹简整理小组《孙膑兵法》，文物出版社 1975。

15 湖南省博物馆、中国科学院考古研究所《长沙马王堆二、三号墓发掘简报》，《文物》1974/7；马王堆汉墓帛书整理小组《马王堆汉墓帛书（壹）》，文物出版社 1975。

16 荆州地区博物馆《江陵张家山两座汉墓出土大批竹简》，《文物》1992/9。

17 荆州地区博物馆《江陵王家台 15 号秦墓》，《文物》1995/1。

18 连云港市博物馆《江苏东海县尹湾汉墓群发掘简报》，《文物》1996/8；连云港市博物馆、中国社会科学院简帛研究中心、东海县博物馆、中国文物研究所《尹湾汉墓简牍》，中华书局 1997。

19 阎渭清《敦煌悬泉置遗址》，《中国考古学年鉴》1992，文物出版社 1994。

20 甘肃居延考古队《居延汉代遗址的发掘和新出土的简册文物》，《文物》1978/1；甘肃省文物考古研究所、甘肃省博物馆、文化部古文献研究室、中国社会科学院历史研究所《居延新简》，文物出版社 1990。

21 郑州市博物馆《郑州古荥镇汉代冶铁遗址发掘简报》，《文物》1978/2。

22 河南省文化局文物工作队《巩县铁生沟》，文物出版社 1962。

23 河南省文化局文物工作队《南阳汉代铁工厂发掘简报》，《文物》1960/1；河南省文物研究所《南阳北关瓦房庄汉代冶铁遗址发掘报告》，《华夏考古》1991/1。

24 李京华《中原古代冶金技术研究》，中州古籍出版社 1994。

25 中国科学院考古研究所《三门峡漕运遗迹》，科学出版社 1959；河南省文物管理局、水利部小浪底水利枢纽建设管理局移民局《黄河小浪底水库文物考古报告集》黄河八里胡同峡栈道，黄河水利出版社 1998；陕西省文管会、陕西省博物馆陕南调查组《褒斜道连云栈南段调查简报》《文物》1964/11；陕西省考古所《褒斜道石门附近栈道遗迹及题刻的调查》，《文物》1964/11；秦中行、李自智、赵化成《褒斜道栈道调查》，《考古与文物》1980/4。

26 云南省博物馆《云南晋宁石寨山古墓群发掘报告》，文物出版社 1959；云南省文物考古研究所、昆明市文物管理委员会、晋宁县文物管理所《云南晋宁石寨山第五次抢救性清理发掘简报》，《文物》1998/6。

27 广州市文物管理委员会、中国社会科学院考古研究所、广东省博物馆《西汉南越王墓》，文物出版社 1991。

秦始皇陵兵马俑坑

袁仲一

　　秦始皇陵兵马俑坑位于陕西省西安市临潼区西杨村南，1974 年发现一号坑，1976 年发现二、三号坑，自发现至今，曾不断进行发掘。

　　三个坑均为地下坑道式的土木结构建筑。一号坑为长方形，面积 1.426 万平方米。现已发掘三分之一，发现战车二十乘、陶俑和陶马二千件。三号坑作凹字形，面积 520 平方米，已全部发掘，出土战车一乘、陶俑和陶马七十二件。二号坑呈曲尺形，面积 6000 平方米，正在发掘中，上层的棚木遗迹已全被揭出，已发现陶俑、陶马一百三十余件。根据已知情况判断，三个坑内共有陶俑、陶马约八千件。一号坑是以步兵为主，战车与步兵相间排列为长方形军阵。二号坑是车兵、骑兵和步兵混合编列的曲形阵。三号坑是军阵统帅的指挥部，古称军幕。俑的种类众多，有高、中、下级军吏俑和一般士兵俑，因职位、兵种不同而装束和姿态各异。陶俑、陶马造型比例准确，形象逼真，是古代雕塑艺术史上的罕见作品。

　　一、二、三号兵马俑坑仅是秦始皇陵园中的一组陪葬坑。在陵园中还发现铜车马坑、马厩坑、珍禽异兽坑等各种陪葬坑百余座。1980 年对铜车马坑进行的局部试掘中，出土大型绘彩铜车马明器两乘。

一号坑军阵

一号坑发掘情况

一号铜车马 　通长 225 厘米

二号铜车马 　通长 317 厘米

三号坑　部分

三号坑发掘现场

骑兵俑与鞍马　俑高180、马长200厘米　二号坑

跪射俑　高120厘米　二号坑

将军俑　通高197厘米　一号坑

铜戈　通长26.7厘米　一号坑

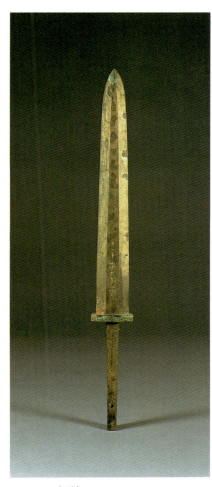

铜铍　通长35.4厘米　一号坑

御手俑　部分　二号坑

汉长安城遗址

刘庆柱

汉长安城遗址位于陕西省西安市西北郊，是西汉王朝的都城和当时全国政治、经济、文化中心。自张骞通西域后，它又成为著名的国际都会，与西方的历史名城罗马并列为当时世界上最宏大、最繁荣的城市。1956 年以来，中国社会科学院考古研究所长期在这里进行考古调查、勘探和发掘，已基本探明了全城的平面布局。

长安城平面略近方形，周长 25100 米，共有城门十二座，每门各有三个门道。城墙外面环绕壕沟。城门与城内大街相连，城内街道笔直、宽阔。城内南部和中部分布有未央宫、长乐宫、桂宫、北宫和明光宫，还有武库。城北部有东市、西市和居民生活的里。城的南郊有宗庙、社稷、辟雍等礼制建筑。城西邻建章宫。上林苑和昆明池位于长安城西南郊。

五十年代中后期发掘了汉长安城的宣平门、霸城门、西安门、直城门四座城门遗址和南郊王莽时期的宗庙、辟雍遗址。七十年代后期发掘了未央宫与长乐宫之间的武库遗址。八十年代勘探了未央宫、长乐宫布局形制和东市、西市，试掘了未央宫前殿遗址，发掘了未央宫椒房殿、少府或其所辖官署、中央官署和宫城的西南角楼遗址。九十年代以来，在汉长安城西北部大规模发掘了制陶、冶铸、造币遗址，勘探了北宫，对桂宫遗址进行了系统勘探和重点发掘。近半个世纪来的汉长安城遗址考古工作，取得了丰硕的成果。

骨签　部分　未央宫

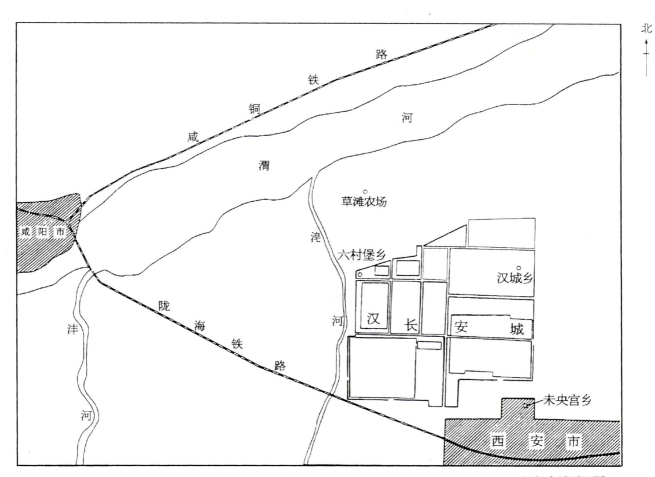

北

汉长安城平面图

骨签　约长6厘米　未央宫

未央宫前殿遗址

未央宫少府遗址

西汉帝陵

焦南峰

对汉长安城周围西汉帝陵的系统考察，始于六十年代初。通过对西汉十一陵的仔细调查，确认了在渭河咸阳原上，西起兴平县豆马村，东到咸阳市正阳乡张家湾，依次排列着汉武帝茂陵、汉昭帝平陵、汉成帝延陵、汉平帝康陵、汉元帝渭陵、汉哀帝义陵、汉惠帝安陵、汉高祖长陵、汉景帝阳陵；汉文帝灞陵和汉宣帝杜陵则位于渭河以南西安市东郊的白鹿原北端及南郊的杜东原上。诸陵的范围、封土、附属的后妃墓及陪葬墓等情况亦已大致明了。

七八十年代对长陵陪葬墓、茂陵陪葬墓、阳陵刑徒墓地、杜陵陵园及从葬坑、汉高祖薄姬南陵从葬坑等遗存进行了发掘。长陵附近杨家湾汉墓及陪葬坑的发掘，将一座构造复杂的西汉早期大墓及三千多件彩绘兵马俑展现于世，提供了研究汉代军制、战阵、武器装备等情况的宝贵资料。南陵从葬坑发现了大熊猫、犀牛等珍稀动物骨骼。面积达 8 万平方米的阳陵刑徒墓地，葬式不一、排列无序，带有刑具的累累白骨反映出修陵劳动力的使用情况。茂陵陪葬墓从葬坑出土的二百三十多件"阳信家"用物，以铜器居多。其中的鎏金铜马和鎏金银竹节熏炉是西汉青铜器中的精品，反映了当时高超的金属冶铸技术。八十年代初对杜陵的发掘，推进了汉代帝陵的研究。发掘了皇帝陵园的东门阙、皇后陵园的东门阙、帝陵寝园、后陵寝园、杜陵陵庙和一、四号从葬坑等。杜陵东门遗址距封土 120 米、通宽 85 米、进深 20 米，由门道、左右塾、左右配廊、散水等组成，布局规整，结构合理。杜陵从葬坑发掘面积虽小，但出土的数以百计的裸体陶俑和车马器、兵器、金饼、建筑材料以及其他铜器、陶器、漆器等，显示出西汉帝陵极为丰富的埋藏内涵。

1990年曾对位于茂陵西南的从葬坑进行过小面积试掘和大范围勘察。从葬坑不同于其他已知汉陵从葬坑，是一套竖穴坑道窑洞式构造，每个窑洞随葬物品类不同，或实用车马，或珍禽异兽，或侍从陶俑。钻探表明，在茂陵的西、南、北三面有数量惊人的从葬坑。同年开始对汉景帝阳陵系统勘察和发掘。在帝陵的东南、西北钻探出面积、形制相同的两组大型从葬坑群，在南区发掘了部分从葬坑。近年又对整个陵园进行了更大规模的钻探发掘，进一步了解到陵园的整体布局、规模和帝陵的形制，发现大量从葬坑和陪葬墓园，并发掘了帝陵南阙门遗址，清理了一批中小型陪葬墓。帝陵平面为亚字形，四面各有一条墓道，坐西面东；封土为覆斗形，四侧各有从葬坑一排，其外为夯土垣墙，四侧均有三出阙门，是我国已知时代最早的一组三出阙。陪葬墓园位于帝陵东部司马道两侧，由东西、南北向的壕沟纵横交错分隔成棋盘状，型制相同，大小相近，其内各有陪葬墓及陪葬坑若干。阳陵陵园平面呈不规则长方形，东西长近6公里，南北宽1～3公里，整个陵区由帝陵、后陵、南北区从葬坑、刑徒墓地、陵庙等礼制建筑、陪葬墓及阳陵邑等部分组成，帝陵居陵园中部偏西。

以帝陵为中心的复杂而规整的布局，显示了以皇帝为中心的专制主义意识和严格的等级观念。

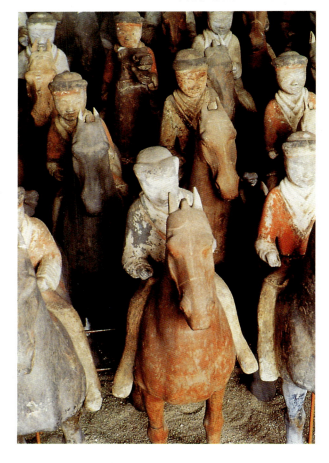

陶骑兵俑群 长陵陪葬墓

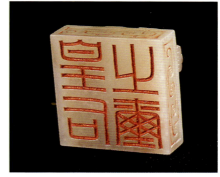

皇后玉玺　边长2.8厘米　长陵

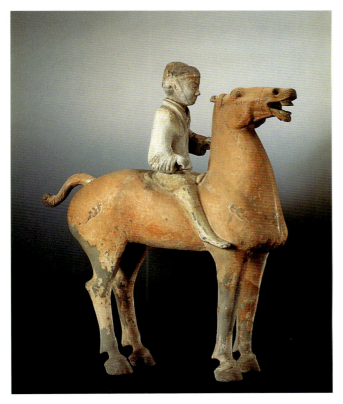

彩绘骑兵俑　高63厘米　长陵陪葬墓

陶坐俑　高35厘米　灞陵陪葬墓

阳陵南阙门建筑遗址　东阙台

阳陵南区从葬坑发掘现场

彩绘陶牛　长 70 厘米　阳陵

彩绘裸体男俑　高约 62 厘米　阳陵

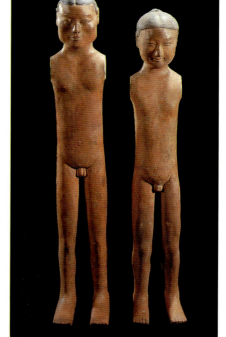

彩绘裸体女俑　高约 47 厘米　阳陵

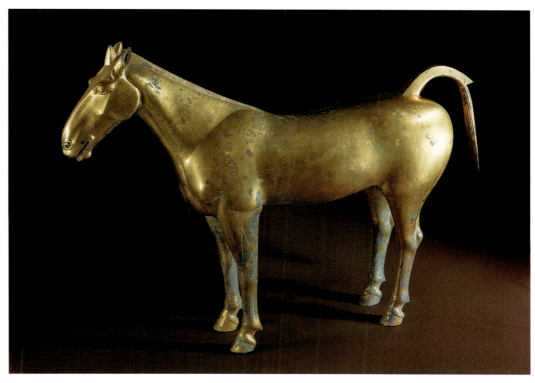

鎏金铜马　长 76 厘米　茂陵

鎏金竹节银熏炉　高 58 厘米　茂陵

四神玉铺首　高 39.2 厘米　茂陵

玉仙人奔马　长8.9厘米　渭陵

玉辟邪　长7厘米　渭陵

玉熊　长8厘米　渭陵

长沙马王堆汉墓

熊传薪

马王堆汉墓位于湖南省长沙市东郊五里牌。1952 年，经中国科学院考古研究所长沙工作队对马王堆两土冢进行调查，断定此地为汉墓群。1972～1974 年，湖南省博物馆、中国科学院考古研究所等相继发掘了马王堆一号墓、三号墓和二号墓。三座墓的墓主分别是西汉初年的长沙国丞相轪侯利仓（二号墓）、利仓之妻辛追（一号墓）和利仓与辛追之子（三号墓）。三号墓的下葬年代为汉文帝十二年（前 168）。一号墓打破二、三号墓，年代稍晚。

三墓均为竖穴土坑墓。墓底置木椁及层层漆绘套棺，椁上下周围填塞木炭和白膏泥，然后填土夯实，封固严密。棺内和木椁边箱中共出土三千多件珍贵文物，有漆器、丝麻织物、陶器、竹木器、兵器、乐器、木俑和谷物、水果、中草药、禽兽遗骸等。一号墓中的死者尸体保存完好。特别重要的是一、三号墓中出土的大宗帛画、帛书、竹简、木牍和地图，具有我国古代思想和文化的丰富内涵。其他出土物以漆器和丝织品为多，都有很高的工艺水平。漆器主要为成都市府所制。整个墓葬充分展示了汉初的物质文明、精神文明和社会风貌，反映出在这楚国故地还大体保存着战国时期的楚文化遗风。一号墓中所出两千多年前的软体女尸，外形完整，润泽柔软，多种组织的细微结构保存较好，在世界考古学史上属首次发现。

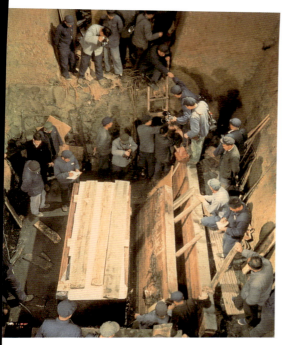

三号墓木棺出土情况

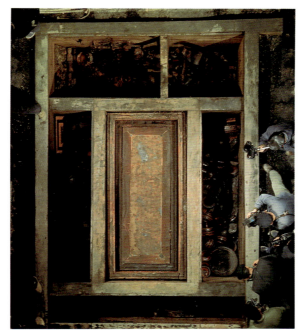

三号墓椁室

一号墓出土女尸

T字形帛画　长205厘米　一号墓

T字形帛画　长233厘米　三号墓

凤纹漆盒　通高 19 厘米　一号墓

云纹漆锺　通高 51.5 厘米　一号墓

云纹漆鼎　通高 28 厘米　一号墓

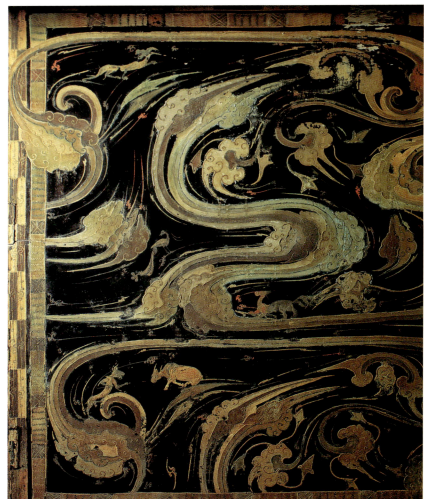

云纹漆案及杯盘　案长60.2厘米　一号墓

黑地彩绘漆棺　部分　一号墓

素纱禅衣
长 128 厘米　一号墓

黄绮地乘云绣　部分　一号墓

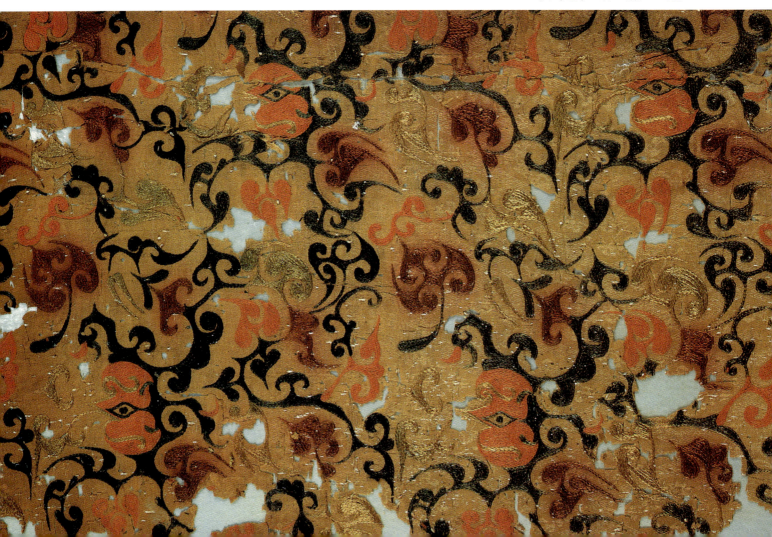

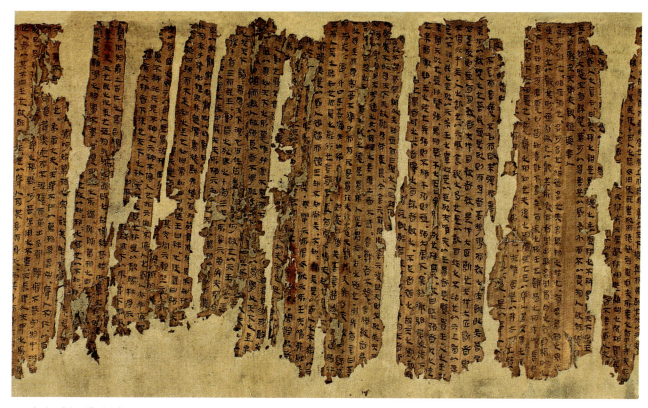

帛书《老子》甲本　部分　一号墓

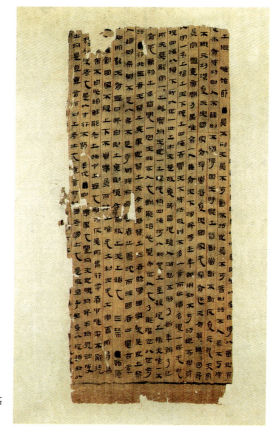

帛书《十六经》　部分　三号墓

徐州西汉楚王墓群

王　恺

西汉楚王墓共十二座，分布在江苏省徐州市周围的石灰岩山体内，已调查发掘八座。徐州是汉高祖刘邦的故乡，刘邦封其弟刘交为第一代楚王，这批墓葬为其后代子孙所葬。

狮子山墓位于云龙区狮子山主峰南坡，向西400 米有从葬兵马俑坑，1995 年由徐州汉兵马俑馆发掘。墓由墓道、天井、甬道、耳室、侧室、主室组成，通长 117 米，宽 13.2 米，面积 810 平方米，墓形奇特，早年被盗，仍出土各类文物近二千件（套），墓主为公元前 154 年入葬的第三代楚王刘戊。

西汉中期的北洞山墓位于铜山县茅村乡洞山村中，1986 年发掘。墓由墓道、石龛、甬道、耳室、侧室、主室等部分组成，墓门南向，早年被盗，残余文物主要有彩绘陶俑、玉器和铜印等。龟山汉墓位于九里区拾屯镇龟山西侧，1982 年由南京博物院发掘。其二号墓为夫妇同茔异穴，以壶门相通，墓道、甬道平行开凿，墓门西向，东西长 83 米，南北宽 35 米，十五间墓室结构复杂，凿制粗犷，早年多次被盗，残余文物中有刘注银印。

石桥（东洞山）墓位于金山桥开发区的洞山西侧，1982 年开山取石时发现二号墓，同年由徐州博物馆清理。墓由墓道、甬道和墓室组成，墓门西向，通长 24.2 米，未被盗掘，出土文物有"明光宫"铜鼎，"明光宫"赵姬锺，铜鎏金"赵姬沐盘"、"王后家盘"及"王家尚食"釜等。一号墓早年被盗一空。二墓属西汉晚期偏早。

楚王墓西侧陪葬兵马俑坑　狮子山

玉龙佩　高 17.1 厘米　狮子山
玉杯　高 11.6 厘米　狮子山

金带钩　高2.9厘米　狮子山

玉豹　长23.5厘米　狮子山

玉冲牙　长13.5厘米　狮子山

刘注银印　边长2.1厘米　龟山

北洞山楚王墓发掘现场

彩绘陶仪仗俑　高 49 厘米　北洞山

鞢形玉佩　长 5.8 厘米　北洞山

玉舞人　高 38 厘米　石桥

玉璜　长 11.5 厘米　石桥

透雕玉环　外径 7.9 厘米　石桥

鎏金铜博山炉　通高 21.9 厘米　石桥

铜鼎　通高 21 厘米　石桥

满城汉墓

卢兆荫

西汉中山靖王刘胜和王后窦绾的陵墓位于河北省满城县陵山上，1968年发掘。两墓于山岩中凿成，规模宏大，南北并列，墓门朝东。刘胜墓全长51.7米、最宽处37.5米、最高处6.8米，容积约2700立方米。窦绾墓全长49.7米、最宽处65米、最高处7.9米，容积约3000立方米。

两墓的形制、结构大体相同，由墓道、甬道、南耳室、北耳室、中室和后室六部分构成。刘胜墓的甬道、南北耳室和中室以及窦绾墓的中室内，原有瓦顶木构建筑，两墓的后室则有石板搭成的石屋，并附小侧室。南北耳室是库房和车马房，中室是宽大的厅堂，后室是放置棺椁的主室。刘胜和窦绾死时所穿的"金缕玉衣"，是首次发现的完整玉衣。

两墓共出随葬器物四千二百多件，有陶器、铜器、铁器、金银器、玉石器、漆器、纺织品、钱币以及大型车马明器和俑等。铜器的数量和种类仅次于陶器，不少器物铸工精细，造型优美，纹饰华丽。其中的鎏金长信宫灯、错金博山炉、鎏金银楚大官糟锺、错金银鸟篆文壶、鎏金银乳钉纹长乐食官锺等，都是汉代铜器珍品。随葬品中的铜漏壶、玉具剑及金、银医针等，亦为重要物品。

刘胜是汉景帝之子，景帝前元三年（前154）立为中山王，武帝元鼎四年（前113）卒。窦绾字君须，死年略晚于刘胜。

玉舞人串饰　舞人高2.5厘米　窦绾墓

铜朱雀灯　通高 30 厘米　窦绾墓

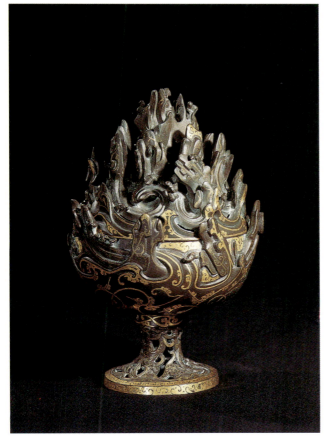

错金铜博山炉　通高 26 厘米　刘胜墓

乳钉纹铜壶　通高 45 厘米　刘胜墓

长信宫灯　　通高 48 厘米　窦绾墓

四兽纽熊足铜鼎　通过 8.1 厘米　刘胜墓

金缕玉衣　通长 188 厘米　刘胜墓

定州西汉中山王陵

刘来成

定州市东周时地属中山国，西汉景帝沿用旧日国名，封于此地的诸侯王仍称中山王。西汉历代中山王陵墓大多分布在这里，如今火车站东约500米的定州一二〇、一二一、一二二号墓，俗称"三盘山"，传为刘胜之孙穄王、顷王、宪王墓，于1965年进行了发掘；位于八角廊村西南部的定州四十号墓于1973年发掘。

四墓形制基本相同，均为大型木椁墓。其中四十号墓为中山怀王刘修之陵，原有夯筑长方形城垣围绕，南北145米，东西127米，墙基厚11米左右。夯筑封土原高约16米。墓室向南，平面为凸字形，分墓道、前室、后室三部分，通长约61米。圹壁夯筑而成。墓道呈斜坡状，水平长度约30米，上宽下窄，最宽处6米。墓圹全长31米，最宽处12.9米。圹内由木枋构成前、后室。墓室上面铺黄沙和陶片一层，周围堆积有较厚的陶片层。

前室外线长18米、宽9.6米，原高约2.7米，由四排立柱分成左中右三室，柱顶梁枋上架三层盖木。前左室放有偶车饰件和大量陶器；前中室放有陶炉和四辆偶车，其饰件均为铜质鎏金。前右室置车三辆、马十三匹等。

后室平面呈方形，南北11.5米、东西11.4米、原高约3.3米，底部下面铺有较厚的陶片层，周围则陶片和积炭并存。室内有黄肠题凑、便房、五层棺的朽迹。内棺中有一具男性尸骨，身穿金缕玉衣，尸周及左右箱内有九窍塞、玉璧、玉佩、玉觽、玉环、玉璜、玛瑙、水晶串饰、铜剑、玉具铁剑、铜镜、五铢钱、金饼、马蹄金、麟趾金、铜鼎、铜壶、铜盘、铜灯、错银铜羊和漆器、陶器、竹简等重要文物。

刘修死于西汉宣帝五凤三年（前55），是刘胜第六世孙，也是西汉末代中山王。

马蹄金　高 2.1 厘米　刘修墓

马蹄金　高 3.3 厘米　刘修墓

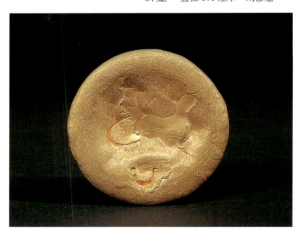

饼金　直径 6.1 厘米　刘修墓

炭化竹简　刘修墓

透雕龙形玉环　外径9厘米　刘修墓

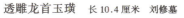
透雕龙首玉璜　长10.4厘米　刘修墓

西汉南越王墓

麦英豪

西汉南越王墓位于广州市解放北路象岗山，1983 年发现，同年发掘。墓室用七百五十多块红色沙岩石材建造，埋在象岗地面之下 20 米深处，分为前后两部分，共七室，面积 100 平方米。后部四室，居中的主棺室置墓主棺椁，东侧有一座大屏风，西侧有成捆的武器。墓主著丝缕玉衣，其周身内外放置许多精美玉饰，头下垫丝囊珍珠枕，十把铁剑（五把为玉具剑）分放在腰间两侧。玉衣上置九枚印玺，有龙钮"文帝行玺"金印和龟钮"泰子"金印各一，余为"帝印"、"赵眛"等玉印。棺椁的"头箱"、"足箱"内，有成盒珍珠、大玉璧、青玉角杯、玉盒、玉带钩、铜框玉盖杯和来自西亚的银盒等。全墓殉葬十五人，东侧室四人为夫人身份，各有印玺、玉饰等随葬物，其一为"右夫人玺"金印。西侧室七名女仆役从殉，亦有少量随葬物。主室后面的后藏室，堆放着一百五十多件铜、铁、陶等炊器、容器。前部三室，居中之室的顶盖及四周石墙均有朱、墨两色的云纹图案，殉一御者和一辆漆木车。东耳室有青铜酒器、琴瑟及六博局等，还有青铜编钟三套、石编磬二套，其旁殉葬一青年乐伎。西耳室似库藏，器物叠置二三重，有饮食用器、车马甲胄、金玉珍玩、丝麻织物以及服用药石等。墓门外筑木构外藏椁，前接斜坡墓道，各置一殉人，有陶器、铜车饰、仪仗等随葬物。

墓主随葬"文帝行玺"金印，《汉书·南粤传》谓（南越三主）"婴齐嗣立，即藏其先武帝、文帝玺"，可知墓主人是南越国的第二代王，建元四年（前 137）继位，死于元狩元年（前 122）。此墓为了解秦汉之际岭南的开发和内地文化特别是楚文化对越文化的影响，提供了丰富的资料。

随葬器物出土情况

"文帝行玺"金印　边长 3.1 厘米

"泰子"金印　边长 2.6 厘米

丝缕玉衣　通长 173 厘米

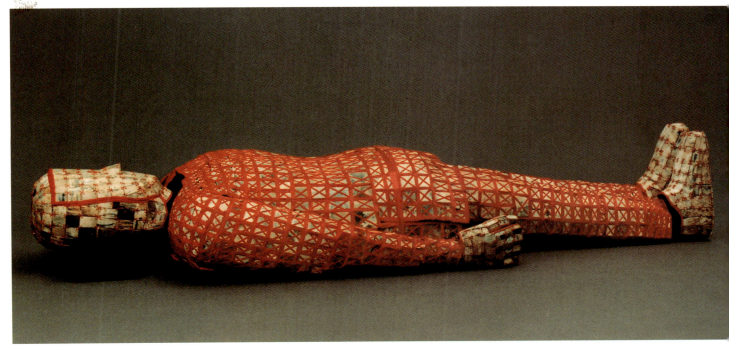

银盒　通高 12.1 厘米

角形玉杯　高 18.4 厘米

凤纹牌形玉佩　长 14 厘米

玉盒　通高 7.7 厘米

玉舞人　高 3.5 厘米

承盘高足玉杯　通高 17 厘米

船纹铜提筒　高 40.7 厘米

铜烤炉　长 61 厘米

晋宁石寨山西汉滇王墓

高崇文

晋宁石寨山西汉滇王墓位于云南省晋宁县晋城乡西南的石寨山上。1955～1960年云南省博物馆先后四次在此地发掘了近五十座墓葬。其中，1956、1957年间第二次发掘的六号墓，出土一方金质蛇钮"滇王之印"，证实为西汉时期的滇王之墓。

墓室为长方形竖穴土坑，长4.20米、宽1.90米、距地表深2.85米。坑内有木椁和漆棺残迹。随葬品有二百五十余件，主要是青铜器，包括生产工具、兵器、生活用具、乐器、装饰品等，另外还有铁器、金器、玉器。

青铜器造型不拘一格，制作精美，具有浓郁的地方文化特点。兵器和工具上多饰细腻的回旋纹、三角齿纹、圆涡纹、人兽搏斗纹及长发辫人头、牛头、孔雀、蛇等形象，有些兵器的銎上附有立体动物及人物作为装饰。以动物搏斗或人兽搏斗为题材而铸成的各种扣饰独具特色。贮贝器盖上或铸出大型战争场面，或铸各种形态的铜牛，或置持伞护财的铜人，形象生动，刻画入微，达到了很高的艺术水平。此墓地的其他墓葬也出土大量同样风格的器物，表现出了滇人在农业生产、纺织、畜牧、狩猎、战争、乐舞、祭祀等方面的活动情景。除晋宁石寨山外，在滇池周围及邻近地区也先后发现过大批战国至东汉初的同类面貌墓葬。这一独特的青铜文化体系，属于滇文化。

石寨山

"滇王之印"金印　边长 2.3 厘米

铜人物屋宇　高 22.5 厘米

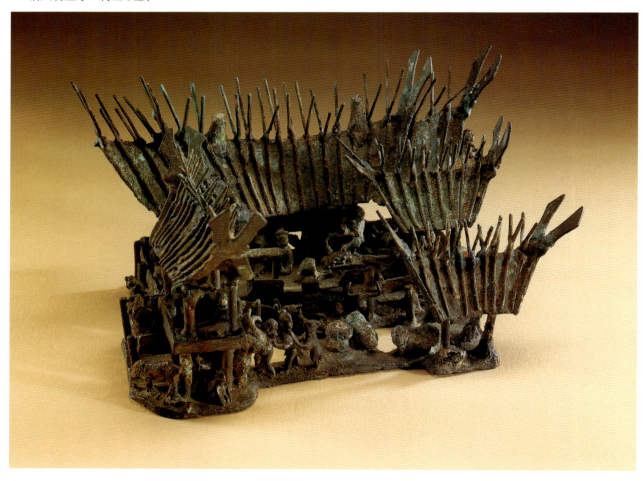

二人舞蹈铜扣饰　高 12 厘米

铜执伞男俑　通高 50 厘米

居延甲渠候官和第四燧

初世宾

甲渠候官遗址位于今内蒙古额济纳旗达赖库布镇南 24 公里处纳林、伊肯河间的戈壁上，蒙古语称穆都尔贝金，汉名破城子。1973、1974 年以甘肃省博物馆为主的居延考古队在此全面发掘，面积 5600 平方米，发现简牍七千九百四十四枚，其他文物七百三十九件。

遗址北为障城和坞壁，南有一烽台，东为大面积灰层。障城土坯筑，方 23.2 米，墙厚 4.5 米，残高 5.5 米，设木障门、居室、仓库、马道、望楼和垒石堆积，门外有吊桥。南侧之坞有曲壁式坞门及起居、文档、密室、仓库、门哨、厩棚、厕所、坞阶等建筑。障、坞四周地面设鹿角木刺，城上设女墙、垛眼、转射等守御设施，防卫坚固严密。这是汉代张掖郡居延都尉所属甲渠塞候的官衙，塞候秩比六百石。

同时发掘的第四燧遗址，在其南 5.3 公里的伊肯河西岸，蒙古语名保都格，系甲渠塞属第四部候长驻地。遗址主体为烽台，方 8 米，台角砌筑放烟之灶。南侧二堡建筑，皆方 11.5 米，内设曲壁回门、居室、厩棚，堡上下防御设施同候官。出土简牍一百九十五枚，其他文物一百零五件。

此次所获简牍数量之巨，远远超过 1931 年西北科学考察团瑞典人贝格曼等人的发现。仅甲渠候官一地，即初步整理出七十多个完整簿册，说明了汉代候官、部这两种边防基本建置的面貌、功能和建筑方法。如今，甲渠候官从汉武帝末至东汉中期的创建和屯戍活动情况已非常清晰，所辖十部八十余燧的方位布局、机构、人员、设施、布防、日常戍务等细节，均可准确复原。这是居延考古的重大收获。

睢阳箭

铁锄

铁斧

敦煌悬泉置

何双全

　　悬泉置为汉代驿置传舍，西汉武帝后期（约前111～前94）始建，东汉末废弃，位于汉代敦煌郡效谷县悬泉乡，即今甘肃省敦煌市五冬乡甜水井南5公里的火焰山下。其地处戈壁腹地，南依荒山，北临沙滩，远眺疏勒河和长城烽燧，东南入悬泉谷5公里与悬泉水相通，是汉代东西交通线上的重要枢纽。1987年发现，1990～1992年甘肃省文物考古研究所发掘。

　　遗址面积22500平方米，坞堡等遗迹在东，灰区在西、北。坞堡近正方形，每边长50米，墙体用土坯砌筑，外涂草泥。坞院内四周建房舍二十余间，为办事机构和传舍用房。坞外南侧为马厩，东西30米，南北15米。坞门向东，近门处有警卫室三间。坞外西、北系灰层堆积，其西部的最厚处达1.2米，简牍文书少数出于坞内房址内外，大部分出自这里。出土的二万五千余枚件简、牍、帛书、纸文书、墙壁墨记中，有完整或较完整的簿册四十余编。纪年简中最早的为西汉武帝元鼎六年（前111），最晚为东汉安帝永初元年（107），昭、宣、元、成和王莽简最多。内容有诏书、来往公文、律令、科品、檄记、符传、过所、爰书、簿籍、邮书、医书等，以来往公文、符传、过所、簿籍为多，次为各种邮书。悬泉置的性质与烽燧不同，因这次发现，对汉代邮置传舍的职能、机构、管理制度有了进一步认识，为研究丝绸之路的早期历史提供了大量新资料，对研究两汉西北边疆史有重要意义。

帛书信札　纵23.2厘米

汉简出土情况

汉简发掘现场

简牍传车亶舆簿　长 23 厘米

沂南东汉画像石墓

高崇文

　　沂南东汉画像石墓位于山东省沂南县北寨村内，1954年华东文物工作队和山东省文管会联合发掘。从墓葬形制及画像中车骑出行的等级看，墓主是东汉晚期的高级官吏。墓室全部用预制石材筑成，宽7.55米、长8.70米。由前中后三个主室和东面三个侧室、西面两个侧室组成。

　　前室和中室均设中柱，形成面阔二间、进深二间的格局，后室由壁石隔成并列两间。墓中有画像石四十二块、画像七十三幅，分布于墓门和前中后三主室的四壁。墓门的门额上刻出了胡汉两军在桥上激战的场面。前室与中室的横额上，有场面巨大的吊唁、车骑出行、乐舞百戏、宴饮庖厨等画像。中室四壁，刻有蔺相如完璧归赵、荆轲刺秦王等十八幅历史故事图。在中室的八角柱上刻有东王公、西王母和两尊带背光的仙人图像，被认为是中国最早的佛教图像之一。后室则主要刻墓主家居生活场面。在墓室各处还有大量神话故事和仙禽神兽画像。

　　全部画像既是东汉时期豪强大族现实生活的写照，又反映了当时的社会意识形态。石刻画像采用多种雕刻技法，以减地平面线刻为主，细部用阴线刻；藻井花朵采用高浮雕；衔柱双龙则用透雕。全墓画像石雕刻技法娴熟、细腻，图像真切、清晰，是汉代晚期画像石艺术发展到高峰阶段的杰作。

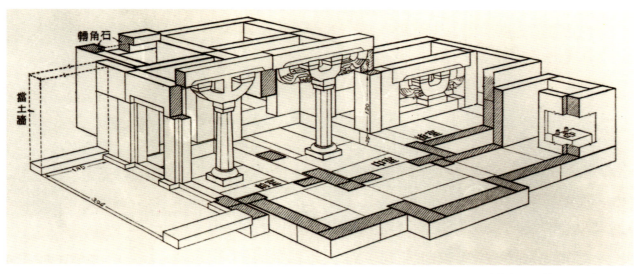

沂南东汉画像石墓透视图

转角石

挡土墙

中室北壁横额西段

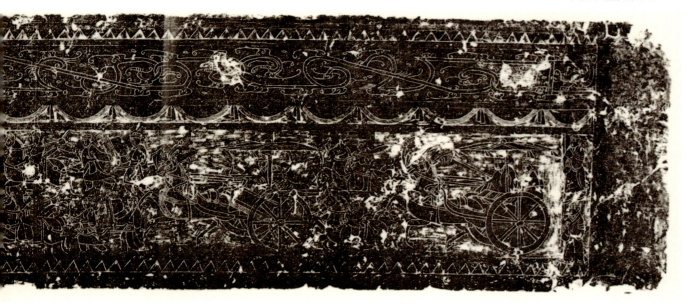

中室北壁横额东段

墓门上方横额

和林格尔东汉壁画墓

高崇文

　　和林格尔东汉壁画墓位于内蒙古自治区和林格尔县新店子村西，1972～1973年内蒙古自治区博物馆等单位发掘，是一座东汉晚期的大型砖室墓。据壁画内容及榜题文字，墓主曾被举为孝廉，再经由郎而出任西河长史、行上郡属国都尉、繁阳令，最后官至使持节护乌桓校尉。

　　墓由墓道、前室、中室、后室和三个侧室组成，各室皆为穹窿顶，全墓通长19.85米。墓室早年被盗，残存少量陶器、铁器、漆器及铜镜等。墓内各室均绘有壁画，图像旁有墨书题榜近二百五十余条，标明了各幅壁画的内容。在前室四壁和中室东、南两壁及甬道北壁，以墓主仕宦经历为顺序，上部绘举孝廉至使持节护乌桓校尉等各职的车骑出行图，下部绘任西河长史至护乌桓校尉时所居的离石城府舍图、土军城府舍图、繁阳官寺图等。其中绘在前室至中室甬道北壁和中室东壁的宁城图，生动地描绘了墓主在护乌桓校尉幕府中接见乌桓首领的盛大场面。在中室北壁、后室及侧室中，绘有表现墓主生活和财富的燕居、乐舞、宴饮、厨炊、农耕、采桑、放牧以及坞壁等画面。中室西、北两壁，绘有孔子见老子和"七女为父报仇"、二桃杀三士、丁兰孝亲等大量历史故事图，还有麒麟、神鼎等三十六幅以上的祥瑞图。在前室和后室的顶部，绘有云气、仙人、四神等天象和神话图像。前室顶部的"仙人骑白象"图，被认为是中国最早的佛教图像之一。此墓壁画内容之丰富，堪称汉代墓室壁画之冠。

后室壁画宁城图　部分

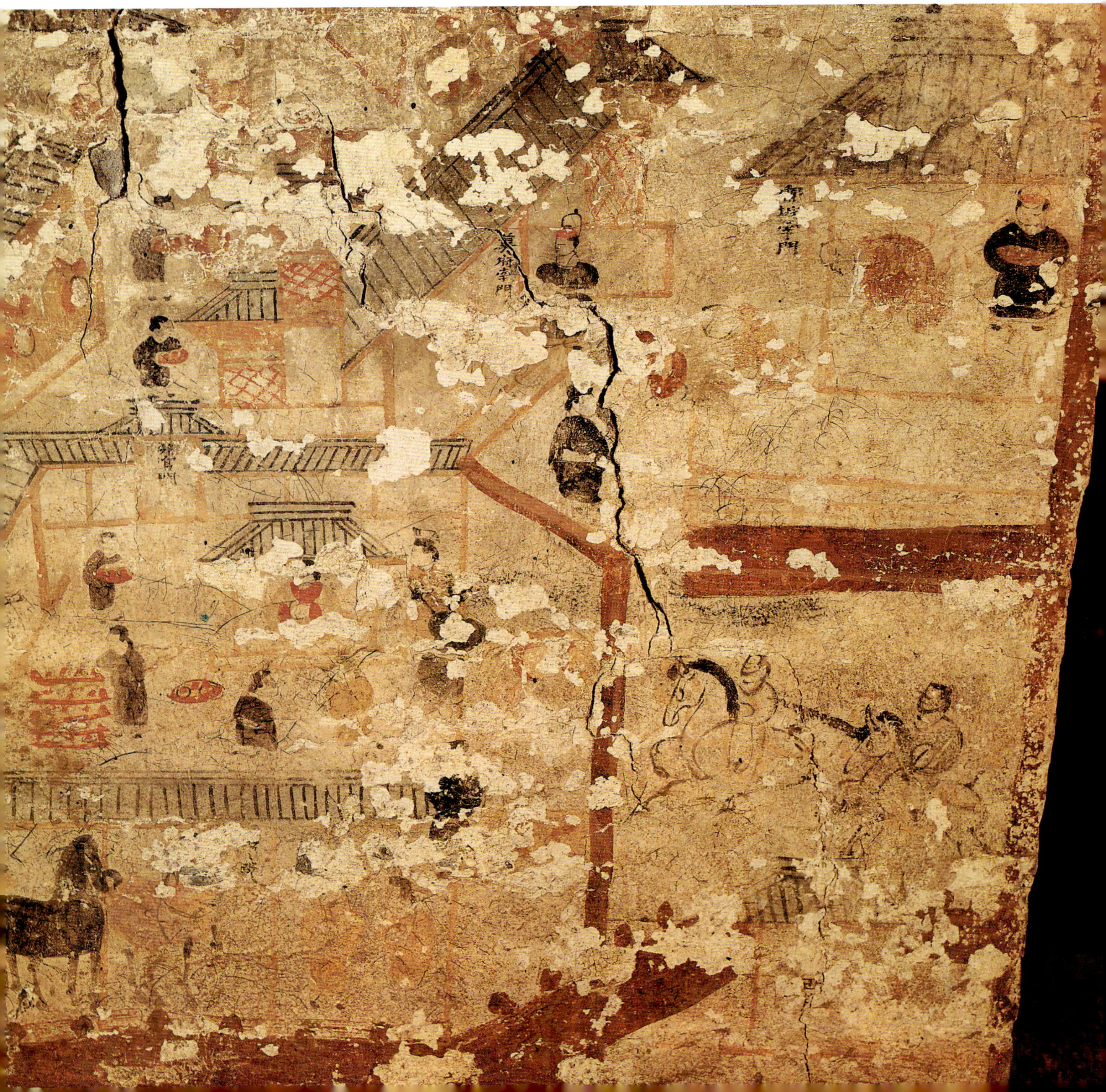

前室壁画幕府东门

魏晋南北朝时代考古

杨　泓

魏晋南北朝时代的考古学，是在新中国建国以后才正式开展的，此前仅有零星的考古发现。建国五十年来，随着全国文物考古事业的不断发展，魏晋南北朝时期的考古学由建立而趋向繁荣。在中国历史上，魏晋南北朝时期是由秦汉至隋唐间的过渡阶段，又是动荡和各古代民族文化相融合的时期，物质文化面貌不断变化，考古学的新发现，揭示出许多文献史料缺乏记录的史实，丰富了魏晋南北朝史学研究的内容。

以下依魏晋南北朝考古学在城市、墓葬、宗教遗存、中外文化交流等方面的重要发现，作一简略叙述。

一

魏晋南北朝时期都城考古的主要收获，是对曹魏时的邺北城遗址，北魏时的洛阳城遗址和东魏、北齐时邺南城遗址的考古勘察和发掘。

邺北城是曹操封魏王时的都城，通过 1983～1986 年对其城垣、城门、城内道路及宫殿区的勘探和重点发掘，勘明其平面布局，已确定四面城垣和七座城门中六座的位置[1]。由东垣建春门通往西垣金明门的东西大道将全城分成南北两部分，道南为里坊区，道北部分自东至西分为三区，分别相当于文献记载中的戚里、宫殿区和铜雀园。也探明了由南城垣中央的中阳门至宫殿区的中轴大道。这种将宫殿区与里坊区分开并出现中轴线的城市布局，在我国古代都城发展史上具有重要意义[2]。

北魏洛阳城，系延袭汉魏西晋洛阳故地改建。对汉魏洛阳故城的考古勘察，早在建国之初即已开始[3]，以后陆续对城垣、城门、城内主干道路、宫殿、环城水道及城南礼制性建筑、太学等进行了全面勘探和重点发掘。对北魏时期遗迹的主要勘查工作之一，是从1985年开始进行其外郭城以及郭城内主干道和水道系统的勘查[4]，这一考古成果证明北魏洛阳城的规模扩大，东西、南北俱已达到10公里；又表明随着城市扩大城内布局有新变化，原来汉晋洛阳城变成了内城，是宫城、宗庙和中央衙署的所在，扩大出的外郭城内则成为主要居民里坊区和工商市场所在地。因而内城已具有如同后来隋唐都城内皇城的性质。北魏洛阳城市布局的变化，一方面是从邺北城发展而来，另一方面又对后世的都城布局规划产生深远影响[5]。同时，还对北魏洛阳城的一些遗迹进行了重点发掘，相继发掘了明堂、永宁寺和东城垣的建春门等遗址[6]。永宁寺是当时皇室修建的著名佛寺，坐落在宫城以南御道西侧，经过1979年以来的多次发掘，已揭露出寺院的完整布局[7]。全寺平面呈规整的长方形，以著名的九层木塔为中心，塔后有殿，围墙四垣设门，显示出以塔为主的时代特征。木塔塔基大致保存完好，为由地下至地面上的多层的巨大夯土台基，其上尚存塔身初层残迹，柱网亦大致保留，可进行复原研究。对永宁寺塔基的发掘中，获得数量众多的彩塑残件，塑制精美，是探研北魏晚期佛教造型艺术风格源流的珍贵资料。

邺南城遗址与邺北城相连接，为东魏自洛阳迁都于此所建新城，是东魏、北齐的都城。1983年以来，对邺南城遗址也进行了全面勘探和部分发掘[8]。现已确定了四周城墙、马面、护城河等遗迹，探明了南垣、西垣和垣上诸城门的位置。东垣因在现沙地与漳河道内，故只探明南侧一门，其余城门位置难以确定。北垣则沿用邺北城的南垣。同时，还对南垣的朱明门遗址进行了发掘[9]。经探查，还确定了城内三条南北大道和三条东西大道的位置，以及宫城和宫城内主要宫殿基址的位置。表明邺南城已具有以朱明门、朱明门大道、宫城正南门至宫城主要宫殿形成的中轴线，纵横大道垂直交错，道路网络呈棋盘格状分布，表明是沿袭北魏洛阳对都城布局的成功规划，它是后来隋唐都城规划的直接渊源，在中国古代都城发展史上具有承上启下的过渡作用。

此外，在北方和西北地区，还对坐落在今陕西靖边县的十六国时大夏赫连勃勃的都城统万城址[10]、内蒙古呼和浩特东南的拓跋鲜卑初期都城盛乐城址[11]、山西大同北魏前期都城平城城址，都做过初步的考古勘察，还在平城遗址试掘过一处大规模的石构礼制建筑基址[12]。对分布于辽东半岛的高句丽族石山城遗址，也有新的重要发现，例如对辽宁沈阳市石台子山城的考古发掘[13]，究明这处借助山体自然形势修筑而成的山城，平面呈不规则三角形，城外侧共发现马面十处、门址四处，突出显示着以防御为目的而构筑的山城特色。

在南方，曾对湖北鄂州孙吴时期始都的武昌城址，进行过考古勘察[14]，存有平面作矩形的夯土城垣，城内北部原似有子城，大约是武昌宫的所在，城西有郭城遗迹。再西为武昌港口樊口，武昌故城形势险要，又有良港，是当时控制长江中游的军事重镇。孙吴时的长沙郡址在今湖南长沙市，1996年在长沙市中心走马楼发现了窖藏竹、木简牍约数万枚[15]，为东汉献帝建安二十五年（220）至吴大帝孙权嘉禾六年（237）长沙郡的部分档案，涉及政治、经济、军事、文化、租税、户籍、司法、职官等多方面内容，为研究孙吴的历史提供了重要资料。对坐落在江苏镇江市区东北的东晋时晋陵罗城遗址也进行过调查[16]，获得大量记录有窑名、地名、人名、数字的带铭城砖，对当时筑城用砖的情况有了一定了解。

<h1 style="text-align:center">二</h1>

魏晋南北朝时期墓葬的发掘，五十年来考古收获颇丰。建国以前，完全缺乏对三国时期墓葬的认识。从五十年代起，在江苏南京地区通过对墓中出土的纪年铭瓷器等遗物[17]，对孙吴时的墓葬有了初步认识。以后随着文物考古事业的发展，孙吴时的墓葬不断在江苏、湖北、江西、安徽等省境内被发现和发掘，为研究孙吴时期的物质文化，特别是青瓷工艺的发展提供了大量实物资料。其中所葬死者身份最高的一座，是安徽马鞍山发现的孙吴右军师、左大司马朱然的坟墓[18]，出土物中最引人注意的是大批蜀郡产绘彩漆器，制工精美，反映出三国时制漆工艺的水平和时代风尚。北方发现的曹魏墓中，所葬死者身份最高的一座，是山东东阿鱼山曹植的坟墓，墓砖铭有魏明帝太和七年（233）纪年及"陈王陵"等[19]。洛阳地区的曹魏时期墓葬，多沿袭东汉晚期旧制，时代特征不明显，1956年在洛阳涧西发现葬有正始八年（247）铭铁帐构的墓葬[20]，为认识曹魏墓提供了依据。对四川地区蜀汉墓的发掘，获得一批具有特征的随葬陶俑[21]。

对西晋时期墓葬的认识，也是开始于五十年代，在洛阳基建工程中，发掘了元康九年（299）惠帝贾皇后乳母美人徐义等墓葬，获得了石墓志、随葬陶俑、青瓷器、铜镜等遗物[22]。到了八十年代，对西晋时期皇帝陵墓的探寻，获得了可喜的收获，经考古勘察证实，晋武帝峻阳陵坐落在洛阳以南的南蔡庄以北的邙山上，晋文帝崇阳陵在南蔡庄以东杜楼村北的邙山上，两陵东西相距数公里，处于同一高程，墓地内的墓葬排列有序。崇阳陵周围还残存有陵垣及建筑遗迹，曾对墓地中的两座陪葬墓进行试掘[23]。对崇阳陵和峻阳陵的勘察，对过去困扰不明的西晋诸陵位置问题，寻得初步答案。南方西晋墓的考古发掘，也多有收获。江苏宜兴周墓墩的两次发掘，发现了江南名族周处家族墓地，获得青瓷器、银带饰等文物，有助于研究江南士族的族葬制度[24]。长沙地区西晋墓的发掘，获得了大批造型古拙生动而具有地方特色的青釉俑[25]。1991年在湖南安乡发现的镇南将军刘弘墓，出土的玉器、金器制工精美，其中墓室前壁右侧放置的璧、佩、璜等成组玉饰，有助于研究当时官服佩玉的组合情况[26]。

魏晋时期的墓葬，在河西地区也有发现，主要分布于地当东西交通线枢纽的酒泉、敦煌二郡，即今甘肃酒泉、嘉峪关和敦煌一带，多是筑有围墙的族茔，同一家族的坟墓排列有序。较大的墓常有砖砌的高大门楼，砖筑的多室墓内绘有壁画，以及具有特色的一砖一画的彩绘画砖，各砖画面皆为独立的题材，互不连贯，但同一壁上或相近的几幅，组合起来以后，又是表现同一的主题[27]。新疆地区魏晋时期的墓葬，也有新的发现。尉犁县营盘墓地是迄今罗布淖尔地区发掘面积最大、文化内涵极为丰富的一处墓地。因气候干燥，墓葬中的丝织品保存颇为完好。其中的十五号墓，死者葬于四足长方形箱式木棺中，上覆胡杨木棍及芦苇草席等。死者干尸保存完好，头罩麻质面具，身着衣物以丝织和毛织品制成，保存完好，汇集了古代东西方不同的文化因素，对研究当时丝绸之路贸易、交通、中西文化交流都有重要的学术价值[28]。

西晋覆亡后，形成南北长期对峙的格局。江南东晋都城建康（今江苏南京）附近的大族族葬墓地，已发掘的有南京北郊象山的王氏墓地[29]，还有老虎山颜氏墓地[30]、戚家山谢氏墓地[31]等。这类大族墓葬多为大中型砖室墓，并常放置有石质或砖质的墓志。这些大族都是东晋政权的主要统治支柱，对研究当时世族门阀制度、丧葬制度等具有重要价值。东晋南朝时期的帝王陵墓，在南京丹阳地区也有发现。南京富贵山发现的大型砖室墓，附近曾发现晋恭帝玄宫石碣[32]。丹阳胡桥和建山发现的几座大型砖墓[33]，前设安置双重石门的长甬道，墓室内两侧壁面拼嵌多幅大型砖画，画面包括狮子、武士、龙虎、仪卫以及竹林七贤和荣启期的画像，其中艺术水平最高的是竹林七贤和荣启期的画像，每壁一幅四人像，画幅长度达到2.4米，人物造型生动，是了解东晋南朝绘画艺术的重要参考资料。

北方十六国时期墓葬也有发现。在甘肃嘉峪关丁家闸发现过这时期的壁画墓[34]，墓室壁面以墓主家居生活为题材，室顶四披绘西王母、东王公、天马等图像，明显延袭汉晋画风。东北地区的三燕时的墓葬，主要分布在辽宁朝阳一带[35]，常有制工精美的鎏金铜马具、铁铠甲和马具装铠随葬，还有金步摇冠饰，显示着强烈的地域特色和民族特色。辽宁北票西官营子发掘的冯素弗夫妇墓[36]，同茔异穴，设内壁绘彩色壁画的石椁。冯素弗为北燕天王冯跋之弟，该墓的发现对了解当时中原与北方民族的文化关系颇为重要。在今吉林集安的高句丽壁画墓，也有新发现，长川的一号和二号墓的壁画都值得注意[37]，一号墓中有关佛像和墓主拜佛的画面，表明佛教当时在高句丽族传播和人们信仰的情况。

北朝时期的墓葬，五十年来有许多重要的发现。对北魏帝陵的勘察和清理，有山西大同方山的永固陵和万年堂[38]，以及河南洛阳邙山的宣武帝景陵[39]。永固陵是文成帝文明皇后冯氏的陵墓，保留有高度超过22米的坟丘，墓室石门两侧龛柱雕有口衔宝珠的朱雀和手捧花蕾的赤足童子，是北魏石雕的精品。宣武帝景陵是洛阳北魏诸陵中唯一被发掘的陵墓[40]，可惜墓内遗物被盗扰，墓道保持素土壁，甬道、后室砖筑，甬道北口建石门。墓砖全部为青掍砖，表面涂有一层黑彩，整个墓室充溢着庄严肃穆的气氛。在墓冢前还清理出一件石翁仲。景陵的发掘，对研究北魏陵墓制度提供了实物资料。除帝陵外，在大同和洛阳都清理发掘了一些王公和高级官吏的坟墓。其中大同发掘的琅玡王司马金龙夫妻合葬墓[41]，出土遗物丰富，其墓的形制和室内布置，继承了魏晋时中原地区传统，但随葬俑群中大量甲骑具装俑和马、驼模型，以及部分俑的胡人面型，又显示出游牧经济和北方民族军队的特色。墓中出土木屏风上的彩色漆画，更是少见的艺术珍品，可以看到东晋顾恺之画风对北方的影响。洛阳地区的北魏墓，经清理的有江阳王元乂墓和常山王元邵墓。元邵墓的随葬俑群塑制精细[42]，元乂墓壁画天象[43]，在纵贯南北的天河东西布列三百颗左右星宿，对研究古代的天文学有参考价值。

北魏分裂为东魏和西魏，后东魏为北齐、西魏为北周所取代。这时期的墓葬分别在河北、山西、河南、山东地区以及陕西、宁夏地区被发掘[44]，其中属于帝王陵墓的有陕西咸阳市底张镇陈马村北周武帝孝陵[45]，是武帝宇文邕和皇后阿史那氏合葬的陵墓，为带有长斜坡墓道五天井的土洞单室墓，出土有帝后陵志、十三环玉带、大玉璧等以及数量众多的随葬陶俑群，对研究北朝陵墓制度十分重要。另一座在河北磁县湾漳发掘的佚名北朝大墓[46]，规制宏伟，壁画精湛，也应是北齐的帝陵。其余的北朝墓，主要是王公和高官的坟墓，多是带有壁画的大型砖墓，墓内随葬数量众多的陶制俑群，有的一墓超过千件。概括来看，东魏—北齐的陶俑造型承袭北魏洛阳地区陶俑传统，人物形体比例适中，制工精致；西魏—北周的陶俑造型则承袭关中地区十六国以来地方造型传统，制工粗拙，人物比例失调，陶马四足呈粗柱形状。墓室壁画的风格也与陶俑造型相近似，东魏—北齐的绘制精细，人物牲畜均写实生动，其中以河北磁县湾漳佚名北朝大墓和山西太原北齐娄叡墓[47]的壁画绘制得最为出色，是研究北朝绘画历史的珍贵资料。西魏—北周的墓室壁画，艺术水平远逊于东魏—北齐，人物造型呆滞，绘制粗放，宁夏固原李贤墓壁画是其代表[48]。

三

对宗教遗迹，主要是佛教石窟寺的考古勘察，从建国之初即已开始。早在 1950 年，就分别调查了大同云冈石窟[49]和辽宁义县万佛堂石窟[50]。以后又于 1951 年勘查了位于甘肃永靖的炳灵寺石窟[51]，1953 年勘查了甘肃天水麦积山石窟[52]。此后，四川、云南、河南、河北、山西、山东、江苏、浙江、内蒙古、新疆等省和自治区，也都展开了对本地区石窟摩崖龛像的普遍勘查。五十年代末至六十年代初，又对一些重点石窟进行复查，其中的新收获如在炳寻寺第 169 窟发现西秦建弘元年（420）的墨书题记[53]，它是目前中国境内各石窟寺中已知年代最早的题记。也是从五十年代末开始，将考古学的方法用来研究石窟寺遗迹，先是在响堂石窟，继之在敦煌石窟，开始了石窟寺考古学方法的实验。七十年代以后展开了对云冈石窟的分期研究[54]，对凉州模式进行探讨[55]，对南朝龛像进行考察[56]。最后对新疆克孜尔石窟进行考古勘察和研究，并将^{14}C 年代测定应用于石窟寺断定年代，编写出版了新疆克孜尔石窟考古报告的第一卷[57]。江南的南朝佛教石窟遗存，最重要的是南京栖霞山千佛崖，近年趁寺僧修缮之机，对 I 区第 13 窟进行了考古勘察，从而观察到南北龛像相互影响的重要现象[58]。

除佛教石窟寺遗迹以外，五十年来在全国各地还不断发现窖藏的佛教造像。早在五十年代初，就曾在河北曲阳修德寺塔基下发现窖藏的大批残损汉白玉石雕佛教造像[59]，总数达二千二百余躯，造像纪年自北魏迄于唐代，主要是东魏、北齐至隋的遗物。近年来又在山东、四川等地陆续获得古代窖藏的佛教造像，其中以 1996 年在山东青州龙兴寺址窖藏发掘出土的一批最为重要[60]，出土石造像总数近四百躯，虽多残损，但许多可拼接成形，主要雕造于北朝时期，雕工精致，许多还保留有当年所施彩绘，尚颇艳丽，显示出古代青州造像工艺的时代风格。1995 年四川成都西安路发现的南朝造像[61]，有齐、梁纪年，太清五年（551）圆雕阿育王像较为罕见，同时还出土一尊道教造像。造像也保留有原贴金绘彩遗迹。

四

随着丝绸之路的畅通，许多外国的物品以及货币流传入中国。在这一时期的遗址或墓葬中，常可发现由中亚、西亚及至地中海地区传入的工艺品，主要是精美的金银制品和玻璃制品，它们主要是产自罗马—拜占廷（东罗马）帝国和波斯萨珊朝。在大同北魏遗址出土过罗马—拜占廷系统产品鎏金铜高足杯[62]、甘肃靖远出土过雕饰精美的拜占廷鎏金银盘[63]。北燕冯素弗墓出土过罗马玻璃鸭形器，是无模自由吹制成型的工艺品，制工精湛[64]。南京象山王氏墓也发现有罗马玻璃黄绿色磨花圜底筒形杯[65]。产自波期萨珊朝的金银器，最精美的是出土于大同北魏封和突墓的狩猎野猪图像鎏金银盘[66]和宁夏固原北周李贤墓的鎏金人物图像银胡瓶[67]。同时李贤墓还随葬腹部有上下两周椭圆形凸饰的波斯萨珊朝玻璃碗[68]。在北朝的遗存和墓葬中也常见拜占廷和波斯萨珊朝的金银铸币，但看来它们并不是作为货币，而是被视为珍宝或穿孔作装饰品。在河北定县塔基发现的北魏太和五年（481）石函中，就有四十一枚波斯萨珊朝银币作为施舍的珍宝随佛舍利放置函中[69]。在东魏时茹茹公主闾叱地连墓[70]和李希宗夫妇合葬墓[71]中，都有作为饰物悬挂的穿孔拜占廷金币。这些都是当时中外文化交流的实物例证。

1　中国社会科学院考古研究所、河北省文物研究所邺城考古工作队《河北临漳邺北城遗址勘探发掘简报》，《考古》1990/7。

2　徐光冀《曹魏邺城的平面复原研究》，《中国考古学论丛——中国社会科学院考古研究所建所 40 年纪念》，pp.422～428，科学出版社 1993。

3　阎文儒《洛阳汉魏隋唐城址勘察记》，《考古学报》1955/9。

4　中国社会科学院考古研究所洛阳汉魏城工作队《北魏洛阳外郭城和水道的勘查》，《考古》1993/7。

5　徐苹芳《中国古代城市考古与古史研究》，《中国历史考古学论丛》，pp.96～97，台北允晨文化实业股份有限公司1995。

6　中国社会科学院考古研究所洛阳汉魏故城工作队《汉魏洛阳城北魏建春门遗址的发掘》，《考古》1985/9。

7　中国社会科学院考古研究所《北魏洛阳永宁寺》，中国大百科全书出版社 1996。

8　中国社会科学院考古研究所、河北省文物研究所邺城考古工作队《河北临漳县邺南城遗址勘探与发掘》，《考古》1997/3。

9　中国社会科学院考古研究所、河北省文物研究所邺城考古工作队《河北临漳县邺南城朱明门遗址的发掘》，《考古》1996/1。

10　陕西省文管会《统万城城址勘测记》，《考古》1981/3。

11　内蒙古自治区文物工作队《和林格尔县土城子试掘记要》，《文物》1961/9。

12　《平城遗址》，《山西考古四十年》，pp. 232～233，山西人民出版社 1994；刘俊喜、张志忠《平城考古获得新突破，大同发现北魏明堂辟雍遗址》，《中国文物报》1998/1/21。

13　辽宁省文物考古研究所、沈阳市文物考古工作队《辽宁沈阳市石台子高句丽山城第一次发掘简报》，《考古》1998/10。

14 蒋赞初、熊海堂、贺中香《湖北鄂城六朝考古的主要收获》，《中国考古学会第四次年会论文集》，文物出版社 1985。

15 长沙市文物工作队、长沙市文物考古研究所《长沙走马楼 J22 发掘简报》，《文物》1999/5。

16 刘建国《晋陵罗城初探》，《考古》1986/5。

17 赤乌十四年铭青瓷虎子，出土于南京附近江宁赵史岗第 4 号墓，见江苏省文物管理委员会《南京近郊六朝墓的清理》，《考古学报》1957/1。

18 安徽省文物考古研究所、马鞍山市文化局《安徽马鞍山东吴朱然墓发掘简报》，《文物》1986/3。

19 东阿文化馆《山东东阿县鱼山曹植墓发现一铭文砖》，《文物》1979/6。

20 洛阳市文物工作队《洛阳曹魏正始八年墓发掘报告》，《考古》1989/4。

21 四川省文物管理委员会《四川忠县涂井蜀汉崖墓》，《文物》1985/7。

22 河南省文化局文物工作队第二队《洛阳晋墓的发掘》，《考古学报》1957/1。

23 中国社会科学院考古研究所洛阳汉魏故城工作队《西晋帝陵勘察记》，《考古》1984/12。

24 罗宗真《江苏宜兴晋墓发掘报告》，《考古学报》1957/4；南京博物院《江苏宜兴晋墓的第二次发掘》，《考古》1977/2。

25 湖南省博物馆《长沙两晋南朝隋墓发掘报告》，《考古学报》1959/3。

26 安乡县文物管理所《湖南安乡西晋刘弘墓》，《文物》1993/11。

27 甘肃省文物队、甘肃省博物馆、嘉峪关市文物管理所《嘉峪关壁画墓发掘报告》，文物出版社 1985；甘肃省文物考古研究所《敦煌佛爷庙湾》，文物出版社 1998。

28 新疆文物考古研究所《新疆尉犁县营盘墓地 15 号墓发掘简报》，《文物》1999/1。

29 南京市文物保管委员会《南京人台山东晋兴之夫妇墓发掘报告》，《文物》1965/6；南京市文物保管委员会《南京象山东晋王丹虎墓和二、四号墓发掘简报》，《文物》1965/10；南京市博物馆《南京象山 5 号、6 号、7 号墓清理简报》，《文物》1972/11。

30 南京市文物保管委员会《南京老虎山晋墓》，《考古》1959/6。

31 南京市文物保管委员会《南京戚家山东晋谢鲲墓简报》，《文物》1965/6。

32 南京博物院《南京富贵山东晋墓发掘报告》，《考古》1966/4；李蔚然《南京富贵山发现晋恭帝玄宫石碣》，《考古》1961/5。

33 南京博物院《江苏丹阳胡桥南朝大墓及砖刻壁画》，《文物》1974/2；南京博物院《江苏丹阳县胡桥、建山两座南朝墓葬》，《文物》1980/2；姚迁、古兵《六朝艺术》，文物出版社 1981。

34 甘肃省博物馆《酒泉、嘉峪关晋墓的发掘》，《文物》1979/6。

35 田立坤、李智《朝阳发现的三燕文化遗物及相关问题》，《文物》1994/11；辽宁省文物考古研究所、朝阳市博物馆《朝阳十二台乡砖厂 88M1 发掘简报》，《文物》1997/11；于俊玉《朝阳三合成出土的前燕文物》，《文物》1997/11。

36 黎瑶渤《辽宁北票县西官营子北燕冯素弗墓》，《文物》1973/3。

37 吉林省文物工作队、集安县文物保管所《集安长川一号壁画墓》，《东北考古与历史》1982/1。

38 大同市博物馆、山西省文物工作委员会《大同方山北魏永固陵》，《文物》1978/7。

39 中国社会科学院考古研究所洛阳汉魏故城工作队、洛阳古墓博物馆《北魏宣武帝景陵发掘报告》，《考古》1994/9。

40 同注 39。

41 山西省大同市博物馆、山西省文物工作委员会《山西大同石家寨北魏司马金龙墓》，《文物》1972/3。

42 洛阳博物馆《洛阳北魏元邵墓》，《考古》1973/4。

43 洛阳博物馆《河南洛阳北魏元乂墓调查》，《文物》1974/12。

44 段鹏琦《河北、山西、河南的东魏、北齐墓》，《新中国的考古发现和研究》，pp. 539～541，文物出版社 1984。

45 陕西省考古研究所、咸阳市考古研究所《北周武帝孝陵发掘简报》，《考古与文物》1997/2。

46　中国社会科学院考古研究所、河北省文物研究所邺城考古工作队《河北磁县湾漳北朝墓》，《考古》1990/7。

47　山西省考古研究所、太原市文物管理委员会《太原市北齐娄叡墓发掘简报》，《文物》1983/10。

48　宁夏回族自治区博物馆、宁夏固原博物馆《宁夏固原北周李贤夫妇墓发掘简报》，《文物》1985/11。

49　中央人民政府文化部文物局《雁北文物勘查团报告》，1951。

50　阎文儒《辽宁义县万佛堂石窟调查及其研究》，《文物参考资料》1951/9。

51　中央人民政府文化部社会文化事业管理局《炳灵寺石窟》，1953。

52　郑振铎主编《麦积山石窟》，文化部社会文化事业管理局1954。

53　甘肃省文化局文物工作队《调查炳灵寺石窟的新收获——第二次调查（1963年）简报》，《文物》1963/10。

54　宿白《云冈石窟分期试论》，《考古学报》1978/1。

55　宿白《凉州石窟遗迹和"凉州模式"》，《考古学报》1986/4。

56　宿白《南朝龛像遗迹初探》，《考古学报》1989/4。

57　北京大学考古学系、克孜尔千佛洞文物保管所《新疆克孜尔石窟考古报告（第一卷）》，文物出版社1997。

58　林蔚《栖霞山千佛崖第13窟的新发现》，《文物》1996/4。

59　李锡经《河北曲阳县修德寺遗址发掘记》，《考古通讯》1955/3；罗福颐《河北曲阳县出土石像清理简报》，《考古通讯》1955/3；杨伯达《曲阳修德寺出土纪年造像的艺术风格与特征》，《故宫博物院院刊》总2，1960。

60　山东省青州市博物馆《青州龙兴寺佛教造像窖藏清理简报》，《文物》1998/2。

61　成都市文物考古工作队、成都市文物考古研究所《成都市西安路南朝石刻造像清理简报》，《文物》1998/11。

62　《大同南郊北魏遗址》，《文物》1972/1。

63　初世宾《甘肃靖远新出东罗马鎏金银盘考略》，《文物》1990/5。

64　安家瑶《中国的早期玻璃器皿》，《考古学报》1984/4。

65　同注29。

66　马玉基《大同市小站村花圪塔台北魏墓清理简报》，《文物》1983/8。

67　同注48。

68　安家瑶《北周李贤墓出土的玻璃——萨珊玻璃器的发现与研究》，《考古》1986/2。

69　河北省文化局文物工作队《河北定县出土北魏石函》，《考古》1966/5。

70　磁县文化馆《河北磁县东魏茹茹公主墓发掘简报》，《文物》1984/4。

71　石家庄地区革委会文化局文物发掘组《河北赞皇东魏李希宗墓》，《考古》1977/6。

邺城遗址

徐光冀

　　邺城遗址位于河北省临漳县境内，地跨香菜营、倪辛庄、习文三乡，范围约 50 平方公里。遗址由两座相连的城址组成，分称为邺北城和邺南城。建安九年（204）曹操开始营建邺城，后成为操之王都和曹魏王朝的五都之一。其后，后赵、冉魏、前燕、东魏、北齐等王朝均在此建都，前后经历三百余年，成为著名的六朝故都。邺城遗址的全面勘探和发掘工作由中国社会科学院考古研究所与河北省文物研究所合组邺城考古工作队，从 1983 年开始，至今仍在继续。

　　大规模的勘探发掘工作是在 1983～1986 年，基本探明了邺城遗址的平面布局，并对铜爵台基、金虎台基、城墙、门址、墩台、护城河、街道、水道等进行了重点发掘，以了解其地层、结构、年代等，同时对南城的朱明门遗址进行了全面发掘。

　　邺北城的平面长方形，正方向，南北 1700米，东西 2400～2642 米，有七座城门。城内东西大街将城分为南北两区，北区为主体。北区中央为宫城（包括重要衙署），西为铜爵园和三台，东为戚里。南区为一般衙署和里坊等。城中央的南北大街，是全城的中轴线。这种规划对其以后的都城规划，产生过重要影响。

　　邺南城的平面长方形，正方向，南北 3460米，东西 2800 米，城墙东南角、西南角呈圆角，有十四座城门。东、南、西三面城墙外侧有规律地设有墩台（"马面"），并有护城河环绕。城内布有里坊，并应有外郭城。城中间的南北大街是全城的中轴线。宫城位于城内的北部中央，平面

长方形，正方向，南北 70 米，东西 620 米，主要宫殿基址均在中轴线上。邺南城是继承曹魏邺城、北魏洛阳城布局的基础上设计的全新都城，它的规制对隋唐都城产生了直接的影响。

邺城遗址平面示意图

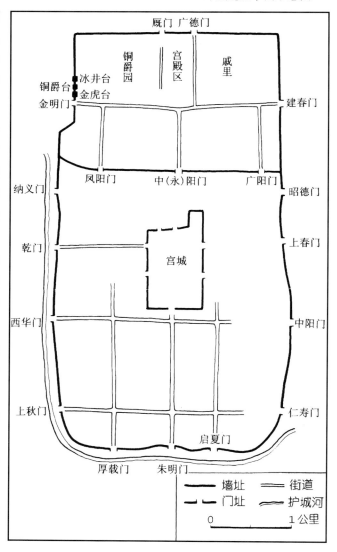

邺城朱明门遗址

吴朱然墓

盛发和

朱然墓位于安徽省马鞍山市雨山脚下，1984年在基建中发现，之后由安徽省文物考古研究所会同马鞍山市文物普查工作队进行发掘。从随葬的名刺、谒中得知，墓主为东吴左大司马、右军师朱然。迄今长江中下游地区发掘过的东吴墓中，这是墓主身份地位最高的一座。

墓内出土随葬器物共一百四十余件，有陶器、瓷器、铜器和漆木器等，其中漆木器八十件，占出土器物总数的57%。该墓大批三国漆器的出土（六十余件），填补了我国汉末至三国时期漆器工艺史的空白。这批漆器器形种类多样，有盘、案、壶、盒、樽、奁、耳杯、虎子、漆砂砚、凭几、槅等；胎质有木胎、篾胎、皮胎等；髹漆技法有素面漆器、彩绘漆器、戗金锥刻、犀皮漆器等多种，不少漆器上还镶有鎏金铜钿。这批漆器大多是造型优美、色彩艳丽、图绘精良的上乘之作，生动感人的漆绘故事画尤其引人注目，它们的出现大大地丰富了人们对三国时期漆器工艺和绘画艺术水平的认识，为我国古代漆器文物宝库增添了光辉。

漆盘铭文 童子对棍图漆盘底部

季札挂剑图漆盘　外径 24.8 厘米

童子对棍图漆盘　外径 14 厘米

长沙走马楼三国吴纪年简牍

宋少华

　　1996 年，长沙市文物工作队对长沙市中心五一广场东南侧走马楼建设区域内的古井窖群进行了抢救性发掘，发掘古井窖五十余口，出土各类文物三千余件（册）。在编号为 J22 的古井窖中出土了一批三国孙吴纪年简牍，数量约十万余枚（包括残简编号在内）。

　　J22 发现时井口上部已遭破坏，现存井口距地表约 8 米，为一不规则的圆形竖井，上口略小，中间大，近底部渐收。井口径 310～350 厘米、现存深度 560 厘米。井窖内堆积分为四层。一层为黄褐色覆土，厚 20～150 厘米，系井口坍塌所致。二层为简牍，呈坡状堆积，厚 20～50 厘米。三层为灰褐色土，厚 240～270 厘米，出土大量建筑材料残件和青瓷罐、碗残片等。四层为一木构方栏置于井底，四角各树一木桩，四边有挡板，并以榫销与木桩连接，长 93 厘米，宽 90 厘米，高 58 厘米，四周填土加固。

　　根据目前已整理的部分简牍情况看，简牍的形制分为简（含竹简、木简）、牍、签牌、封检等。竹、木简牍一般长 23～23.5 厘米，最长 49.8～56 厘米；现知最早纪年为东汉建安二十五年（220），最晚为三国吴嘉禾六年（237）。简牍内容十分丰富，涉及到户籍、赋税、仓廪管理、钱粮出入、军民屯田等诸多方面，据被认为属于吴国长沙郡府、临湘县（郡治）及临湘侯国（临湘侯步骘）的文书。简牍出土地点集中，又为同一政区内同一时间里多种性质的文书，可据以进行一个政区内社会基本情况的复原研究。这种研究成果对于了解临湘县、长沙郡、吴国以至三世

纪中国社会的历史，都将是十分宝贵的。随着整理工作的深入，相信会有更多的发现。

司法文书木牍　长 25.1 厘米

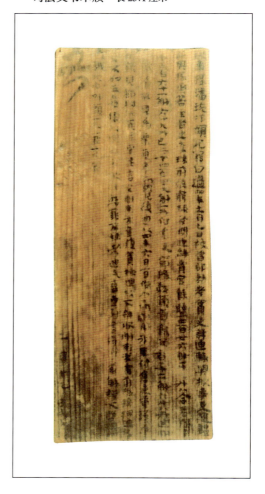

J22 简牍清理现场

签牌　长 6.7~11.2 厘米

简　长 47.6～53.6 厘米

西晋周处家族墓地

罗宗真

西晋平西将军周处的家族墓地，位于江苏省宜兴市城内东南隅俗称"周墓墩"的地点。该地原为一狭长的土丘，南北长140米，东西宽50米，高出地面4～6米，原有七个隆起的坟堆，发掘时仅存四个。六座家族墓早年都遭盗掘破坏，1953年和1976年南京博物院对它们进行了发掘。六座墓南北排成一列。四座墓有纪年文字砖：一号墓出"元康七年（297）九月廿日阳羡所作周前将军砖"，可知为周处墓；四号墓有永宁二年（302）和"关内侯"铭文砖，可能为周处父周鲂墓；五号墓有建兴、大兴、太宁年号，可能为周处子周玘墓。周氏是西晋时江南著名门阀士族，这一家族墓地的发现，对了解当时的族葬有一定意义。

墓葬全部为砖砌墓室，有的单室，有的前后室，有的还有侧室。一号墓和五号墓较大，前者长13.12米，后者长11.26米；三号、六号墓较小，仅长6.1米。出土遗物以青瓷器为主，其质地纯洁坚致，釉色光亮滋润，是西晋青瓷的标准器。经分析鉴定，与宜兴南山（均山）窑青瓷烧造成分一致，可能是专为周氏家族随葬而在当地烧造的。而且，其成分已与后世南宋官窑青瓷接近，可见其制作技术已颇为进步。

周处铭文砖　长 41 厘米

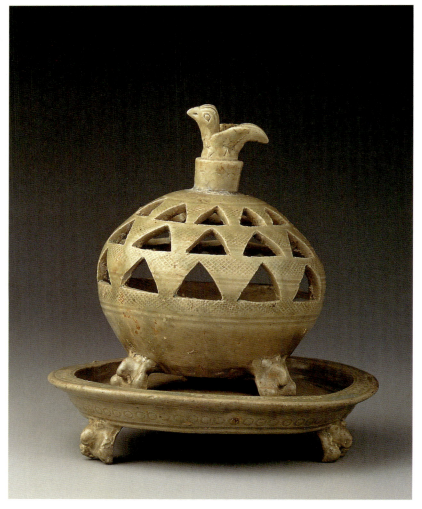

青瓷香熏　通高 19.5 厘米

青瓷神兽尊　高 27.9 厘米

东晋象山王氏墓地

宁 博

　　象山王氏墓地位于今江苏省南京市下关区宝塔桥街道办事处金大公司所辖范围内，是东晋尚书、左仆射王彬及兄王廙的家族墓葬。1965、1970 年和 1998 年，南京市文物保管委员会、南京市博物馆配合象山取土工程在此发掘清理了十座墓葬。

　　该墓地占地面积达 5 万余平方米，由三个东西绵联的岗丘组成，已发现的墓葬分四处排葬。墓主人可考的有东晋琅玡临沂王彬兄王廙（?）、王彬继室夏金虎、王彬子王兴之夫妇、王彬子王仚之、王彬女王丹虎、王彬孙王闽之和王建之夫妇等。

　　墓室均系砖结构，分凸字形穹窿顶、凸字形券顶和长方形券顶三种类型，一般都有通向墓外的砖砌排水沟，有的墓室内四壁还涂有石灰，地表筑有封土。随葬品共出土近三百件，有青瓷器、陶器、铜器、铁器，以及金银、玛瑙、琥珀、水晶、玉石等。其中，国外输入品玻璃杯、嵌金刚石指环、镶铜螺杯，是反映当时中外贸易交往的重要实物；陶制牛车、马、奴仆俑，以及大件榻、案、几等，为当时豪族生活的真实写照；八方石刻或砖刻墓志，书法隽永，是研究中国书法史的宝贵资料；此外，主要成分为硫化汞的二百余粒丹丸，对研究我国古代化学和医药学有重要参考价值。

王闽之墓志　纵 42.3 厘米

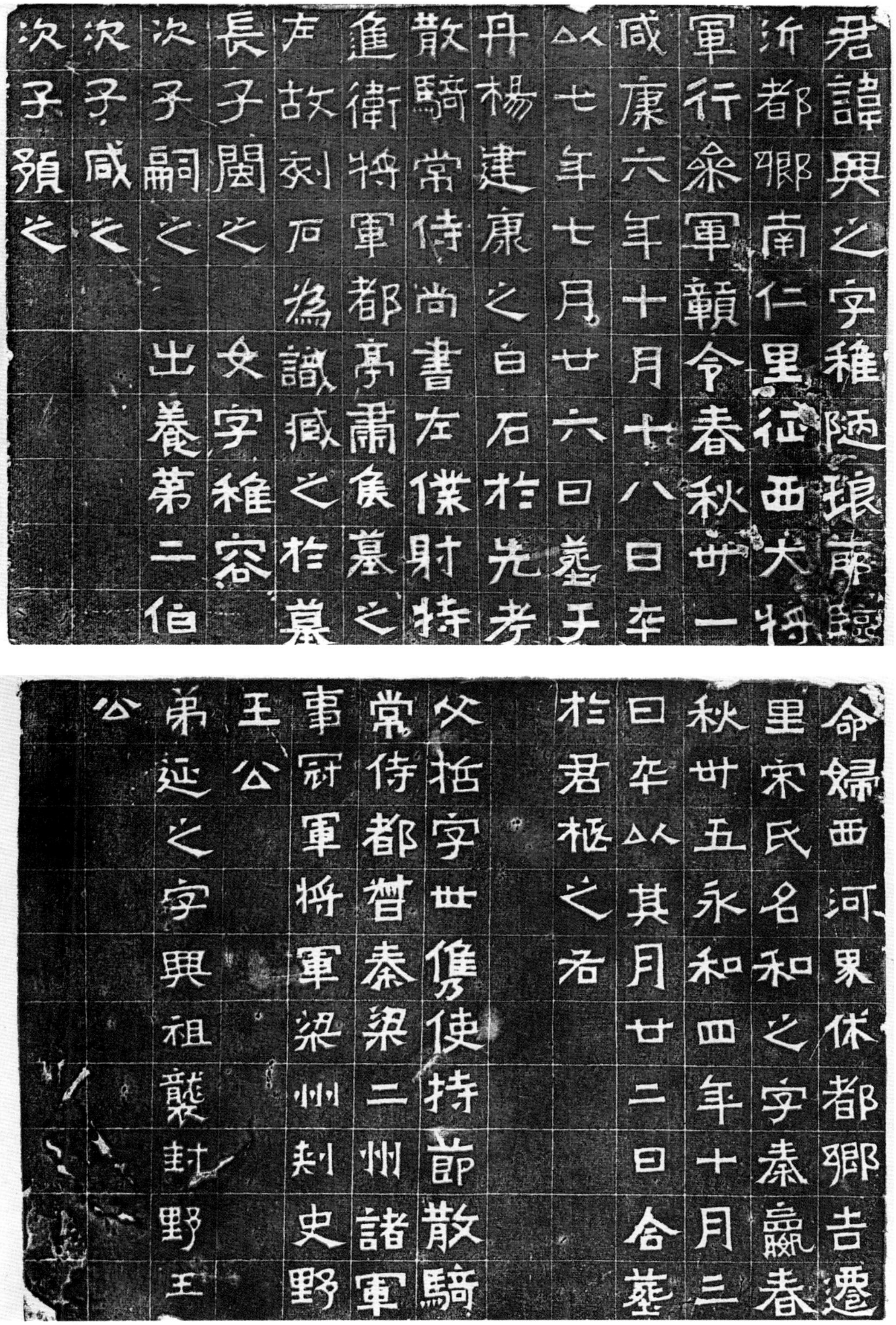

君諱興之字稚陋琅邪臨
沂都鄉南仁里征西大將
軍行參軍贛令春秋卅一
咸康六年十月廿二日
△△七年七月白石六日窆于
丹楊建康之白石先墓孝
散騎常侍尚書左僕射特
進衛將軍都識亭肅矦墓
聲故刵石為識臧之墓義
長子閩之
次子嗣之　文字稚容
次子咸之
次子預之　出養弟二伯

命婦西河界休都鄉吉遷
里宋民名和之字泰嬴春
秋卅五永和四年十月廿
二日合葬
柩君柩△之其月廿二日
父括字世雋使持節散騎
常侍都督秦梁二州諸軍
事冠軍將軍秦梁州刺史野
王公
弟延之字興祖襲封野
公　　　　　王

王兴之墓志　拓片　横 37.3 厘米

青釉褐彩盖碗　通高 7.8 厘米

青瓷盘口壶　通高 20.6 厘米

玻璃杯　高 10.4 厘米

青釉鸡首壶　高 25.3 厘米

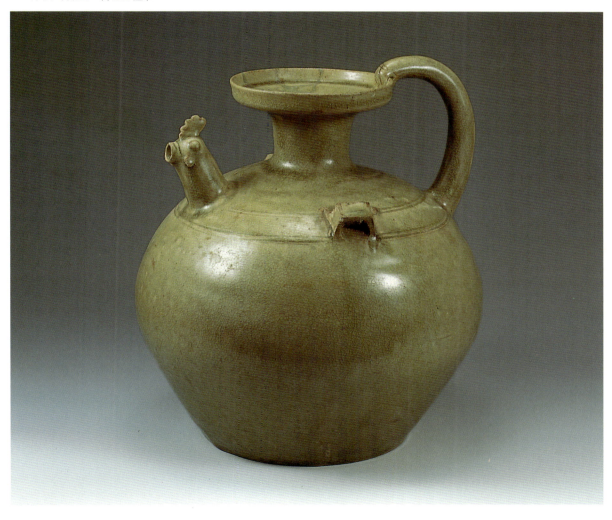

午半人二泰軍曹監州主曹侯孫曹散南都晋
朝年南日和鄙左鄙别薄不彭故左騎仁馬故
十寧陽丁六陽迸曹譚連行咸之給儁常里侯帳
四感遷丑年太中為下咸鄙對絡射侍王琅咸
日安陽覬闓守丕丞行寀鄙長黄都建琅將
丁一劉閏守于春車長彰都子門高之臨軍
未年民月甲西秋騎山太馬本蘭衞臨沂郡
遷三先王以軍騎長令博興州都儁將沂縣陽
神月遷甲先於尚合阳祖歲史逹博尉士樆西馬之尚故郡太守

王建之墓志　横45.5厘米

南朝模印拼嵌砖画

罗宗真

　　南京地区（南京、丹阳）一些南朝帝王陵墓和世家大族墓中，多有用模印画像砖拼嵌成整幅砖画的墓葬。这些大小不同的各种砖印壁画的内容有：羽人引龙、羽人引虎、竹林七贤、骑马鼓吹、持戟侍卫、伞盖侍从以及狮子等形象，它们是研究六朝绘画艺术、服饰制度和封建社会思想意识的重要实物资料。

　　模印拼嵌砖画，是在单砖上构图的画像砖基础上发展而成的。东晋时期开始出现多块砖拼嵌而成的图像，例如南京万寿村东晋永和四年（348）墓中龙、虎图像和"虎啸丘山"等榜题。1960年南京博物院在南京市西善桥乡的宫山南朝初年墓内发现了著名的"竹林七贤和荣启期"模印拼嵌砖画，砖画分为两段，各长240厘米，高80厘米，对应地拼嵌在墓室左、右两壁，人物形象生动，个性鲜明，是研究六朝时期绘画的珍贵文物。以后，1965、1967年又在丹阳市胡桥乡和建山乡两地发掘了三座南朝砖室墓，墓内皆有"竹林七贤"和其他各种不同内容的整幅模印拼嵌壁画，共十七幅之多。制作这些壁画，先按粉本将画像分别模印在多块砖坯上，入窑烧成砖，然后拼嵌到墓壁上。壁画砖除了在砖的端面或侧面模印凸起的画面外，在另一侧或正面均有凹印字迹的壁画名称和砖行编号，是我们研究这种壁画内容和制作程序的重要依据。

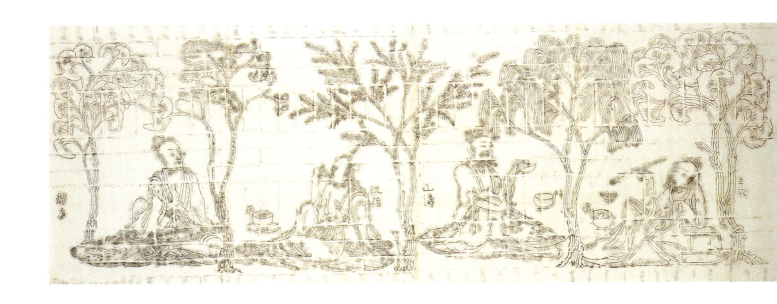

砖画竹林七贤和荣启期　拓片　南壁（上）、北壁（下）　各横240厘米　南京西善桥

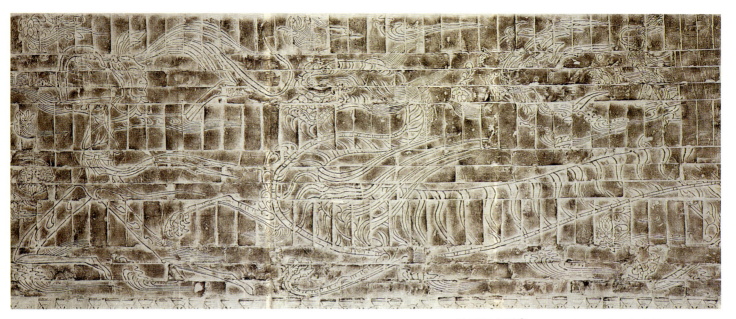

砖画羽人引虎　拓片　横230厘米　丹阳胡桥

砖画骑马鼓吹　拓片　横45厘米　丹阳建山

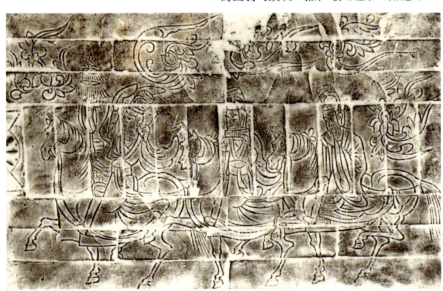

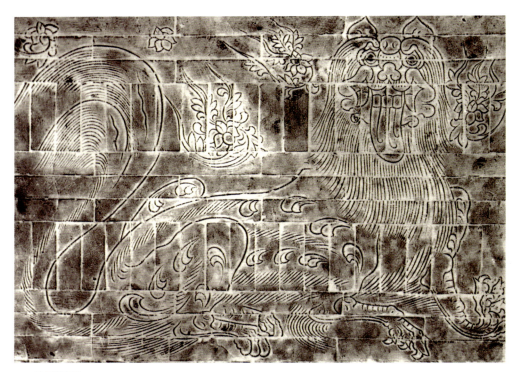

砖画狮子　拓片　横 113 厘米　丹阳建山

十六国三燕文化墓葬

田立坤、徐秉琨

　　三燕文化墓葬主要分布于辽西地区，现已清理发掘了五百多座。1987、1990 年发掘的朝阳十二台乡腰尔营村王坟山乡砖厂墓群排列有序，头朝西北，均为前大后小形状的土坑竖穴木棺墓，有头龛，其时代可早到公元三世中叶以前。北票南八家乡四家板村喇嘛洞墓群，墓葬排列有序，头朝东北，自 1993 年以来发掘四百多座，绝大多数为呈矩形的竖穴土坑木棺墓，填土中发现陶器，其时代在公元三四世纪之际。呈前大后小形状石椁木棺墓也是三燕文化中常见的形制，如 1979 年发掘的朝阳十二台乡姚金沟村后燕崔遹墓（395）。此外，还有石砌券顶石室墓，如 1988 年发掘的朝阳十二台乡腰尔营村王坟山乡砖厂 88M1；石板搭盖石室墓，如 1982 年发掘的朝阳十二台乡袁台子村壁画墓；券顶砖室墓，如 1992 年发掘的锦州市区李廆墓（324）。已发掘的三燕墓中，死者身份最高的是 1965 年发掘的北票西官营子北燕主冯跋长弟、大司马冯素弗与其家属的同冢异穴墓（415），两墓均为东西向长方形石椁，墓内有星象、人物建筑等壁画，椁内有木质画棺，出土物中有"范阳公章"等四枚龟纽金印和蝉纹金饰片、金步摇冠饰、马具、玻璃器等，兼具鲜卑与汉族习俗。

　　三燕文化墓葬随葬品中陶器以壶、罐居多；铁器有犁、铧、镰、斧、刀、剑、矛、镞、头盔、马胄、甲、鞍具、环首器；铜器有鎏金马具，包括镂孔鞍具、当卢、镳、镫、寄生、鎏铃、杏叶、带扣和鎏金带具、印章、三铃环、鹿形器及鍑、魁、盆等盛容器；金器有步摇、牌饰、耳环、耳坠、印章。釉陶器和漆器也比较常见。玻璃器仅见冯素弗墓，是古代东西方文化交流的见证。

花树状金饰　通高 28 厘米

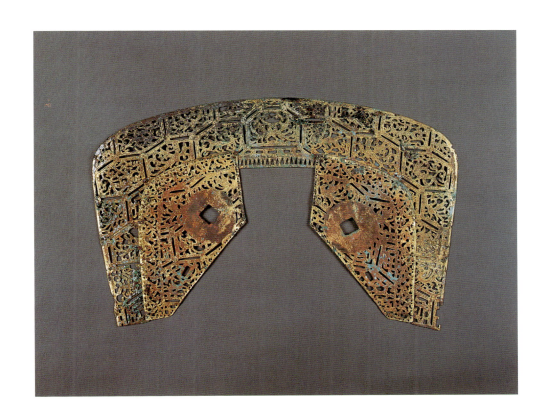

鎏金镂孔鞍桥包片　　前桥（上）高 28.7、后桥（下）高 32.5 厘米

玻璃杯　高 8.8 厘米　冯素弗墓

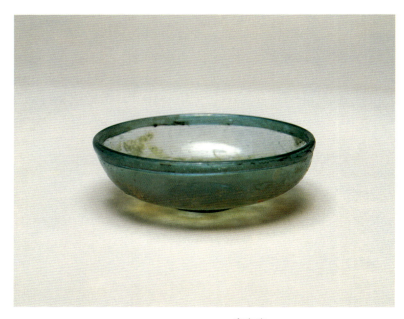

玻璃碗　口径 13 厘米　冯素弗墓

鸭形玻璃注　长 20.5 厘米　冯素弗墓

金冠饰　通高 26 厘米　冯素弗墓

北魏方山永固陵

解廷琦、王清诗

　　北魏方山永固陵位于大同市城北 25 公里西寺儿梁山（古称方山）的南部，1976 年山西省文物工作委员会和大同市博物馆在此清理发掘。北魏文明太皇太后冯氏的"永固陵"，俗称"祁皇坟"，太和五年至八年（481～484）营建，太和十四年（490）入葬。

　　陵墓建造在方山南部山顶玄武岩上，现存墓冢封土高 22.87 米，基底呈方形，南北长 117 米，东西宽 124 米。墓室居于墓冢的中心，朝南，砖砌，多室，由墓道、前室、甬道和后室四部分组成，全墓总长达 23.5 米。前室平面近长方形，拱形顶。甬道前后两端各有一道石门，由拱形门楣、门柱、门槛、虎头门墩、石门组成。拱形门楣两侧各浮雕一捧莲蕾童子，童子下方，雕一口衔宝珠的长尾孔雀。石门墩雕作虎头状，造型浑厚有力。后室平面近方形，南北长 6.4 米，东西宽 6.83 米，高 7.3 米，高大宽敞，四壁微向外凸略呈弧形，向上内收成四角攒尖顶。此墓曾屡遭盗掘破坏，随葬遗物大部分被劫，清理出土有铜簪、铁矛头、铁镞、残石俑、料环、丝织品残片等物和一些陶瓷器残片。

　　北魏王朝在方山为冯氏营建了包括永固陵、万年堂（孝文帝豫营寿宫）、永固堂、斋堂、石阙、思远佛寺、方山石窟、灵泉宫、灵泉池以及御路在内的庞大陵园，将墓地与佛寺结合在一起，极富佛教色彩，这种独特的做法对北朝晚期陵墓建造影响很大。

石门东侧捧莲蕾童子、孔雀束帛柱头

石门　高 182 厘米　展室内复原

石门东侧虎头门墩　宽40.5厘米

北魏司马金龙夫妇墓

解廷琦、王清诗

北魏司马金龙夫妇合葬墓位于山西省大同市城东 7 公里石家寨村西南，1965、1966 年大同市博物馆进行了清理发掘。

该墓是一座砖室墓，由墓道、墓门、甬道、前后室和右耳室组成，墓室全长 17.5 米，墓道长 28 米。主室平面近方形，四壁外凸略呈弧形，上收成四角攒尖顶，长 6.12 米，宽 6.01 米，高 5.2 米。墓早年被盗，但仍出土了各类珍贵随葬品四百五十余件，其中各类釉陶俑和家畜模型达四百件。身披铠甲的步兵、骑兵和驮粮马匹、骆驼等占整个陶俑群的半数以上，显示出游牧经济和北方民族军队的特色。墓中雕饰精美的石棺床、漆画木屏风和石础是一批罕见的艺术珍品，为研究北魏时期的书法、绘画、雕刻、漆工艺的发展提供了宝贵的资料。漆屏风已朽散，从保存较好的五块残段中，可知彩画内容大部分采自汉代刘向《烈女传》故事，人物劲线淡彩，据认为有东晋顾恺之笔意，榜题字字体具有晋隶向楷书过渡阶段的特点。墓中还出土太和八年（484）司马金龙墓表、墓志各一方，及延兴四年（474）姬辰墓志一方。司马金龙为晋皇室后裔，官至"使持节侍中镇西大将军吏部尚书羽真司空冀州刺史琅玡康王"。

列女古贤故事画漆屏风

部分　高 80 厘米

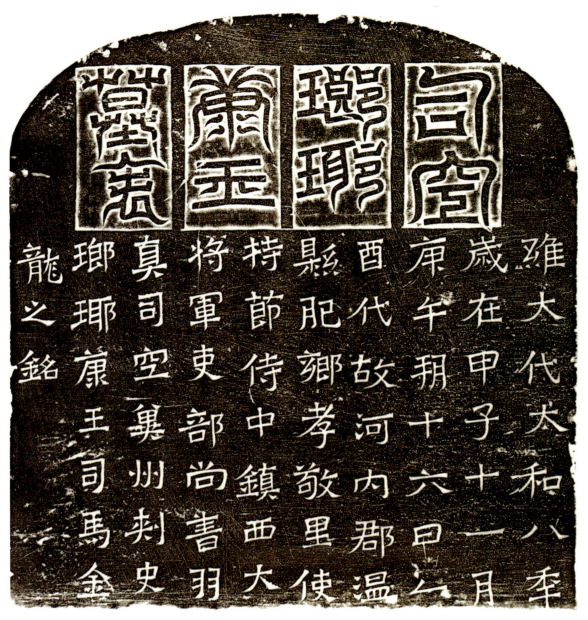

篆额：

司空琅瑯康王墓表之铭

正文：

維大代太和八年歲在甲子十一月甲申朔二日乙酉代郡太翔河内温人使持節侍中鎮西大將軍吏部尚書羽真司空冀州刺史瑯瑯康王司馬金龙之铭

司马金龙墓表　通高 71 厘米

石础　方座边长 32 厘米

北魏洛阳永宁寺塔遗址

段鹏琦

北魏洛阳永宁寺，熙平元年（516）灵太后胡氏所立。在宫城阊阖门南一里御道西，地当今河南省偃师县首阳山镇龙虎滩村北，陇海铁路横穿遗址北部。此寺的建筑和历史沿革，《洛阳伽蓝记》记载较详。1962 年全面勘探汉魏洛阳城时发现寺址，1979～1994 年由中国社会科学院考古研究所汉魏洛阳城队进行了发掘。

此寺整体为一长方形院落，南北长 301 米，东西宽 212 米，周绕夯筑围墙，四面各设一门。寺院中心建九层木塔一座，塔北有佛殿一座。木塔与诸寺门直对，又是供奉佛像之所，显系寺院的主体建筑。

木塔原高峻挺拔。对其高度，各文献说法不一，今人多以为《水经·谷水注》"自金露盘下至地四十丈"的记载较可信。1979 年发掘塔基，发现此塔建于 100 米见方的夯筑基础上，尚存基座及木塔初层的建筑遗迹。基座平面呈正方形，以夯土为体，四周包砌青石，边长 38.2 米，高 2.2 米，四面各设一慢坡道，并装饰螭首、栏杆等。木塔初层柱网由五圈木柱组成。最外圈为檐柱。次外圈木柱以内以土坯砌出一个长方形实心体。实心体东南西三面各有五个像龛，北面无龛但有架设木梯的遗迹。檐柱间遗迹显示，每面皆为三门六窗的样式。出土遗物主要是建筑材料、彩塑残件和壁画残块。其中的千余件大、中、小型佛、菩萨、弟子、供养人像和影塑帝后礼佛图，制作精美，代表了北魏时期雕塑艺术的最高水平。

泥塑供养人　残高 19.5 厘米

永宁寺塔塔基发掘现场

泥塑供养人头像　高5~7.8厘米

磁县湾漳北朝壁画墓

徐光冀

磁县湾漳北朝壁画墓位于河北省磁县东槐树乡湾漳村东滏阳河南岸，1987～1989年由邺城考古工作队进行抢救性发掘。

该墓早年被盗，原有高大的坟丘，平面略呈圆形，面积8600余平方米。墓葬南面尚存一尊石刻人像，经勘探发现有神道、建筑基址等遗迹，未发现陵园围墙。墓葬由墓道、甬道、墓室（单室）组成，总长52米，方向正北，墓底距地表10米。墓道全长37米，呈斜坡状，北端深8.86米。墓室和甬道均砖砌。甬道全长6.7米，南端有高大门墙，南壁绘有大朱雀。墓室平面近方形，略有弧度，南北7.56米，东西7.4米，西侧有石砌棺床，地面铺方形青石，墓顶为四角攒尖式。墓室地面至墓顶复原高度为12.6米。

壁画分布于墓道、甬道和墓室。墓道壁画保存较好，东西两壁各绘真人大小五十三人组成的仪仗队列，上方天空绘有朱雀、神兽等七种形象三十五个，并有彩云、莲花、忍冬和火焰宝珠等，面积320平方米。壁画内容丰富，技艺高超，出自绘画高手。墓道地面的绘画分为三纵列，中间为直径1.35米的八瓣仰莲，共十四朵，两侧为缠枝忍冬莲花，面积120平方米。

随葬品尚存二千二百一十五件，其中一千八百零五件陶俑中，立俑和坐俑一千六百零五件、骑俑二百件。一对文吏俑，高142.5厘米，是迄今发现北朝最大的陶俑。这批陶俑制作精美，形象生动。其他随葬品有镇墓兽、陶牲畜、陶制模型明器、石灯、陶瓷器、装饰品等。

该墓年代应为六世纪中叶，从墓葬的位置、年代、规格、随葬器物和壁画的内容推定，应为北齐帝陵，有可能是文宣帝高洋的陵墓。

陶舞蹈俑 高21.5厘米

墓道壁画神兽

墓道壁画仪仗图　部分

陶武士俑 高48厘米

陶镇墓兽 高47厘米

陶文吏俑　高 142.5 厘米

北齐东安王娄叡墓

陶正刚

北齐东安王娄叡墓位于山西省太原市晋源区王郭村，山西省文物研究所、太原市文物管理委员会于 1979~1981 年发掘。古墓由封土、墓道、甬道和墓室四部分组成。甬道中部有青石门。墓室为砖构单室，平面呈方形，四壁外凸略呈弧形，四角攒尖顶，高 6.8 米，墓道到墓室南北总长约 35.2 米。

墓内壁面和墓门全部彩绘壁画，残存 200 余平方米，内容和布局继承了汉魏以来的传统。壁画内容一部分表现死者生前戎马生涯和显赫的官宦生活，包括位于墓道东西两壁上、中栏的出行图，位于墓道、甬道下栏的仪卫图，以及位于墓室下栏的宫廷生活图；另一部分是分布在甬道和墓室上栏的祥瑞图。

娄叡墓曾屡遭破坏，尚存随葬遗物八百余件，其中陶俑超过六百件，还有低温釉陶的二彩盂、捏塑镂孔宝装莲花灯、堆塑釉瓷贴花瓶、螭首柄鸡首壶等。出土的墓志，志盖盝顶上刻"齐故假黄钺右丞相东安王墓志之铭"，志文三十行共八百六十六字。作为显赫的外戚，娄叡是北齐最高统治阶层的重要成员，其墓中的壁画应出自技艺高超的宫廷画师之手，具有极高的艺术价值。

壁画门吏 部分

墓道壁画出行图　部分

贴塑釉陶莲花灯　高50.2厘米

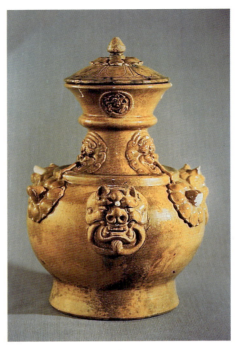

贴塑釉陶瓶　通高39.8厘米

陶骑马武士俑　通高33.1厘米

北周武帝孝陵

张建林

　　北周武帝宇文邕孝陵位于陕西省咸阳市底张镇陈马村东南约 1 公里处，因遭盗掘，1994～1995 年由陕西省考古研究所和咸阳市考古研究所联合进行了抢救性发掘。经地面调查、钻探和探沟试掘，未发现陵前石刻、陵冢封土及陵寝建筑遗迹，与武帝遗诏"墓而不坟"记载相合。

　　墓葬全长 68.4 米，由斜坡墓道、五个天井、五个过洞、四个壁龛及甬道、土洞单墓室组成，墓道方向 170°，墓道宽 2.6～2.8 米。四个壁龛分别开设在第 4、5 天井的东、西壁，除第 4 天井西壁龛外，其余三个壁龛均放置随葬品。甬道长 3.9 米，底部铺砖，中部有木门残痕，北部发现孝陵志石一合。墓室平面呈凸字形，北壁有后龛，南北通长 5.5 米，东西宽 3.8 米，底部铺砖，残存东西并列的两套木棺椁遗痕。出土的重要遗物有武帝孝陵志石、武德皇后志石；"天元皇太后"金玺、金步摇残件；龙首柄铜鐎斗、鞢鞢铜带具；玉璧、玉佩；彩绘陶镇墓兽、镇墓武士俑、甲骑具装俑、仪卫骑俑、各类仪卫俑、僮仆俑、模型明器等。其中武帝孝陵志为方形，边长 0.85 米，志盖盝顶，素面无纹，志石阳刻篆书三行九字："大周高祖武皇帝孝陵"。史载北周武帝宇文邕宣政元年（578）葬孝陵，皇后阿史那氏于隋开皇二年（582）与武帝合葬。

铜带具　复原长 110 厘米

北周武帝孝陵志盖　边长 85 厘米

彩绘陶甲骑具装俑　通高 21.5 厘米

彩绘陶仪卫骑俑　通高 19.8 厘米

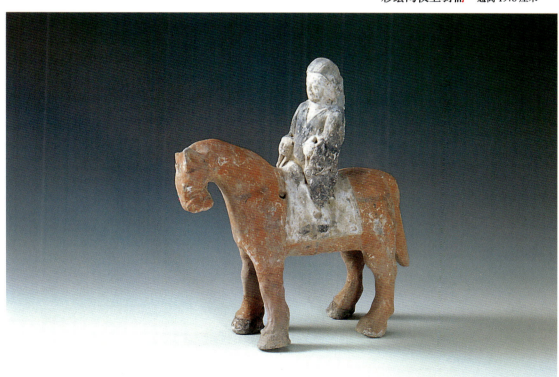

彩绘陶镇墓兽　长 18.6 厘米

北周李贤墓

雷润泽

北周李贤墓位于宁夏回族自治区固原县西郊乡深沟村南。1983年，宁夏回族自治区文物管理委员会、博物馆考古队、固原县文物工作站对此墓进行发掘，从长约42米、宽约1.5米的斜坡墓道开始，依次打通三个天井过洞，启开甬道封门砖，进入深居地下14米的方形（南北深3.85米、东西宽4米）土洞墓室。

该墓早年曾被盗掘，但墓室结构基本保存完好。在过洞前墓道、过洞、天井两侧有持刀侍卫壁画二十幅；过洞与甬道口上方壁面绘有设斗拱的门楼图四幅（其中第一过洞与甬道口上所画为两层门楼）；墓室门两侧前壁与左、右、后壁绘有用框格分隔的侍女、伎乐壁画共二十幅，大部残损，漫漶不清。发掘时从后甬道清出"北周柱国将军河西公墓铭"和"魏故李氏郡君之铭"墓志石两合，证明墓主人是西魏、北周时期原州刺史李贤及其妻长城郡君吴辉，合葬于北周天和四年（569）。从甬道和墓室清理出半模制彩绘陶俑二百五十五件，其中有镇墓兽、镇墓武士、具装甲骑俑、骑马女官俑、吹奏骑俑、骑马俑、笼冠俑、文吏俑、武官俑、风帽俑、胡俑、女侍俑，还出土陶家畜及陶灶、井等模型，以及陶器、金银器、铜铁器、玉器、玻璃器、各色料珠等。该墓葬七百七十余件出土物中，最引人注目的是充满西亚风格锤刻有人物故事的鎏金银瓶、玻璃碗、银装铁刀、镶青金石指环，说明古代固原地区（原州）与西域的密切关系。

玻璃碗　高8厘米

彩绘陶镇墓武士俑　高18.2～19.2厘米

鎏金银壶　通高 37.5 厘米

壁画带刀侍卫

尼雅遗址

王炳华

尼雅遗址位于新疆和田地区民丰县北120公里的塔克拉玛干沙漠之中，本世纪初多次被盗掘，所获分藏于伦敦、新德里。1959年，新疆博物馆调查尼雅，清理一座东汉贵族夫妇墓，出土锦袍、丝绢衣物、漆器、铜镜及具有浓烈地区特色的毛罽、印花棉布等。1988～1997年，新疆文物考古研究所与日本有关单位合作，对尼雅进行了大规模、多学科的综合调查，在南北长约25公里、东西宽约5公里的范围内，发现古城址、官署、民居、佛寺、制陶冶铸作坊、畜厩、桥梁、储水池、灌溉渠、农田、果园及古墓地等人类遗迹一百多处，呈南北向以小聚落方式散布在尼雅河故道左右阶地，海拔高程多在1250米上下。同时，对少量佛寺、城门、居址及墓地进行了发掘。出土有汉文、佉卢文简牍，陶、木制品，大量锦绢及棉布、地毯、五铢钱、铜镞、铜镜、漆器及毛织物、玻璃器、料珠等。其中95尼雅一号墓地出土的"王侯合昏千秋万岁宜子孙"锦袍、人物动物纹锦袍、"世毋极"锦、"五星出东方利中国"锦及"金凤池"锦等均是过去未见的精品，揭示了汉晋王朝与尼雅地方统治集团的密切关系，深化了对"丝绸之路"南道的认识。

据遗址地望、出土的汉文和佉卢文资料以及大量文物，可以肯定，这里是汉晋时期西域小城邦精绝国故址。出土文物，少量可能早到西汉，主要为东汉、魏晋时期，未见五世纪以后的遗存。

尼雅遗址　N2

95 尼雅一号墓地

M3 揭棺情景

"五星出东方利中国"锦护膊出土情况

弓、箭、箭箙、弓袋、刀鞘　弓长135、箭长84、箙高74~90、弓袋长110、刀鞘长36厘米

"王侯合昏千秋万岁宜子孙"锦被　长168、宽93厘米

青州龙兴寺窖藏造像

夏名采

　　青州龙兴寺佛教造像窖藏位于山东省青州市衡王府西街西部，1996年发掘。窖藏在龙兴寺遗址北部，东西长8.7米，南北宽6.8米，深2米，窖底距地表3.45米。窖藏坑四壁垂直，内有长6.3米的南北向斜坡，底部平整，未经夯实。从窖藏内清理出佛教造像四百余尊，其数量大、质地多样、延续时间长、雕刻技术精、贴金彩绘保存程度好，在我国佛教考古中实属罕见。

　　窖藏造像存放有一定规律，为三层东西向排列，厚70～90厘米；较完整的身躯放置中间，完整的头像沿坑壁存放。最上层的造像上发现有席纹，表明埋藏之前曾用苇席覆盖。出土的造像有石灰石、汉白玉、花岗岩、陶、铁、彩绘泥塑和木质造像等七种，其中前三种造像保存较好。绝大部分彩绘颜色保存较好，部分彩绘以佛教故事为题材，石质卢舍那法界人中像以往出现较少，造像上的贴金也大部分保留。部分造像有纪年。纪年从北魏"永安二年"（529）到北宋"天圣四年"（1026），时间跨越五百年。造像中东魏时期背屏式造像高达305厘米，也有的造像高仅20厘米。这批造像为研究山东地区北朝佛教造像提供了一批珍贵的标本，是研究我国佛教美术史极为重要的实物资料。

彩绘石雕佛立像　残高 121.5 厘米　北魏

彩绘石雕胁侍菩萨像　残高36厘米　北魏

彩绘石雕菩萨立像　高95厘米　东魏

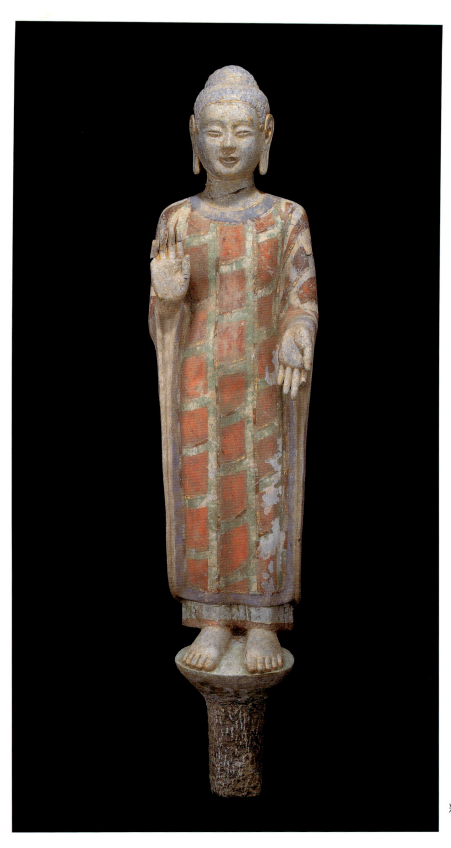

彩绘石雕佛立像　高97厘米　北齐

曲阳修德寺石造像

杨伯达

1953～1954 年发掘河北省曲阳县西南修德寺塔基及宋代寺址时，出土大量北魏至唐代的佛教石造像残片，经修复，得残像二千二百余躯，高度均在 30～50 厘米之间，显为世俗信徒供养之像。除个别青砂石像和陶像外，绝大多数为曲阳黄山所产类似玉的白色大理石（俗称汉白玉）所制，不少残像仍保留着彩绘痕迹，计有朱砂红、赭、金黄、黄、孔雀蓝、佛青、深绿、粉绿、墨、泥金或金箔等彩色。从造像的用料和形象分析，其年代相当于北魏云冈期至盛唐。其中纪年造像二百四十七躯，自神龟三年（520）至天宝九载（750），历北魏晚期、东魏、北齐、隋、唐五个时代。题材有释迦、释迦多宝、无量寿佛、弥陀佛、弥勒、观音、思惟、三尊式及弟子僧等十多种。石像阴镌长短不一的发愿文，有的铭文运用了北魏书法格体，但多数出自民间楷法，还使用简体字、别字和假借字。不少的石像铭文书明所造为"白玉像"、"观音玉像"和"白玉思惟像"，说明信徒发愿以石代玉，捐造玉像供奉佛陀，反映了该地区根深蒂固的崇玉、爱玉的古老玉文化传统与来自西方的佛教信仰相融合。总之，长达二百三十年间的纪年造像，充分地反映了佛教造像形式在河北中山地区的演变序列，以及庶民佛教信仰和造像的特色。尤为重要的是系列化的东魏、北齐、隋三朝纪年造像，为研究佛教文化艺术发展变化提供了第一手资料。

石雕观音立像　高 34.5 厘米　北魏永熙二年张法姜造

石雕菩萨立像　高35厘米　东魏武定二年苏丰洛造

石雕菩萨思惟像　高 46.5 厘米　东魏元象二年惠照造

石雕双观音立像　高 54 厘米　北齐大宁二年刘仰造

隋唐时代考古

杨　泓

中华人民共和国建国五十年来，隋唐考古发展迅速，在城市遗址、墓葬、宗教遗迹、手工业遗迹、窖藏文物等方面的考古调查与发掘，收获丰盛。隋唐考古，属于历史考古学的范畴，上起隋朝统一，止于五代十匡，跨越了近四个世纪。隋唐两代，正值中国中古时期社会政治、经济、文化空前繁荣的阶段，当时隋唐文化的许多方面在世界上居于领先地位。因此，隋唐五代考古学的研究，不仅对中国考古学具有重要意义，在世界文化史上也占有一定的位置。

以下分城市遗址、陵墓和墓葬、宗教遗迹以及陶瓷窑址和金银器窖藏，分别概述五十年来文物考古的工作收获。

一

对隋唐时的两京遗址，自建国之初就开始了大规模的考古勘察和重点发掘。隋朝都城大兴到唐时改称长安，坐落在今陕西省西安市，在建国后的第一个十年里，已经勘测清楚这座都城外郭城范围，并确定了大部分城门址的位置。长安的外郭城周围约 35.5 公里，西城墙的金光、延平，南城墙的安化、明德、启夏，东城墙的延兴和春明等门址，已勘探确定。其中明德门最大，位于南墙中央，内对朱雀大街，有五个门洞。其他各门都是三个门洞（惟春明门为一个门洞）[1]。对城内街坊遗址也作了部分探测。朱雀大街两侧各坊的面积，与文献记载是相符的。坊内有十字街，围绕坊墙[2]。还对西市进行了试掘[3]。这些工作，为复原长安城的坊市布置奠定了基础。对长安城的皇城和宫城，以及大明宫[4]、兴庆宫[5]和芙蓉园[6]等主要的宫殿、园苑，也都勘探清楚。同时，还对大明宫内的主要宫殿含元殿和麟德殿，进行了发掘。含元殿面阔十一间、进深三间，东西两侧有廊道通向栖凤、翔鸾二阁，规制宏伟。麟德殿的结构比含元殿更为复杂，它分前、中、后三殿。还发掘了重玄门。又发掘了兴庆宫西南隅的勤政务本楼遗址。六十年代以后，长安城的勘察发掘工作继续进行，除对宫殿、城门等遗址进行发掘外，也注意了城内一些著名寺庙遗址的探寻和发掘。近年来的重要发掘，有大明宫内的清思殿、三清殿、含元殿前东朝堂[7]和含耀门[8]等遗址，有皇城的含光门遗址[9]，还有青龙寺遗址[10]和西明寺[11]的部分殿堂遗址，又对安定坊进行过发掘[12]。长安城外，发掘了隋灞桥遗址和临潼唐华清宫遗址[13]，特别是在麟游发掘了隋仁寿宫即唐九成宫遗址，其中的37号殿址，隋唐两代相沿使用，石构长方形殿基保存基本完整，柱础石也大多保持原位，石件雕琢精美，反映出隋代建筑技术的水平，又可看到隋唐两代建筑艺术的承继关系[14]。隋大兴和唐长安城遗址经过五十年来的考古勘探和发掘，已经能够将这座中国都城史上典型的封闭式里坊制城市的真实面貌勾画清楚，它的城市规划是中国中古时期中国历史的写照[15]，具有重要意义。

　　隋唐东都洛阳城遗址的考古勘察，也是在建国之初就已开始，对洛阳的外郭城址、皇城和宫城遗址都作了勘测，确定了南城墙的定鼎门、长夏门、厚载门和东墙建春门的位置，皇城的右掖门、宾耀门和宫城的应天门、长乐门、玄武门等遗址也相继发现，并对右掖门遗址作了发掘，测绘出隋唐洛阳城的城址实测图[16]。七十年代以后，隋唐洛阳城的考古勘察发掘取得了许多新的重要收获[17]，发掘了皇城正门应天门遗址[18]、宫城内武则天明堂遗址[19]和九洲池附近的亭榭遗址[20]、皇城内的衙署遗址[21]以及洛河南岸的里坊遗址，其中在履道坊西北的宅第遗址中发现"大和九年"石经幢上有诗人白居易的铭刻[22]。皇城正门应天门的发掘，揭露出三出阙及连结阙与城垣的廊道，对研究隋唐门阙建筑的形制有重要参考价值。初唐以来，洛阳成为关东江淮漕米的集散地，设有粮仓。六十年代末对宫城东北的含嘉仓进行了发掘，发现在仓城中部和东北部有排列整齐的圆形窖仓二百五十余座，已发掘的六座仓窖中尚存大量炭化谷粒[23]。含嘉仓遗址的发现，更表明了当时东都洛阳在经济上的重要性。

　　除两京外，自1987年开始对隋唐的扬州城进行全面考古勘察。这里原是隋江都宫城的所在，经勘察，隋江都宫城坐落在今扬州市北部的蜀冈上。唐代扬州城子城沿用隋江都宫城旧址，并在蜀冈下营建罗城，现已勘测清楚子城与罗城的范围，并据地层堆积确定罗城约修建于九世纪。罗城为里坊区，安置工商市肆和居民，经勘察城内道路等遗迹，现已能基本复原罗城范围内道路、水道网络及里坊分布的整体面貌[24]。结合遗址中出土的瓷器、波斯蓝釉陶器、玻璃器等，已反映出当时扬州是一个贸易发达的商业城市，并对中外贸易交往有着重要作用。

由靺鞨族建立的少数民族政权渤海国的上京龙泉府遗址，六十年代以来也进行了一些发掘清理工作，还进行了全面的地下钻探。究明了城墙和城壕的结构，城门的位置和形制，城内各街道的布局，里坊的区划，宫城的规模和建制，官衙的设置及城内、城外佛寺的分布，等等，同时重点发掘了东半城一号佛寺主殿等遗迹[25]。后来又清理过第一宫殿东、西廊庑遗址和宫城的三座门址[26]。在勘探和发掘的基础上，重新实测了全城的平面图，从而为研究渤海上京龙泉府提供了可靠的依据。在云南地区，五十年代开始对分布于剑川、大理等地的南诏城址进行勘察，其中最为重要的是剑川邓川东北传为蒙舍诏统一前所建德源城的遗址、大理太和城村南诏统一后都城太和城址和其北佛顶峰上的继太和城以后的都城阳苴咩城址[27]。这些城址多建在山坡上，面积较小，依山凭险，以政治和军事的性质为重。不论是城墙的建筑方法，或是砖瓦构件的纹饰等，都显示出受了中原文化的深刻影响。另一些瓦片上印有南诏的"白文"[28]，又表现出民族特色。

二

隋唐墓葬的调查发掘工作，重点集中在陕西隋大兴唐长安城遗址附近地区。建国以来，对分布在陕西乾县、礼泉等地的唐代陵墓多次进行调查[29]，并重点勘查了献陵、昭陵、乾陵、桥陵和建陵[30]，并对昭陵、乾陵的一些陪葬的太子、公主和勋臣墓进行过清理发掘，其中昭陵陪葬墓中的长乐公主墓[31]、李勣墓、程知节墓，郑仁泰墓[32]等，陪葬乾陵的永泰公主墓[33]、章怀太子墓[34]、懿德太子墓[35]等，都是有关唐墓的重要考古发现，许多墓中的精美壁画，为研究唐代绘画史提供了极珍贵的实物史料。进入九十年代以来，对乾陵陵园的碑亭基址、乳峰双阙和朱雀门外双阙、王宾殿及配殿基址等进行发掘[36]，深化了对唐陵陵寝制度的认识。还对唐僖宗靖陵进行了抢救性发掘[37]。同时，在蒲城县桥陵村发掘了陪葬桥陵的惠庄太子墓，出土大批陶俑和二十七枚汉白玉质哀册，册文阴刻填金。又在临潼西泉乡椿树村清理了唐宪宗时惠昭太子陵，出土玉器中也有玉册文和哀册残简一百九十五件，册文阴刻楷体，字内填金。这两处发现，是研究唐代陵墓玉册制度的重要实物[38]。此外，自五十年代以来，对隋大兴唐长安郊区隋唐墓的发掘，也有许多重要收获，长安县南里王韦氏家族墓地的发掘是其中最值得注意的工作，是研究唐代家族墓地的重要资料[39]。鲜于庭诲等墓出土的三彩俑群，是唐三彩工艺的突出代表[40]。根据西安地区唐墓的发掘资料，已经可以对唐墓形制及壁画的布局和内容，进行深入分析，从而较全面地考察唐墓的分期与类型问题[41]。

在河南地区，对坐落在偃师缑氏镇的唐恭陵，八十年代初进行了调查[42]，以后又对恭陵陵园进行过考古钻探和实测[43]。对东都洛阳附近的隋唐墓，重要发现不多，惟一发现的大型唐墓是唐睿宗贵妃豆卢氏墓[44]，残存的壁画可以看出构图和技法大致与长安地区近同。一般官员的墓葬也有发现[45]，出土的三彩俑群显示出地方特色[46]。

除两京地区外，唐代王族的坟墓曾在湖北郧县被发现过，是濮王李泰家族的墓葬[47]，墓内绘制的壁画风格仿自都城长安，可惜残损较甚。

此外，唐代墓葬在中原、东北、江南、西北等地区普遍有发现，出土收获颇丰。各地唐墓除共有的特征外，常显示出不同的地方特色。山西地区的唐墓壁画，常绘多幅屏风式树下老人图像[48]。辽宁朝阳地区的唐墓，砖筑墓室平面多呈圆形[49]。湖北地区唐墓流行以花纹砖砌成的长方形券顶单室，随葬俑群中十二时俑出现较早[50]。湖南地区唐墓绝大多数是长方形竖穴土坑墓，随葬陶俑中亦常见坐姿十二时俑及千秋万岁俑[51]。岭南一带唐墓以长方形竖穴土坑墓和单室砖墓为多，随葬物多陶瓷器皿，其中所葬死者身份最高的是韶关罗源洞山麓唐尚书右丞相赠荆州大都督张九龄墓[52]，是带有耳室的四角攒尖顶单室砖墓，绘有壁画，从残存壁画可看出四神和侍女图像，应仍遵都城长安墓室壁画规制。西北边陲的唐墓，最值得注意的是新疆吐鲁番阿斯塔那的唐墓群[53]。阿斯塔那墓地自六十年代以来不断有新的发现，那里的墓葬以斜坡墓道的土洞墓为主，长安年间（701～704）以后墓内壁画多采用多扇屏风形式，时间较早的以人物为主，较晚的则偏重以花鸟为绘画题材。除摹拟屏风的壁画外，墓中也随葬有木骨绢面的彩画屏风。阿斯塔那唐墓中出土物最具特色的是保存较完好的丝绸制品和以废文书制作的纸棺、俑类四肢及服装鞋袜，它们为研究古代丝绸制作提供了资料，而制作纸棺等的废文书，成为今人研究当时社会经济、政治、文化各方面的重要文献资料。

唐代以后，中国历史上出现了五代十国的分裂局面，十国小朝廷的帝王陵墓，建国以后陆续有所发现。最早在五十年代发掘的是南唐二陵，分别是南唐主李昪和李璟的陵墓，它们都分前中后三室，全长 21 米余，墓室中仿木建筑上绘有彩画。李昪陵墓石门额和门侧有精美的浮雕，是十国陵墓中规模最大的[54]，惜早已被盗扰，仅残存部分陶俑、陶瓷器和哀册残片等。以后在杭州附近吴越王的陵墓也被发现，有吴越国文穆王钱元瓘及其妃吴汉月墓等，出土的瓷器和墓顶所刻天文图，都是重要的资料[55]。闽国第三主王延钧（王璘）夫人刘华墓，发现于福建福州莲花峰，她又是南汉南平王的次女[56]，墓室为前后二室，出土有陶俑、神怪俑、石幢和陶瓷器等，其中有三件伊朗输入的孔雀蓝釉陶罐，系在中国首次发现。在广州石马村发现的一座有前后室的两侧各有八个砖砌器物箱的坟墓，形制特殊，被推定为南汉第三个皇帝刘晟的昭陵[57]。西南地区的小朝廷中，抗战时期发掘的前蜀王建的陵墓，正式报告在 1964 年发表[58]。又在七十年代初清理了成都的后蜀孟知祥墓，是三个并列的穹窿顶圆形墓室，全部用青石砌筑[59]。这些小朝廷的帝王陵墓陆续被发现，为研究唐宋的陵墓制度提供了重要的参考资料。在近年来发掘的五代墓中，最重要的一座是河北曲阳同光二年（924）北平王王处直墓[60]，墓中的着彩白石浮雕和大幅水墨山水隔屏，都是前所未见的艺术品，显示出前承晚唐后启北宋的艺术风格。

建国之初，就开始了对吉林敦化六顶山渤海国前期王室、贵族墓地的清理发掘，其中最重要的是渤海第三代王大钦茂之第二女贞惠公主的大型石室墓，出土有圭形碑状花岗岩墓志和一对雕刻精美的石狮[61]。贞惠公主之妹贞孝公主墓则葬在吉林和龙县龙头山，形制特殊，墓室上修筑佛塔，墓室内有彩绘壁画，绘武士、内侍、乐伎、侍从等形象[62]。还在黑龙江宁安三陵乡一带渤海国王陵区内，发掘了大型石室壁画墓[63]，壁画内容主要是花卉和人物，花卉图案美观，色泽艳丽，人物生动传神。这两处墓室壁画，在一定程度上显示出渤海国的绘画水平。五十年代末，对西藏自治区穷结县藏王墓进行考古勘察，现存七至九世纪吐蕃时期王墓八座[64]。第 6 号墓坟丘高 8 米，左方树石碑一座，碑身正面存古藏文铭刻二十五行，是吐蕃王赤德松赞纪功碑。1984 年 9 月又对赤德松赞墓碑进行清理，清出碑下的龟趺[65]。吐蕃陵墓地形的选择和主墓之前作左右两翼式的布局以及墓碑的形制、纹饰等，都一如唐制。这种情况给文献中关于吐蕃当时大量输入汉族文化的记载，增添了实物证据。八十年代以后，在西藏自治区朗县列山等地勘察和试掘了多处吐蕃墓群，还在措美县发现有附有砾石圈祭坛的吐蕃墓地[66]。

八十年代以来，在青海都兰县热水乡扎马日村血渭、智尕日村和夏日哈乡河北村什角沟等地发掘了吐蕃统治下的吐谷浑人墓葬六十余座[67]，出土文物中以丝织品最引人注目，其中大部分为中原的唐代织物，也有少量为中亚、西亚所织造，特别是独具异域风格的粟特锦。都兰吐谷浑墓的发掘，对研究唐代河陇地区吐蕃文化的形成、族属、埋葬制度和习俗，以及吐蕃同东西方之间的文化交流与融合等重大学术问题，提供了重要实物遗存。

三

隋唐时期宗教遗迹的考古发掘，除前述唐长安城内著名寺庙青龙寺、西明寺的发掘工作外，还在新疆吉木萨尔发掘了有别于中原地区的另外一个系统的佛寺建筑，该建筑整体呈长方形，遗址北部是以正殿为主体的建筑群，外观呈方塔形，发现有精美的壁画、塑像，应是高昌回鹘在陪都北庭建造的王家寺院[68]。

除寺院遗址的发掘外，近年来对隋唐佛塔塔基的发掘有颇为重要的收获。隋唐佛塔塔基清理出的用于瘗埋佛舍利的地宫（石函），重要的有陕西耀县隋神德寺塔基砌有护石、砖墙的石函[69]、甘肃泾川大云寺唐延载元年（694）塔基地宫[70]、陕西临潼唐开元二十九年（741）塔基地宫[71]和陕西扶风法门寺唐咸通十五年（874）塔基地宫[72]，这些塔基所出土佛教遗物，显示出由以石函瘗埋佛舍利到在塔基构筑地宫以中国式的微型金棺银椁瘗埋舍利的变迁历程[73]，在瘗埋舍利时还放置有大量供奉佛舍利的金银陶瓷物品。这些塔基中最重要的是法门寺塔基的地宫，分前中后三室，前有隧道和踏道，为已发现的塔基地宫中的三室地宫，无疑是模仿帝陵制度的。地宫中除掩埋四枚佛骨舍利外，放置有当时皇帝等供奉佛舍利的金银制品、秘色瓷器、玻璃器等和大量纺织衣物，还有记述埋入地宫物品的石刻《监送真身使随真身供养道具及金银宝器衣物账》等两石碑，出土的遗物都代表着晚唐工艺技术的最高水平。此外，还在江苏镇江甘露寺塔基发现于北宋元丰元年（1078）重瘗的唐太和三年（829）李德裕施舍的舍利金棺银椁[74]，线刻迦陵频伽、飞天和缠枝卷草花纹，显示出唐代后期江南地区金银细工的工艺水平。

四

考古发掘中所获得的唐代手工艺品，重要的是金银器和瓷器。隋唐时期的金银器除在墓葬和佛教遗迹中出土的以外，还有当时人们窖藏的物品。在长安城发现的唐代金银器窖藏，六十年代发现的如西安东南沙坡村唐代居住址的银器窖藏[75]、七十年代在西安南郊何家村发现的窖藏等。其中何家村的发现最为重要，在两个陶瓮中出土文物多达千余件，其中金银器皿就有二百零五件，如舞马衔杯金花银仿皮囊壶、鹦鹉纹金花银提梁罐等，还有一些玉器等物[76]。其他地区也有唐代金银器窖藏出土，如内蒙古昭盟喀喇沁旗哈达沟门发现的银器窖藏[77]，出土有刘赞进奉铭文的鹿纹金花银盘等器。河北宽城大野峪村出土芝鹿纹金花银盘和银执壶等物[78]。在江南发现的唐代金银器窖藏，最重要的是江苏丹徒丁卯桥发现的窖藏[79]，出土有罕见的金花银龟负"论语玉烛"酒筹筒和五十枚酒筹、凤纹金花大盒、银酒瓮等共达九百五十六件。通过对金银器窖藏、墓葬和佛教遗迹中出土的唐代金银器，已可对唐代金银器进行分期研究，揭示出金银器由着重汲取西方工艺品的制作工艺、艺术造型和装饰方法，到发展成熟，创新出具有中国风格的精美金银工艺品的演变历程[80]。

隋唐瓷窑的勘察，自建国以来不断进行，据不完全统计，已在十四个省、自治区有所发现，其中重要的有浙江上林湖滨海地区的越窑、湖南湘阴的岳州窑、湖南长沙铜官窑、安徽淮南市的寿州窑、江西丰城县的洪州窑、四川邛崃县的邛窑、广东广州西村窑等[81]。对湖南长沙铜官窑址的调查，获得了大量富有特征的釉下彩瓷标本[82]，以及大中九年、咸通十四年等纪年瓷器，由此推测长沙窑的盛烧期当在唐代中、晚期。八十年代以后，对唐代瓷窑遗址进行了较大规模的考古发掘，主要是陕西铜川黄堡镇的耀州窑址[83]，对这处创烧于唐、盛于宋的窑址各时代的窑炉、原料加工场、制作作坊及窑具、瓷器标本的发现，都有新的收获，从而揭示出耀州窑瓷器生产的完整的工艺流程。

1　陕西省文物管理委员会《唐长安城地基初步探测》，《考古学报》1958/3。

2　中国科学院考古研究所资料室《中国科学院考古研究所 1960 年田野工作的主要收获》，《考古》1961/4。

3　中国科学院考古研究所西安唐城发掘队《唐长安城西市遗址发掘》，《考古》1961/5。

4　中国科学院考古研究所《唐长安大明宫》，科学出版社 1959；马得志《1959～1960 年唐大明宫发掘简报》，《考古》1961/7。

5　马得志《唐长安兴庆宫发掘记》，《考古》1959/10。

6　同注 1。

7　马得志《唐长安城发掘新收获》，《考古》1987/4。

8　中国社会科学院考古研究所西安唐城工作队《陕西唐大明宫含耀门遗址发掘记》，《考古》1988/11。

9　中国社会科学院考古研究所西安唐城工作队《唐长安皇城含光门遗址发掘简报》，《考古》1987/5。

10　中国科学院考古研究所西安唐城发掘队《唐青龙寺遗址踏查记》，《考古》1964/7；中国科学院考古研究所西安工作队《唐青龙寺遗址发掘简报》，《考古》1974/5；中国社会科学院考古研究所西安唐城队《唐长安青龙寺遗址》，《考古学报》1989/2。

11　马得志《唐长安城发掘新收获》，《考古》1987/4；中国社会科学院考古研究所西安唐城工作队《唐长安西明寺遗址发掘简报》，《考古》1990/1。

12　中国社会科学院考古研究所西安唐城工作队《唐长安城安定坊发掘记》，《考古》1989/4。

13　唐华清宫考古队《唐华清宫汤池遗址第一期发掘简报》，《文物》1990/5；唐华清宫考古队《唐华清宫汤池遗址第二期发掘简报》，《文物》1991/9。

14 中国社会科学院考古研究所西安唐城工作队《隋仁寿宫唐九成宫 37 号殿址的发掘》，《考古》1995/12。

15 徐苹芳《中国古代城市考古与古史研究》，《中国历史考古学论丛》，pp. 97，台北允晨文化实业股份有限公司 1995。

16 中国科学院考古研究所洛阳发掘队《隋唐东都城址的勘察和发掘》，《考古》1961/3。

17 中国社会科学院考古研究所洛阳工作队《"隋唐东都城址的勘察和发掘"续记》，《考古》1978/6。

18 中国社会科学院考古研究所洛阳唐城队《隋唐洛阳考古又获重大成果——宫城应天门东阙遗址重见天日》，《中国文物报》1991/1/20。

19 中国社会科学院考古研究所洛阳唐城队《唐东都武则天明堂遗址发掘简报》，《考古》1988/3。

20 中国社会科学院考古研究所洛阳唐城队《洛阳隋唐东都城 1982—1986 年考古工作纪要》，《考古》1989/3。

21 王岩《天下名园重洛阳——记洛阳北宋衙署庭院遗址》，《光明日报》1993/3/14。

22 中国社会科学院考古研究所洛阳唐城队《洛阳唐东都履道坊白居易故居发掘简报》，《考古》1994/8。

23 河南省博物馆、洛阳市博物馆《洛阳唐含嘉仓的发掘》，《文物》1972/3。

24 中国社会科学院考古研究所、南京博物院、扬州市文化局《扬州城考古工作简报》，《考古》1990/1。

25 中国社会科学院考古研究所《六顶山与渤海镇》，中国大百科全书出版社 1997。

26 黑龙江省文物考古工作队《渤海上京宫城第一宫殿东、西廊庑遗址发掘清理简报》、《渤海上京宫城第 2、3、4 号门址发掘简报》，《文物》1985/11。

27 杨毓才《南诏大理国历史遗址及社会经济调查纪要》，《大理白族自治州历史文物调查资料》，云南人民出版社 1958；林声《南诏几个城址的考察》，《学术研究（云南）》1962/11；汪宁生《云南考古》第五章，pp. 136～150，云南人民出版社 1980。

28 云南省博物馆《云南巍山县巄屿山南诏遗址的发掘》，《考古》1959/3。

29 贺梓城《"关中唐十八陵"调查记》，《文物资料丛刊》（3），文物出版社 1980；刘庆柱、李毓芳《陕西唐陵调查报告》，《考古学集刊》第 5 集，中国社会科学出版社 1987。

30 陕西省文物管理委员会《唐乾陵勘查记》，《文物》1960/4；陕西省文物管理委员会《唐建陵探测工作简报》，《文物》1965/7；陕西省文物管理委员会《唐桥陵调查简报》，《文物》1966/1。

31 昭陵博物馆《唐昭陵长乐公主墓》，《文博》1988/3。

32 陕西省博物馆等唐墓发掘组《唐郑仁泰墓发掘简报》，《文物》1972/7。

33 陕西省文物管理委员会《唐永泰公主墓发掘简报》，《文物》1964/1；《唐永泰公主墓壁画集》，人民美术出版社 1967。

34 陕西省博物馆等唐墓发掘组《唐章怀太子墓发掘简报》，《文物》1972/7；陕西省博物馆等《唐李贤墓李重润墓壁画》，文物出版社 1974。

35 陕西省博物馆等唐墓发掘组《唐懿德太子墓发掘简报》，《文物》1972/7。

36 韩伟《维修乾陵地面建筑获重大发现》，《中国文物报》1995/12/24。

37 姜捷《陕西隋唐考古述要》，《考古与文物》1998/5。

38 陕西省考古研究所、蒲城县文体广电局《唐惠庄太子墓发掘简报》，《考古与文物》1999/2；陕西省考古研究所、临潼县文物园林局《唐惠昭太子陵发掘报告》，三秦出版社 1992。

39 赵力光等《长安县南里王村唐墓壁画》，《文博》1989/4。

40 中国社会科学院考古研究所《唐长安城郊隋唐墓》，文物出版社 1980。

41 宿白《西安地区唐墓壁画的布局和内容》，《考古学报》1982/2；宿白《西安地区的唐墓形制》，《文物》1995/12。

42 若是《唐恭陵调查纪要》，《文物》1985/3。

43 中国社会科学院考古研究所河南第二工作队等《唐恭陵实测纪要》，《考古》1986/5。

44 洛阳市文物工作队《唐睿宗贵妃豆卢氏墓发掘简报》，《文物》1995/8。

45 洛阳市文物工作队《洛阳龙门唐安菩夫妇墓》，《中原文物》1982/3；中国社会科学院考古研究所河南第二工作队《河南偃师杏园村的六座纪年唐墓》，《考古》1986/5。

46 洛阳博物馆《洛阳关林 59 号唐墓》，《考古》1972/3。

47 高仲达《唐嗣濮王李欣墓发掘简报》，《江汉考古》1980/2；湖北省博物馆等《湖北郧县唐李徽、阎婉墓发掘简报》，《文物》1987/8。

48 沈振中、吴连城《太原市南郊金胜村发现唐墓》，《文物参考资料》1958/6；山西省文物管理委员会《太原市金胜村第六号唐代壁画墓》，《文物》1959/8；山西省文物管理委员会《太原南郊金胜村唐墓》，《考古》1959/9；山西省考古研究所《太原市南郊唐代壁画墓清理简报》，《文物》1988/12；山西省考古研究所、太原市文物管理委员会《太原金胜村337 号唐代壁画墓》，《文物》1990/12。

49 金殿士《辽宁朝阳西大营子唐墓》，《文物》1959/5；朝阳地区博物馆《辽宁朝阳唐韩贞墓》，《考古》1973/6。

50 段鹏琦《隋唐考古》，《中国大百科全书·考古学》，p. 502，中国大百科全书出版社 1986。

51 段鹏琦《唐代墓葬的发掘与研究》，《新中国的考古发现和研究》，p. 586，文物出版社 1984。

52 同注 50；广东省文物管理委员会、华南师范学院历史系《唐代张九龄墓发掘简报》，《文物》1961/6。

53 段鹏琦《新疆吐鲁番的高昌和唐代墓葬的发掘》，《新中国的考古发现和研究》，pp. 618～622，文物出版社 1984。

54 南京博物院《南唐二陵发掘报告》，文物出版社 1957。

55 浙江省文物管理委员会《杭州、临安五代墓中的天文图和秘色瓷》，《考古》1975/3；浙江省博物馆、杭州市文管会《浙江临安晚唐钱宽墓出土天文图及“官”字款白瓷》，《文物》1975/1。

56 福建省博物馆《五代闽国刘华墓发掘报告》，《文物》1975/1。

57 商承祚《广州石马村南汉墓葬清理简报》，《考古》1964/6；麦英豪《关于广州石马村南汉墓的年代与墓主问题》，《考古》1975/1。

58 冯汉骥《前蜀王建墓发掘报告》，文物出版社 1964。

59 成都市文物管理处《后蜀孟知祥墓与福庆长公主墓志铭》，《文物》1982/3。

60 河北省文物研究所、保定市文物管理处《五代王处直墓》，文物出版社 1998。

61 王承礼、曹正榕《吉林敦化六顶山渤海古墓》，《考古》1961/6。

62 王承礼《渤海贞孝公主墓》，《中国大百科全书·考古学》，p. 55，中国大百科全书出版社 1986。

63 《宁安渤海国大型石室壁画墓》，《中国文物报》1992/2/2。

64 王毅《藏王墓——西藏文物见闻记（六）》，《文物》1961/4、5；宿白《藏王墓》，《中国大百科全书·考古学》，p. 638，中国大百科全书出版社 1986。

65 西藏文管会文物普查队《赤德松赞墓碑清理简报》，《文物》1985/9。

66 索朗旺堆、侯石柱《西藏朗县列山墓地的调查和试掘》，《文物》，1985/9；何强《“拉萨朵仁”吐蕃祭坛与墓葬的调查及分析》，《文物》1995/1。

67 《都兰吐蕃墓群》，《中国文物报》1997/2/1。

68 中国社会科学院考古研究所《北庭高昌回鹘佛寺遗址》，辽宁美术出版社 1991。

69 朱捷元、秦波《陕西长安和耀县发现的波斯萨珊朝银币》，《考古》1974/2。

70 甘肃省文物工作队《甘肃泾川县出土的唐代舍利石函》，《文物》1966/3。

71 临潼县博物馆《临潼唐庆山寺舍利塔基精室清理记》，《文博》1985/5。

72 陕西省法门寺考古队《扶风法门寺塔唐代地宫发掘简报》，《文物》1988/10；韩伟《法门寺地宫唐代随真身衣物账考》，《文物》1991/5。

73 徐苹芳《中国舍利塔基考述》，《传统文化与现代化》1994/4。

74　江苏省文物工作队镇江分队、镇江市博物馆《江苏镇江甘露寺铁塔塔基发掘记》，《考古》1961/6。

75　西安市文物管理委员会《西安市东南郊沙坡村出土一批唐代银器》，《文物》1964/6。

76　陕西省博物馆等《西安南郊何家村发现唐代窖藏文物》，《文物》1972/1。

77　喀喇沁旗文化馆《辽宁昭盟喀喇沁旗发现唐代鎏金银器》，《考古》1977/5。

78　宽城县文物保护管理所《河北宽城出土的两件唐代银器》，《考古》1985/9。

79　丹徒县文教局等《江苏丹徒丁卯桥出土唐代银器窖藏》，《文物》1982/11。

80　段鹏琦《唐代金银器皿》，《中国大百科全书·考古学》，pp. 514～516，中国大百科全书出版社1986；齐东方《唐代金银器皿的分期研究》（北京大学考古系博士研究生学位论文）。

81　李德金《古代瓷窑遗址的调查和发掘》，《新中国的考古发现和研究》，pp. 636～639，文物出版社1984。

82　长沙市文化局文物组《唐代长沙铜官窑址调查》，《考古学报》1980/1。

83　陕西省考古研究所《唐代黄堡窑址》，文物出版社1992；陕西省考古研究所《五代黄堡窑址》，文物出版社1997。

隋大兴城唐长安城遗址

安家瑶

　　隋大兴城唐长安城位于陕西省西安市区及郊区，是隋唐两代的都城。1957年以来，中国社会科学院考古研究所西安唐城工作队对该城址进行了全面勘察和多次发掘。重要的考古发掘工作有大明宫含元殿、麟德殿、三清殿、玄武门、兴庆宫一号遗址，皇城含光门，外郭城明德门，以及青龙寺、西明寺和西市等遗址，现已基本勘明该城址的形制、布局及历史沿革。

　　隋开皇二年（582）创建都城，名大兴城；唐建国后，将该城改名长安城，沿用为都，并有多次增修。大明宫和兴庆宫是唐代增建的宫城。长安城经唐末战乱遭受巨大破坏，天祐元年（904）昭宗被迫迁都洛阳，长安城彻底废毁。

　　隋大兴城唐长安城规模宏大，面积达84平方公里，是当时世界上最繁荣的国际大都市之一。该都城由宫城、皇城和外郭城三部分组成。外郭城平面为长方形，东西广9721米，南北长8651米，宫城和皇城位于外郭城北部的中央。外郭城内南北向大街十一条，东西向大街十四条，以朱雀大街为中轴线，将城内划为一百一十个里坊和东市、西市。里坊内分布着居民住宅和寺观。东市、西市是商业区。整个都城规划整齐、布局严谨，是中国里坊制封闭式城市的典型，不仅影响了当时国内地方城市的规划，也影响了邻近国家都城的兴建。

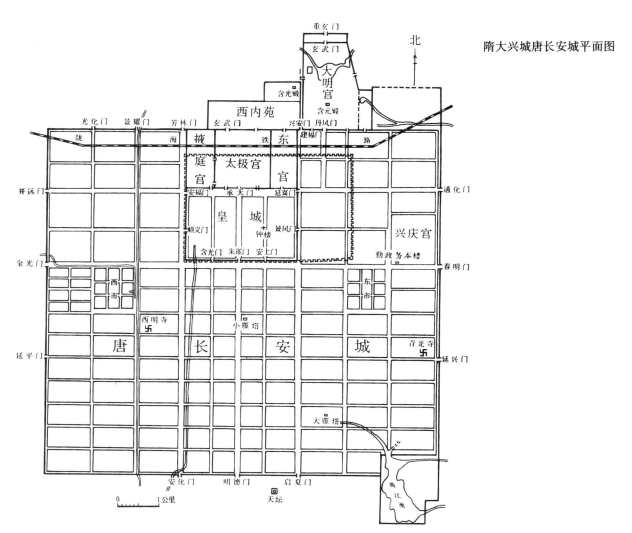

隋大兴城唐长安城平面图

明德门遗址

皇城含光门遗址

大明宫含元殿遗址

莲花纹方砖　边长 31 厘米　含元殿

大明宫麟德殿遗址

石螭首　麟德殿

大明宫三清殿遗址

隋仁寿宫唐九成宫

安家瑶

隋仁寿宫唐九成宫位于陕西省麟游县新城区，是隋和初唐的主要离宫之一。1978～1982年，中国社会科学院考古研究所西安唐城工作队对该遗址进行了多次考察和发掘，基本勘明这座离宫的布局。1990～1994年完成了宫内三十七号殿址的发掘。

隋仁寿宫建于开皇十三年（593），唐初改名为九成宫，并加以修缮增建，后于开成元年（836）毁于山洪。该离宫修建在杜水北岸，海拔近1100米，夏无酷暑。宫城东西1010米，南北约300米，秀丽的天台山围在宫城之内。七号殿址是离宫的主殿，殿基东西69米，南北58米，残存的夯土台基高出现代地面近7米。三十七号殿址位于宫城的中部偏东，殿阶基保存基本完整，四面全部用石材包砌，部分构件上雕刻有精美纹饰。殿基上现存四十六个1米见方的青石柱础，做工考究，大部分柱础都保留在原来的位置上，因此宫殿的柱网布置十分清晰。考古发掘证实，三十七号殿始建于隋代，经过唐初修缮。遗址中发掘出了大量遗物，其中印有工匠姓名和原籍的瓦当尤其珍贵。三十七号殿址的发掘填补了中国建筑史上隋代宫殿建筑的空白。

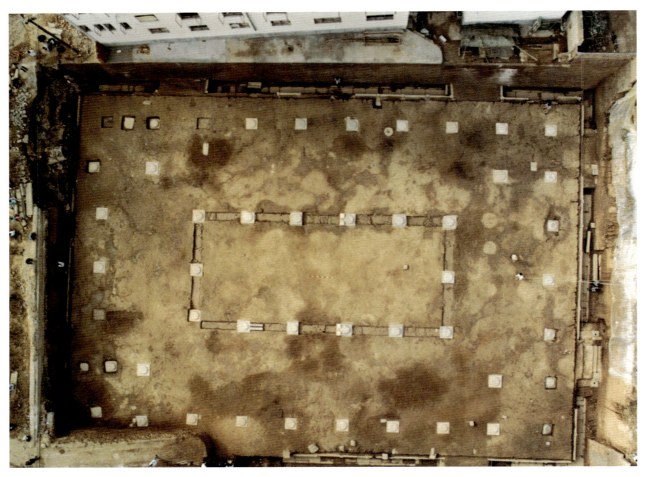

三十七号殿遗址

柱础石、门础石　三十七号殿

三十七号殿南壁隔身版柱

"洛州孙宣"瓦当　直径 15 厘米　三十七号殿

"洛州孙宣"瓦当　背面

"洛州李国"瓦当　直径 15 厘米　背面　三十七号殿

隋唐洛阳城遗址

王 岩

隋唐洛阳城始建于隋炀帝大业元年（605），城址位于周王城和汉魏故城之间，前对伊阙，背倚邙山，东逾瀍河，西临涧水，洛水贯穿其间，其规模仅次于国都大兴城。唐时对其城垣和殿阁进行了局部的增建和改建，但基本格局并无大的变化。

五十年代以来，中国科学院考古研究所（今中国社会科学院考古研究所）对隋唐洛阳城做了大量的考古工作。通过详细的勘探和重点发掘，已经究明了城址的规模和平面布局，确定了各城门的位置，并重点发掘了外郭城的定鼎门和永通门、皇城的右掖门、宫城的应天门以及东城的宣仁门等门址。探明了街道、里坊和市场的布局及位置。根据现有研究成果和文献记载，可以大致复原出隋唐洛阳城的概貌。

在近年的考古发掘中，较为重大的发现有：1986年在宫城内发掘出的武则天时期的明堂遗址，宫廷御园——九洲池遗址；1989年在应天门内西侧唐代的残房基中发现的唐哀帝即位玉册等；在里坊区，1992～1993年对履道坊白居易故居遗址进行了全面发掘。这些重要遗迹、遗物的发现，为研究隋唐东都的政治、经济、文化和社会生活诸方面提供了重要的实物例证。

吉字凤凰纹方砖 边长 37.6 厘米

莲花纹方砖 边长 38.6 厘米

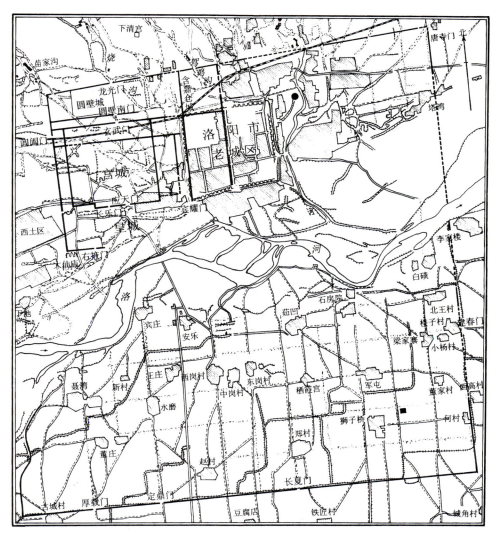

唐洛阳城平面图

应天门遗址

唐哀帝玉册　长28.5厘米

明堂中心柱础

唐代扬州城

蒋忠义

唐代扬州城位于今江苏省扬州市。1987 年至今，扬州城考古队对古城址全面展开考古勘探和发掘。

扬州地处南北大运河与长江交汇点，是南北交通枢纽，百货集散地，经济发达，有"扬州富庶甲天下"之誉。唐代扬州设大都督府，为淮南的政治中心，是州郡制地方上的最大城市之一。扬州还是海上国际交通和对外贸易的重要港埠，因此出土了大量全国各地烧制的精美瓷器。

经勘测，唐代扬州城南北长 5950、东西宽 3120 米，分子城和罗城。子城在北面高地蜀岗之上，为官府所居。城墙和城门遗址保存较好，发掘的西北城角用斜面城砖包砌，表面整齐壮观。平原上的罗城是百姓、工商和店铺所在地。城为规整的长方形，有十二座城门以及水门和水涵洞。全城被纵横相交的道路划分成棋盘状坊格，漕运官河贯流城中，形成水陆并行的交通网，过河街上建有著名的廿四桥。中心南北主干街（今汶河路），是条"十里长街市井连"的繁华商业街，在这里的各种遗址中出土了丰富的生活用品。从发掘的各种迹象分析，晚唐扬州城已突破里坊制的束缚，形成临街设店、夜不闭市的繁荣景象。

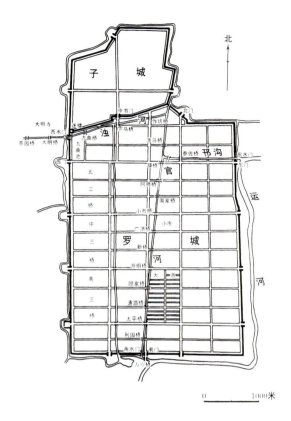

唐扬州城平面图

子城西北角楼遗址

罗城西门遗址

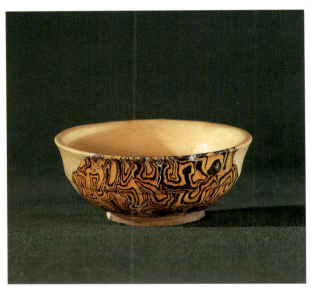

黄釉绞胎瓷碗　高4.4厘米

葵口高圈足青釉瓷碗　高6厘米

双耳青釉彩绘瓷罐　高30厘米

渤海上京龙泉府遗址

孙秉根

渤海上京龙泉府遗址位于黑龙江省宁安市西南约 35 公里的渤海镇。上京龙泉府遗址是渤海国的都城，自第三代文王大钦茂至末王大諲譔，先后有十三代王在此建都，时间长达一百六十余年。

1963～1964 年中国科学院考古研究所对该城址进行了全面、系统的勘探和大规模的发掘。先后发掘了外郭城南墙东门、宫城西区的寝殿和"堆房"、皇城东区的官署、外郭城内外的第 1、9 号佛寺正殿和西半城里坊的部分坊墙等遗迹，究明了上京城的形制与布局以及城墙、城门、寝殿、官署、佛寺等各类建筑物的形制、结构和内涵。

上京城规模宏伟、整齐划一。它由外郭城、宫城和"皇城"组成。外郭城平面略呈横长方形，周围用石块掺土筑城墙，全长 16288.5 米。墙外有壕沟，共设十座城门，东西各二座、南北各三座。宫城位于外郭城北部中央，"皇城"位于宫城之南，仅一街相隔。全城以第 1 号街和"皇城"、宫城的南北正门为中轴线，以宫城中的五大殿为核心，将官署、里坊、佛寺等配置在左右两侧。这种左右对称的封闭式布局规划，完全仿照唐长安城，继承了我国古代都城设计的优秀传统，又反映了渤海国高水平的建筑艺术及创造能力。城内出土的大批莲花纹瓦当、方砖、长方砖和鸱尾、螭首、兽头、釉陶三彩器、陶器及幞头人像残砚台等，充分证明了渤海文化与唐文化的密切关系。

三彩兽头　高 26.5 厘米

渤海上京龙泉府城佛寺遗址

三彩鸱尾　长 97 厘米

西安郊区隋唐墓

安家瑶

　　西安为隋唐两代都城所在地，遗留下大量隋唐墓葬。中华人民共和国成立以来，陕西省文物管理委员会、中国社会科学院考古研究所西安研究室、陕西省考古研究所和西安市文物局等单位在西安地区发掘清理了近三千座隋唐墓葬，其中有墓志的达数百座。

　　唐代诸陵及其陪葬墓分布在渭河之北，已超出了西安地区的范围。中下级官吏和一般平民的墓葬多分布在渭河以南的西安地区。西安东郊的韩森寨、郭家滩、洪庆村、高楼村和西郊的土门、客省庄、张家坡一带可能是当时的主要墓葬区，级别较高的墓葬多集中在东郊。根据墓葬形制、出土器物的演变和纪年墓志，隋唐墓葬可分为三期：第 1 期为隋至初唐、第 2 期为盛唐，第 3 期为中唐。

　　隋唐墓葬随葬品丰富，其中陶俑、瓷器、三彩器、金银器、铜镜最具特色。隋李静训墓白瓷螭首双把双身壶是难得的精品。唐独孤思贞墓三彩武士俑、唐鲜于庭诲墓三彩骆驼载乐俑形象生动，装饰华丽，具有很高的艺术水平。隋李静训墓金项链，金手镯和波斯萨珊朝银币等是研究中西交通史的重要资料。

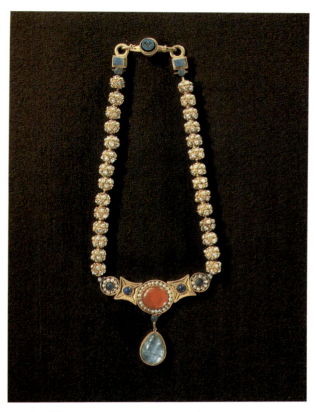

金项链　周长 43 厘米　隋李静训墓

螭首双把双身白瓷壶　高 18.6 厘米　隋李静训墓

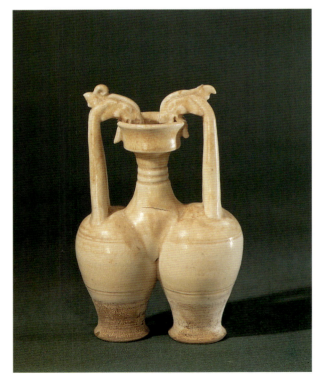

隋李静训墓石棺出土情况

隋李静训墓石棺揭开情景

三彩马与牵马俑　马高 54.3、俑高 42.5 厘米　唐鲜于庭诲墓

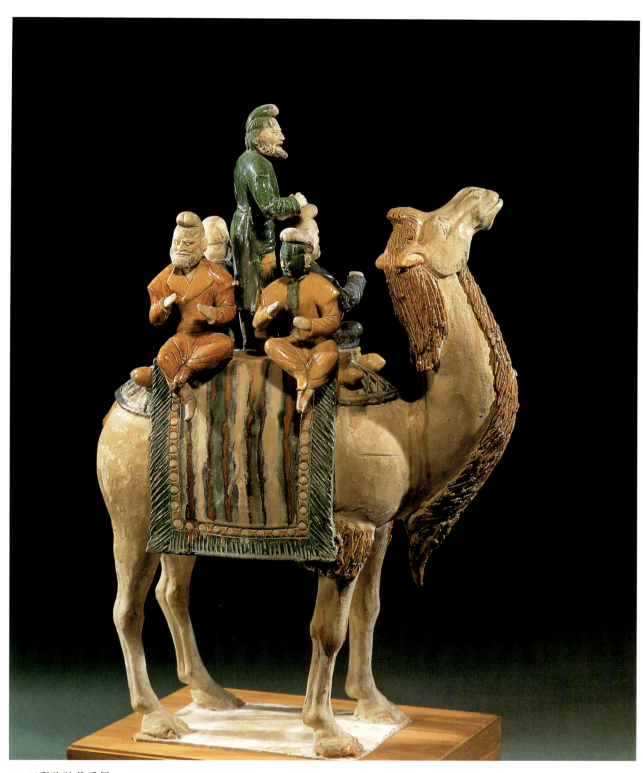

三彩骆驼载乐俑　通高 58.4 厘米　唐鲜于庭诲墓

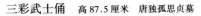
三彩武士俑　高 87.5 厘米　唐独孤思贞墓

三彩女侍俑　高 45.3 厘米　唐鲜于庭诲墓

唐李寿墓

王小蒙

李寿墓位于陕西省三原县陵前乡焦村。1973年陕西省博物馆、文物管理委员会在三原县文化局协助下，对该墓葬进行了发掘清理。李寿（577～630）墓地面部分残存不规则圆锥形夯筑封土堆，封土之南依次排列石人和成对的石羊、石虎、石柱。地下结构由斜坡墓道、五个过洞、五个天井、二小龛、甬道和墓室组成，全长44.4米。

甬道以石门为界分为前后两段，石门正面描彩贴金、浮雕朱雀，背面阴刻天王、对狮、忍冬及动物纹样。门后置龟形墓志一合，龟身彩绘贴金，志盖阳文篆刻"大唐故司空公上柱国淮安靖王墓志铭"，志文楷书阴刻。

砖砌墓室长3.8米，宽3.95米，室顶已塌，室内西侧置歇山式石椁一具，外部浅浮雕四神及武士、仙人等，里面阴线刻乐舞、男女侍从、星象等，椁中木棺已朽，人骨亦经扰动。墓中自墓道至墓室满绘壁画，内容丰富。墓道壁画分为上下两栏，东西对称，下栏为骑马出行图，上栏为飞天、狩猎图。过洞、天井壁画为仪仗、列戟、建筑、农耕、牧养、杂技等。甬道壁画为飞天、侍女图，顶部绘忍冬图案，甬道后段绘寺院、道观。

因盗掘严重，出土遗物零乱，可以质地分陶、瓷、金、铜、铁、玉、料、玻璃八类，共计三百三十三件，大部分为彩绘陶俑及生活用具。其中绘彩贴金甲马俑、四耳联珠纹黑花白瓷罐、玻璃瓶等均为唐墓中少见。

墓道壁画武士

天井壁画列戟

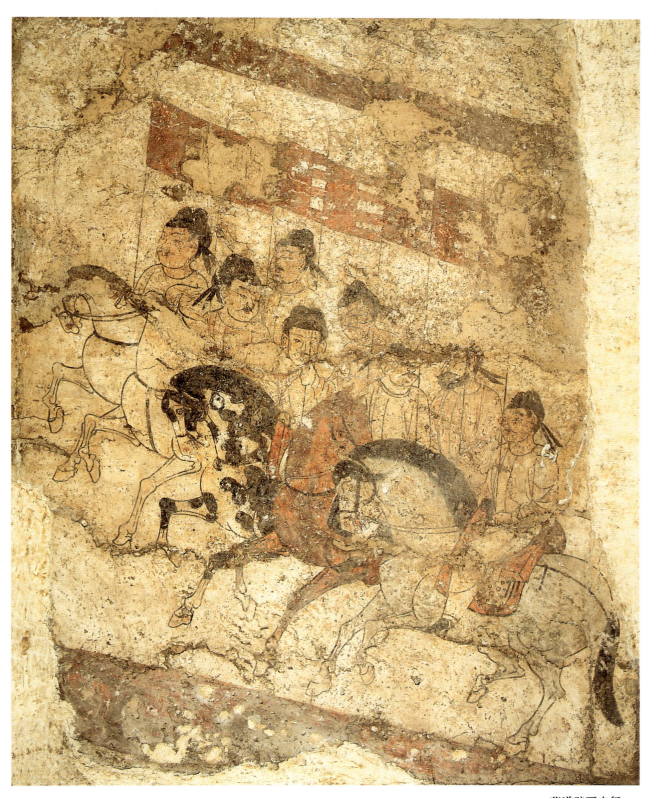

墓道壁画出行

石椁 通高 220 厘米

龟形墓志 长 166 厘米

唐昭陵陪葬墓

王小蒙

　　唐太宗李世民所葬昭陵位于陕西省礼泉县东北的九嵕山主峰。在昭陵南有皇族和名臣等的陪葬墓群，共一百六十七座。五十年来，陕西省文物管理委员会、陕西省博物馆、昭陵博物馆等先后发掘了十余座，其中重要的有长乐公主墓、尉迟敬德墓、李勣墓、郑仁泰墓、阿史那忠墓、临川公主墓、张士贵墓、李震墓、李贞墓、李冲墓、李福墓、安元寿墓、王君愕墓、牛进达墓、李承乾墓、段简璧墓等。这些陪葬墓在地表多保存有高大的封土，其中李勣墓封土最为特殊，堆成三峰以象阴山、铁山和乌德鞬山，旌表其破突厥、薛延陀的战功。墓前有石虎、羊人和碑等神道石刻。地下部分多由长斜坡墓道、多天井和过洞、甬道及墓室组成，全长多达 50 米左右，如长乐公主墓为 48.18 米，李勣墓较长为 63.8 米。墓壁多绘有壁画，以四神、出行仪卫、列戟、男女侍从等内容为主。以长乐公主墓为例，墓道两壁前绘青龙、白虎，续后是马驾云辂，其后是列队的仪卫和甲胄武士，一直延续到天井。第一过洞和第二过洞上方画门楼，墓门甬道外为男侍，门内是执物女侍，墓室内绘影作斗拱柱枋，室顶为天象。长乐公主卒于贞观十七年（643），其墓对于研究初唐墓室壁画极为重要。由于这些陪葬墓多早年遭盗掘，故残存遗物多为陶俑和陶瓷生活用具，李勣墓出土的三梁进德冠和铜剑，是其中较珍贵的文物。

三梁进德冠　高 23 厘米　李勣墓

彩绘釉陶武官俑　高 71.5 厘米　郑仁泰墓

彩绘釉陶女乐舞俑　高 17.6～26.2 厘米　郑仁泰墓

唐乾陵陪葬墓

王小蒙

　　唐高宗李治和武则天合葬的乾陵位于陕西省乾县北的梁山上。在乾陵东南有皇族和名臣等的陪葬墓群，共十七座。五十年来，陕西省文物管理委员会、陕西省博物馆、乾县文教局等先后发掘其中的永泰公主墓、章怀太子墓、懿德太子墓、李谨行墓、薛元超墓等。永泰公主、章怀太子和懿德太子均于神龙二年（706）陪葬乾陵。其中章怀太子李贤原以雍王陪葬，后于景云二年（711）重开墓室以章怀太子身份与妃房氏合葬。三座墓地面都遗有围墙、土阙和神道石刻，以及高大的封土。地下结构由长斜坡墓道和多个天井、过洞及前后甬道、前后墓室组成。章怀墓全长71米。懿德墓全长达100.8米，墓后室置带有精美线雕的石椁，墓壁满绘壁画。懿德太子因"号墓为陵"，故墓道绘出三出阙和城墙，前列以辂为中心的盛大步骑出行仪仗。过洞、甬道至墓室绘男、女侍及内臣，天井绘戟架，后室顶绘天象。永泰公主墓壁画以前室所绘侍女最生动传神。章怀太子墓墓道两侧所绘出猎、马球和客使图，形态生动，生活气息浓郁。这些都是唐代墓室壁画精品，是研究唐代绘画的重要资料。因早年均遭盗掘，墓内留存遗物除石墓志外，多是陶俑、三彩俑、三彩生活用具等，懿德太子墓中还残留有大理石质哀册残片，楷书，阴刻，填金，是现存较早的哀册实例。

墓道壁画打马球图　李贤墓

墓道壁画客使图　李贤墓

墓道壁画仪仗图　李重润墓

墓道壁画阙楼图　李重润墓

前室壁画宫女图　李仙蕙墓

前室壁画宫女图　李仙蕙墓

阿斯塔那墓群

吴 震

阿斯塔那墓群位于新疆维吾尔自治区吐鲁番市东南约 40 公里的阿斯塔那村北、哈拉和卓村东，南邻高昌故城。据出土的纪年文物，此墓群上起西晋泰始九年（273），下至唐建中三年（782），前后历时逾五百年。该墓群早年曾普遍遭受盗扰。二十世纪初，外国人曾在此发掘。1959 年新疆维吾尔自治区博物馆首次试掘，1960～1975 年间配合当地基本建设进行了十二次发掘，累计清理墓葬四百余座。原吐鲁番地区文物管理所也先后在此清理古墓四十余座。

墓群依时代先后可分三期。1 期为晋—十六国时期（273～460），2 期为高昌国时期（460～640），3 期为唐西州时期（640～782）。墓葬形制以斜坡墓道土洞墓室为主，平面呈甲字形。1 期间有竖井墓道洞室墓，3 期墓室前出现甬道、壁龛，自武周以后大墓出现天井、过道，中唐时期出现刀形墓。出土遗物中有大量丝织品（锦、绮、绫、罗、印花及缂丝、双面绢等），内容丰富、形式多样的汉文官、私文书及古籍写本（多拆自死者冠带、鞋靴、纸衾及纸棺），国内其他地区罕见的彩绘木、泥俑像，珍贵的绢本、纸本绘画，还有极具地方特色的彩绘陶质及仿陶泥、木质明器等。

夔纹锦

花鸟纹锦

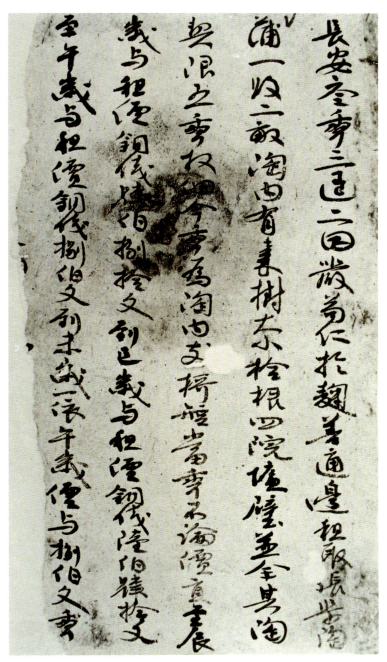

严苟仁租葡萄园契　纵29厘米　唐长安三年

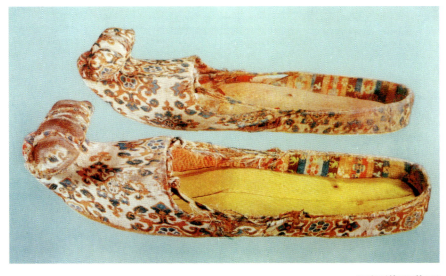

云头锦鞋　长29.7厘米

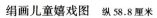

绢画儿童嬉戏图　纵 58.8 厘米

绢画舞伎图　纵 47 厘米

彩绘木雕踏鬼天王　　通高 86 厘米

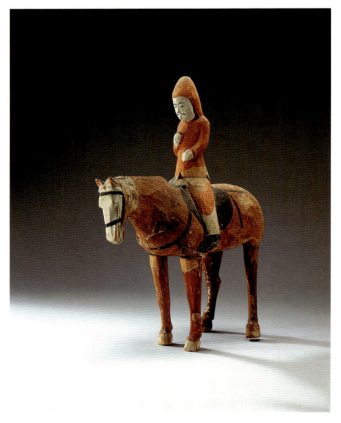

彩绘木雕骑马武士俑　　通高 31.8 厘米

黄堡镇耀州窑遗址

禚振西

耀州窑址位于陕西省铜川市黄堡镇。该地宋以降均属耀州，故名。唐、五代时辖属不一，又名唐五代黄堡窑址。窑址创烧于唐，五代成熟，宋代鼎盛，金元续烧，明代衰落。1954年由故宫博物院调查发现，陕西省考古研究所、陕西省文物管理委员会于1958～1959、1973、1984～1997年多次进行考古发掘。近十余年来的发掘收获最大，清理出各时代作坊八十四组、烧瓷窑炉七十八座以及唐三彩、陶器窑炉等，发掘面积达15000平方米。

各时代作坊有露天和室内两种。露天作坊有用畜力牵引石碾槽粉碎原料的碾坊和淘洗沉淀泥料的淘洗坊。室内作坊取半地穴窑洞式建筑，用作器物成型、纹样装饰和施釉工艺的场所。一组室内作坊有一二个工作间，最大的多至七间。烧瓷窑炉都是平面呈马蹄形的馒头窑，用耐火砖砌筑。不同时代的窑炉，结构和规模各不相同，大体可分两类。一类窑炉由窑门、燃烧室、窑床、通烟道和烟囱四部分组成，用柴草做燃料，为唐五代所使用。另一类除上述四个部分外，又在燃烧室内增加了炉栅、落灰坑及通风道，适合用煤炭做燃料，为宋金元明所使用。

此次发掘出土陶瓷器和瓷片逾百万件（片），唐代瓷器色釉品种和器物种类繁多，为其他唐代窑址所鲜见；五代瓷器以青瓷为主流，往往采用剔花或划花手法进行装饰，还发现有"官"字刻款和龙、凤纹装饰图案；宋代以色调稳定的橄榄色青瓷为代表，创造了独具风格的刻花和印花装饰新工艺，影响了陕西、河南、甘肃、广西、广

三彩窑　IIY10

东的一些窑场，形成了范围较广的耀州窑系。金代前期以烧制豆青釉和月白釉青瓷为主，后期以烧姜黄釉青瓷为主，器物多实用器。元明时期耀州窑日趋衰落，明代以烧白地黑花为代表，装饰工艺处在由刻花、印花向绘画装饰转变的过程。

三彩作坊遗迹　IIZ2

三彩作坊执壶坯出土情况　IIZ2 - 6

绿釉双鱼瓶　残高 27.3 厘米

盘口细颈白瓷瓶　高 41.5 厘米

白釉绿彩瓷灯　外径 10.1 厘米

何家村唐金银器窖藏

韩　伟

　　1970 年，在西安南郊何家村发现唐代金银器窖藏一座。窖藏中的两个敛口鼓腹小平底陶瓷及虎头铺首提梁银罐内，装满宝玉珍饰、贵重药物、中外钱币、银铤、银板、银饼及二百七十件金银器皿，是建国以来唐代金银器空前的发现。

　　这批文物可分九大类。食器类有刻花赤金碗、蔓草龙凤纹银碗、双狮纹莲花碗，以双狐纹双桃形银盘、翼牛纹六瓣银盘最引人注目；饮器类兽首玛瑙杯、舞伎八棱金杯、掐丝团花金杯、舞马衔杯皮囊壶，均属其中翘楚者；药具类与药物是少见的文物，如石榴罐及各类盒子与铛、锅，黄粉、上上乳、光明紫砂（上上）、白英、紫英等，反映唐代贵族生活的一个侧面。另外还有盥洗器如鹦鹉提梁罐、刻花银匜等；日用品如镂空银香囊、蔓草双凤纹银方盒、银锁等；装饰类有七副玉带銙及红、蓝宝石；货币类除中国由春秋到唐代的各种货币外，还有日本元明天皇"和同开珎"银币、东罗马希拉克略金币、波斯库思老二世银币。

　　这批金银器物主要以钣金、浇铸成形，切削、抛光、焊接、铆、镀、錾刻等工艺使用已很普遍。以焊为例，即有大焊、小焊，两次焊、掐丝焊等多种工艺，焊口平直，技巧纯熟。银器上的切削加工痕迹，螺纹清晰，起刀、落刀点显著，刀口跳动亦历历可见，很少有加工物件轴心摆动情况。这批文物对研究唐代衡制、赋税，以及中外友好交往提供了重要资料。

刻花金碗　口径 13.5 厘米

八棱金花人物纹银杯　高 6.4 厘米

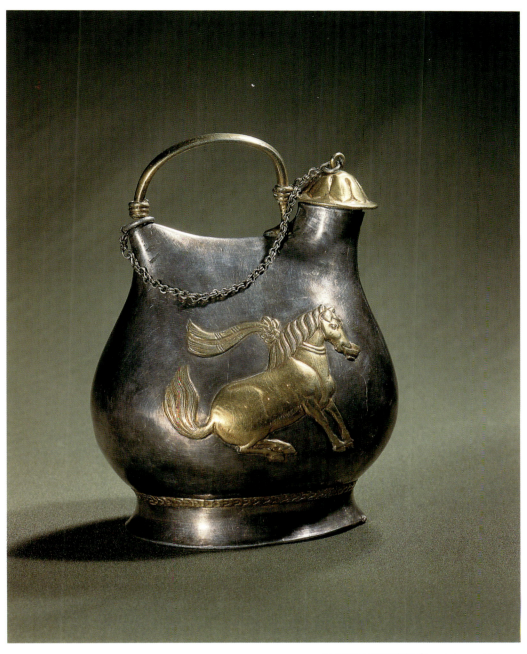

金花舞马衔杯纹银壶　通高 18.5 厘米

双桃形双狐纹银盘　长径 22.5 厘米

兽首玛瑙杯　长 15.6 厘米

唐代法门寺地宫遗址

韩 伟

　　唐代法门寺位于陕西省扶风县法门镇。因重建寺内倒塌的明代十三层八角砖塔，清理地基时发现地宫，于 1987 年先后清理了明代塔基、唐塔基槽，发掘了地宫踏步漫道，清理隧道及三个室的遗物，并对出土遗物进行室内保护处理，开启灵帐、阿育王塔及宝函，获得四枚佛指舍利。

　　唐代地宫由踏步漫道、平台、隧道、前室、中室、后室及后室秘龛组成，略呈长"甲"字形。总长 21.12 米。地宫由石灰石及大理石构筑，内壁全部刷成黑色。遗物主要是为供养舍利而奉献的物品，其中金银器一百二十一件，瓷器十六件（其中十三件为秘色瓷），琉璃器二十件、石刻文物十一件，另外还有铜、铁器，大批唐代丝绸和"开元通宝"、"乾元通宝"等货币。金银器可分食容器、熏香器、茶具、供养器、法器。其中八重宝函为唐代舍利供养器的重要发现。鎏金金刚界大曼荼罗成身会造像银宝函对研究唐代佛教密宗具有重要意义。此外，茶罗子、茶碾子、茶笼子的发现，对唐代饮茶研究提供了不可多得的证据。而地宫内《应从重真寺随真身供养道具及恩赐金银器物宝函等并新恩赐到金银宝器衣物账》石碑，则是考证地宫内稀世文物之名称、工艺以及晚唐度量衡制度的重要依据。法门寺秘色器的出土，不仅证实秘色瓷最迟应在公元 874 年烧制成功，而且为了解唐、宋越窑瓷器提供了标准器物。法门寺伊斯兰琉璃器的发现，则是研究中西交通贸易史以及伊斯兰琉璃制造史的绝好资料。

塔基和地宫

地宫后室遗物出土情况

八重宝函　高 4.8~20 厘米

鎏金金刚界大曼荼罗成身会造像银函
高 16.6 厘米

鎏金银捧真身菩萨　高 38.5 厘米

宝刹单檐铜塔　通高 53.5 厘米

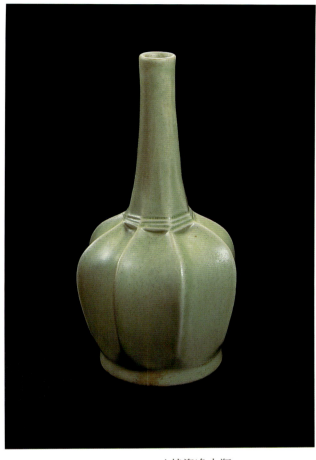

八棱瓷净水瓶　高 21.5 厘米

鎏金鸿雁流云纹银茶碾子　长 27.5 厘米

盘口细颈黄琉璃瓶　高21厘米

花叶纹蓝琉璃盘　外径20厘米

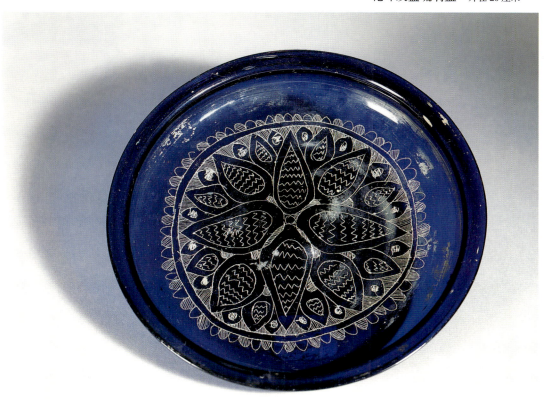

都兰热水血渭吐蕃大墓

许新国

青海省都兰县热水乡血渭草原吐蕃大墓，青海省文物考古研究所于 1983～1985 年进行了发掘，编号为 M1。该墓为双层梯形封土，高 30 米，底部基座宽 160 米。从封土顶部以下深 5 米处，发现一座动物陪葬墓。深至约 11 米处发现第二座陪葬墓。大墓由墓门、中室、东室、西室、后室组成，各室之间由回廊相连接，虽早年被盗，但仍出土大量丝绸和彩绘帐篷木骨构件、木器、金银器残件等。大墓南面平地上亦发现组合陪葬遗迹。由二十七个圆坑和五条沟组成，整个布列范围长 30 米，宽 50 余米。圆坑中分别殉动物、巨石等，陪葬沟中殉完整马八十七匹，规模宏大实属罕见。大墓周围陪葬墓 M6 中出土一件古藏文木牍，提到"萨萨茫莫吉亲王殿下……"。"茫莫吉"是藏文"皇后"之意，说明了墓主人的身份，可据此推定 M1 具有王陵的级别。

墓葬中出土丝织品残片多达三百五十件，图案美、技艺精，种类有锦、绫、罗、缂丝、绢、纱、绝等。其中织金锦、缂丝、嵌合组织显花绫、素绫、绬锦等均属国内首次发现。丝绸 86% 系中原汉地织造，西方织锦占 14%。其中粟特锦和波斯锦特具异域风格。一件锦上织有中古波斯人使用的婆罗钵文字，是世界上仅有的一件确证无疑的八世纪波斯文字锦。

吐蕃墓葬集中分布在柴达木盆地的都兰县，出土文物从北朝晚期一直到晚唐，是吐蕃统治下的吐谷浑邦国墓葬。经过十余年的发掘与研究，对唐代河陇地区吐蕃文化的构成、族属、埋葬制度与习俗、与东西方的文化交流、青海丝绸之路的地位和作用等重大学术问题，都有了新的发现和认识。

黄地花瓣团窠鹰纹锦

红地云珠日天锦

红地波斯婆罗钵文字锦　背面　长28.5厘米

黄地宝花绣鞜　长 50 厘米

绫地宝花织锦绣袜　长 50 厘米

南唐二陵

罗宗真

　　1950～1951 年南京博物院在江苏省江宁县牛首山南麓（祖堂山），发掘了五代南唐先主李昪及其妻宋氏的钦陵和中主李璟及其妻钟氏的顺陵。两陵相距 50 米。这是中华人民共和国建立后第一次发掘的古代帝王陵墓。南唐二陵是砖石结构的多室墓，早年被盗，但建筑较为完整，是晚唐五代时期陵墓结构的代表。

　　钦陵全长 21.48 米，宽 10.45 米，高 5.3 米，分前中后三个主室及十个侧室。前、中室为砖筑，后室系石砌，均为仿木结构。墓门和墓室壁面上砌凿出枋、柱和斗拱，其上彩绘牡丹、宝相、莲花、海石榴和云气图案。后室顶部绘天象，地面刻凿象征地理的河川。中室北壁进门处上方横刻"双龙戏珠"，其下两侧各有一披甲持剑的武士雕像，雕像表面原有涂金彩绘。顺陵全长 21.9 米，宽 10.12 米，高 5.42 米，分前中后三个主室及八个侧室，全部砖砌，无装饰雕刻。二陵遗留文物六百余种，大量是男女陶俑和各种陶制神怪、动物形象。陶俑形象有宫廷内侍、宫官、宿卫、伶人、舞姬等，形貌生动，面相丰满，继承唐俑作风。出土的玉哀册、石哀册残片：钦陵二十三片（玉）、顺陵四十片（石），前者刻字填金，可据以判定李昪葬于 943 年，定名"钦陵"。两墓形制、构造和遗物是研究南唐时期宫廷制度、生活习俗、艺术创造不可多得的珍贵实物资料。

陶男舞俑　高 46 厘米

钦陵中室

从顺陵前室看中、后室

陶女舞俑　高 46 厘米

吴越钱氏墓群

任世龙

　　吴越钱氏墓葬位于杭州、临安两地，据记载有二十六处。1958～1997年，浙江省和杭州市文物考古部门发掘清理出晚唐、五代吴越国的王室、亲族和重臣墓葬九座。

　　墓葬的形制结构大体可以区分为两大类别，一种是船形多耳室券顶砖室结构，另一种为土坑砖室石椁建筑，似显示两者之间存在墓主人身份差异；但它们却具有夯筑讲究的大型封土堆、多层封门、前后分室并带有宽大的长墓道和排水系统设施等共同特征。

　　墓内随葬器物丰富多样，惜大都早遭严重毁坏和盗掘，残存遗物以瓷制品为大宗。大批精美的越窑青瓷是每墓必出之物，许多器类世所罕见，是确认"秘色瓷"的珍贵实物例证。同时出土了大量的精美白瓷，其中钱宽（钱镠之父）夫妇墓分别发现晚唐白瓷，器外底刻"官"或"新官"字款。在王室墓后室顶面，均发现彩绘贴金或阴刻贴金的天文图像，内容为二十八宿和北斗，用四重圆线圈表示传统盖天图中内规、赤道、外规和重规，对于了解晚唐、五代时期吴越地区星象的历史变迁、资料来源等，具有极高的科学研究价值，引起天文学界的普遍关注。

墓门浮雕倚门侍女　吴汉月墓

墓室浮雕生肖人物　吴汉月墓

墓室浮雕青龙　吴汉月墓

青瓷方盘　边长 13.8 厘米　钱元瓘墓

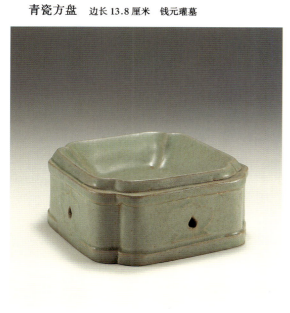

白瓷海棠杯　附底款　长径16厘米　钱宽墓

白瓷花口碟　附底款　口径14厘米　钱宽墓

闽国刘华墓

王振镛

闽国刘华墓位于福建省福州市晋安区新店镇战板村莲花峰东室上，1965年发现，福建省博物馆会同福州市文物管理委员会调查并发掘。

刘华是南汉南平王刘隐的次女、闽国第三主王延钧夫人，葬于长兴元年（930）。墓葬依山势由渐高的五个平台组成，前方后圆，平面略呈钟形，下宽上窄。后部双穴并列，封土均前方后圆，右穴被盗一空，墓主不详。刘华葬于左穴。

墓门及二室通道均用石块砌塞。墓室平面呈长方形，石构券顶，前后室，全长8.4米。墓底砌有高0.15米的长方形棺床，其正中留有正方形腰坑。后壁正中为长方形龛，内立墓志一方。

该墓也已被盗，出土遗物除石墓志外，还有四十余件陶俑、神怪俑，十三件残陶瓷器，一枚鎏金"开元通宝"铜钱，以及石雕"六角"、"孤魂"台、覆莲座、铜铁钉等。其中三件红胎孔雀蓝釉陶瓶系国内首次发现。瓶作敛口深广腹小底，肩附三四个小环耳，腹部饰璎珞状堆纹，高74.5～78.2厘米，其造型、釉色、纹饰及制作工艺等均与伊朗等地出土的九世纪至十世纪伊斯兰式陶瓶相同，应是从波斯输入的。

刘华墓的发掘对于研究五代十国福建地方史及中外文化经济交流具有参考价值。

陶女俑　高 50.5 厘米

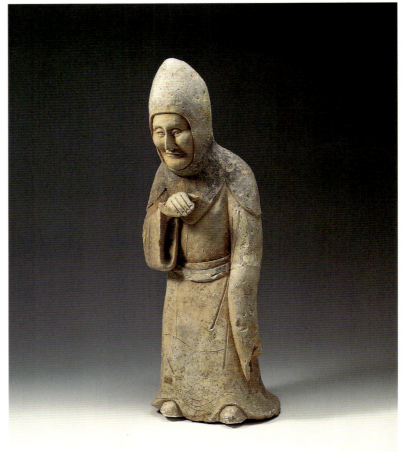

陶老人俑　高 47.4 厘米

孔雀蓝釉陶瓶　高 74.5 厘米

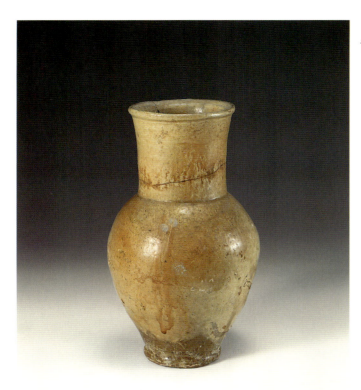

青釉瓶　高 20.8 厘米

陶鱼身俑　长 40 厘米

五代王处直墓

李恩佳

五代王处直墓位于河北省曲阳县西燕川村西约 2 公里处。1995 年，河北省文物研究所、保定市文物管理处、曲阳县文化局和曲阳县文物管理所组成考古队对此墓进行清理。根据发现的墓志，知墓主人为唐末、五代早期的义武军节度使王处直。

此墓坐北朝南，由封土、墓道、墓门、甬道、墓室几部分组成。由墓门至后室全长 12.5 米。此墓至少被盗过两次，墓中所剩随葬品寥寥无几，且残碎不全，除前室墓志外，只在前、后室及耳室淤土中清理出少量瓷器、铜器、铁器、金饰件、银饰件、骨饰、玛瑙饰、石器和钱币。

整个墓室除后室顶部外，皆绘有壁画，面积约 100 平方米，内容包括男女侍、山水、花鸟、云鹤、星象等。还发现浮雕六件、奉侍图浮雕一件、散乐图浮雕一件。十二生肖及人像浮雕原有十二件，发掘前已被盗六件。壁画色彩艳丽，保存较好，总体风格以写实为主，注重形似，继承了唐墓壁画的艺术特点，在我国北方目前已发现的五代墓葬中比较罕见。浮雕无论人物还是生肖都雕刻得形神兼备，后室表现墓主人生前生活情景的"散乐"、"奉侍"二图的人物群像浮雕，在我国考古发现中更是弥足珍贵。

西耳室壁画侍女图

东耳室壁画侍女、童子

墓志盖　边长 102 厘米

后室壁画牡丹图

前室壁画山水图

彩绘浮雕奉侍图　横 136 厘米

宋辽金元明时代考古

徐苹芳

宋代以后的考古学,在新中国建国前经正式科学发掘的项目很少,回顾本世纪上半叶和下半叶宋明考古学的发展情况,两相比较,可以说是从无到有。宋明考古学是属于历史考古学的范畴,一般认为丰富的历史文献几乎可以取代考古学的发现,但是,五十年来宋明考古学的新发现,却做出了相反的回答,它在许多方面提出了历史学上完全不知道的史实。

现按宋明考古学之城市、陵墓、制瓷手工业、宗教遗迹和其它有关的重要发现,作一简略叙述。

一

宋代都城——北宋汴梁城和南宋临安城遗址都做了考古学勘察。河南开封的汴梁城遗址已被黄河泛滥深埋于地下,从八十年代起钻探了它的外郭城和内城,证实宋汴梁内城南北稍小于明清开封城[1]。浙江杭州的临安城遗址也完全被压在今天的杭州市区之下,已很难进行全面的考古工作,但还是勘察了它的皇城遗迹。1995年在今杭州太庙巷发掘了南宋临安太庙东垣墙遗址[2]。

宋代城市的一个特点是地方经济类型城镇的兴起。经考古勘察过的此类城镇有江西吉安永和镇,它是著名的吉州窑的所在地,旧日街迹窑址,历历在目,前店后厂,是典型的宋代制瓷手工业城镇[3]。商业城市可以湖北沙市为例,从唐代以来的沙头市发展为沿江一条街的沙市城[4]。江西的宋赣州城[5]和沿海对外贸易城市,如江苏的扬州城、浙江的宁波城、福建的泉州城和广东的广州城，都做了考古工作。宋扬州大城的南门和西门遗址，保存良好，叠压关系清楚[6]。宁波宋城东门外码头遗址的发掘[7]，泉州宋元城的勘察和后渚宋船的发掘[8]，以及广州宋城的勘察和码头遗址的发掘[9]，都是很重要的。

辽中京和金中都的勘察发掘，揭示了辽金都城的新形制，它们与比其早的辽上京和金上京的形制完全不同。辽中京建于辽代中期，有宫城、内城和外城三重城，是摹仿北宋汴梁城的形制[10]。金中都则是在唐幽州、辽南京的基础上扩建的，既保存着唐以来的封闭式坊制布局，又增加了宋代以后的开放式街巷制的布局[11]，即把封闭式坊制和开放式街巷制共同纳于一个城市规划之中的模式，这是中国十世纪至十三世纪都城规划从封闭式坊制向开放式街巷制过渡的一个通制。一直到十四世纪元代在北京才正式规划和建设了一个真正的开放式街巷制的都城，那便是北京的元大都城。

北京元大都的考古勘察和发掘，始于1964年，至1974年告一段落，基本上把元大都的城市规划和当时居住在城内的居民的生活状况，有了一个比较实在的了解，为研究北京城的历史提供了重要的史料[12]。另外，对内蒙古正蓝旗元上都遗址也做了复查[13]，还新勘察了河北省张北县元中都遗址[14]。

在内蒙古和新疆地区也发现了很多元代城址，比较重要的有内蒙古呼和浩特市东郊的丰州城[15]、察右前旗的集宁路故城[16]、赤峰克什克腾旗的应昌路故城[17]，新疆霍城的阿力麻里故城[18]和昌吉县的昌八里故城[19]，城址内多有窖藏发现，出土了瓷器、丝织品和钱币等遗物。在西安市北郊元安西王府宫殿基址中还出土过阿拉伯数码幻方铁板[20]。

位于安徽凤阳的明中都城，只在明洪武初年修建了六年便停工拆除，但城垣、宫殿基址尚存在于地面之上。以前不被学术界所注意，七十年代才进行勘察[21]。它的城市规划布局，尤其是宫城和皇城的布局对明北京城有很大的影响。

二

1992~1995年河南省文物研究所对河南巩县北宋皇陵的调查勘测，是一项很重要的考古工作，全面记录了北宋八陵遗迹的现存情况，收集了碑志、石刻、建筑装饰等遗物，还清理了已暴露在外的附葬于宋太宗永熙陵的元德李皇后陵地宫[22]。

从北宋中期开始中原地区流行仿木建筑雕砖壁画墓，在河南、河北、山东都有发现，此种类型的墓葬出现于十一世纪中叶，如河北武邑龙店庆历二年（1042）墓[23]、河南郑州南关外至和三年（1056）墓[24]、山东济南治平年间（1064～1067）和熙宁八年（1075）墓[25]、河南安阳天禧镇熙宁十年（1077）墓[26]，而保存最好、仿木建筑结构最为复杂、壁画内容最为丰富的是河南禹县白沙元符二年（1099）赵大翁墓[27]。赵大翁是一个没有官品的一般地主，他能营建如此华丽的墓室，应是宋代士庶阶层社会地位上升的一种表现。

主要的墓葬形制仍是土坑砖室墓，特别是像河南郏县发现的宣和五年（1123）下葬的苏适夫妇合葬墓，是券顶双室砖墓，两室之间隔墙上有小券洞相通，此即所谓"同坟而异葬"[28]，这种墓葬形制流行于中原和长江中下游地区，是宋元墓葬的主要形制，由于墓室坚固、棺椁密封，随葬品保存较好，发现了很不易保存的丝织品衣物、书画、漆器等，如江苏武进南宋墓[29]、浙江兰溪南宋墓[30]、福建福州淳祐三年（1243）黄升墓[31]、江苏金坛南宋末年周瑀墓[32]。

福建的尤溪、将乐也发现了宋代壁画墓[33]，但是，它却与中原北方的仿木建筑雕砖壁画墓的形式显然不同，主要是在长方形砖室墓壁上画十二辰俑。四川东南部至贵州东北部流行石室雕刻彩画墓，如重庆、华蓥和遵义宋墓等[34]，尤以华蓥南宋嘉定十四年（1221）安丙家族墓雕刻精致，堪称艺术佳作[35]。

辽墓的发掘在宋明考古中占有重要地位。五十年代以来在内蒙古赤峰发掘了应历九年（959）辽驸马墓[36]、辽宁法库辽墓[37]、吉林库伦辽墓[38]、河北平泉八王沟辽秦晋国大长公主墓[39]、辽宁义县清河门辽墓群[40]等大型的辽代贵族墓，特别是近年在赤峰发现的辽天赞二年（923）勒德墓[41]、辽会同四年（941）耶律羽之墓地[42]和内蒙古哲里木盟辽开泰七年（1018）陈国公主墓[43]，尤其重要。契丹贵族墓内有表现墓主生前生活情景的壁画和椁画，还有数量众多的随葬品，包括精美的越窑青瓷器和定窑白瓷器，丝织品中的剋丝，以及反映契丹民族习俗的马具和武器等。契丹大、小字墓志的发现，也为研究契丹文字提供了珍贵资料。

辽代汉人墓葬在北京[44]、山西大同[45]和河北宣化[46]各地皆有发现，特别是宣化辽墓壁画，绚丽多彩，反映了在契丹贵族统治下的汉人生活状况。

在北京房山发现了金陵残迹[47]。金代墓葬在大定以前的有新城时立爱、时丰墓[48]和兴隆萧仲恭墓[49]。河北井陉尹氏墓地则自金初延续至大定以后[50]。大定以后的金墓比较重要的有北京通县大定十七年（1177）石宗璧墓[51]、辽宁朝阳大定廿四年马令墓[52]、大同明昌元年（1190）道士阎德源墓[53]。近年在黑龙江阿城县发掘的金大定二年（1162）齐国王夫妇墓[54]尤其重要，它们的葬制和出土的丝织衣物都是绝无仅有的。山西侯马[55]、新绛[56]、孝义[57]各地发掘的仿木建筑雕砖墓，继承了北宋中原北方仿木建筑雕砖壁画墓的传统，把壁画内容皆以雕砖形式表现，精雕细刻，有的类似浮雕，有的还用透雕。

宁夏银川西夏王陵的勘察[58]，补充了中国古代陵墓制度上的缺环，它既继承了北宋皇陵布局，又表现了西夏王陵在墓上建塔的特点。

元人无陵。元代仿木建筑雕砖壁画墓与宋金雕砖壁画墓相比较，已成强弩之末，趋向简单草率。墓葬形制的主流仍是圆形、方形或长方形砖（石）室墓，流行用黑灰陶俑随葬。在已发掘的元墓中有很多是当时的名人，如北京的海云、可庵和尚塔墓[59]、耶律铸墓[60]、张弘纲墓和铁可墓[61]、河北石家庄后太保村史天泽家族墓[62]、邢台的刘秉恕墓[63]，安徽安庆的范文虎墓[64]，江苏苏州的吕师孟墓[65]，陕西西安的贺贲、贺仁杰和贺胜家族墓[66]，山西永济永乐宫的元初全真教道士宋德方、潘德冲墓[67]，以及甘肃漳县的元代汪古部汪世显家族墓地[68]。特别令人注意的是，在江苏苏州发掘的元末张士诚母曹氏墓[69]，此墓建于至正廿五年（1365），其时张士诚已称吴王，对其父母的坟墓则一依南宋攒宫石藏子的规格营造，成为我们了解南宋攒宫的惟一实例。

明代墓葬则更注意墓室之坚固和棺椁之密封，因此，在明墓中可以发现未腐烂的墓主尸体，以及不易保存的丝织品、书画等衣物，如北京正德十一年（1515）夏儒墓[70]，广州戴缙墓[71]，上海嘉定明墓[72]。比较重要的还是各地明代诸王陵墓的发掘，如山东邹县洪武二十二年（1389）明鲁荒王朱檀墓[73]，四川成都永乐八年（1410）明蜀王世子朱悦燫墓[74]，江西新建正统十四年（1449）明宁王朱权墓[75]，江西南城嘉靖十九年（1540）明益王朱祐槟墓[76]和嘉靖三十六年（1557）明益王朱厚烨墓[77]。当然，最重要的仍是在北京发掘的明定陵[78]，它已建为地下博物馆，供人参观，成为驰名世界的"地下宫殿"。

三

宋明是中国制瓷手工业突出发展的全盛时期，瓷窑遗址遍布全国。因此，关于瓷窑遗址的发掘是宋明考古的重点之一。1959年陕西铜川耀州窑遗址的发掘[79]，结束了长期以来只作地面调查采集瓷片的工作方式，使中国古代瓷器工艺考古的研究有了更科学的依据。进入八十年代以来，正式发掘的规模较大的瓷窑遗址，除耀州窑继续发掘外，还有河北曲阳的定窑遗址[80]、河南禹县钧窑遗址[81]、河北磁县观台磁州窑遗址[82]、河南宝丰汝窑遗址[83]、浙江杭州南宋官窑遗址[84]、浙江龙泉县龙泉窑遗址[85]、江西吉安永和镇吉州窑遗址[86]、福建建阳水吉镇建窑遗址[87]、福建德化县德化窑遗址[88]、福建泉州的泉州窑遗址[89]、江西景德镇元明窑址[90]和内蒙古赤峰的辽金缸瓦窑址[91]等。

耀州窑的发掘规模最大，延续时间最长，收获亦很丰富。宋金时期正是耀州窑的全盛时期，它几乎垄断了北方青釉瓷器的生产。定窑的发掘证明北宋是定窑的全盛时期，发现了带有"官"字款和"尚食局"款的瓷片。金元以后，定窑衰落，代之而起的是山西霍州窑的白瓷。禹县钧窑遗址的发掘可证明北宋末期钧窑供奉宫廷的瓷器，已达到了钧窑工艺的顶峰。磁州窑类型的产品，在河北、河南、山西各地均有烧造，是宋元时期北方民间最流行的瓷器。烧造这类瓷器的最大窑场磁县观台窑址的发掘，对磁州窑的研究是极其重要的。汝窑遗址的发现十分重要，但尚未作正式的科学发掘。考古发掘证明，宋元北方诸窑多为圆形单体窑室，已普遍用煤作为燃料。

宋代南方诸窑之考古，首先是南宋官窑遗址的发掘，其次是龙泉窑的发掘。在这两处窑址的发掘中，区别了哥窑和弟窑，也区别了官窑和哥窑。吉州窑的发掘表明，北宋诸窑工南迁后，吉州窑产品既博采北宋各名窑的特色，又形成了自己新的风格。建窑产品以黑釉茶盏著称，细如兔毛的条状结晶的兔毫盏为其代表作；精品既要供御用，也要销行民间，特别是从泉州出口行销日本，日本人称之为"天目"器，是极珍贵的茶具。德化窑则以白瓷著称，以低铅高硅的"象牙白"为其代表作，屈斗宫窑址发掘最为重要。泉州窑是指泉州、晋江地区诸窑址，包括南安、同安、惠安、安溪、永春等地，以生产影青和青釉瓷器为主，大部分从泉州出口，行销东南亚和日本。东南亚发现的影青带褐彩的小件瓷器，日本发现的青釉刻花篦纹碗——被日本人称为"珠光青瓷"的，都是泉州窑的产品。景德镇的宋代窑址只做过调查，八十年代以来主要发掘了景德镇的元明窑址。元代窑址在景德镇湖田、落马桥、珠山中渡口、曾家弄和风景路等地。明洪武至正德间的窑址均在珠山附近，近年陆续清理发掘了它们的遗迹，直接从窑址中获得其烧造工艺之遗痕，为研究景德镇元明制瓷工艺创造了条件。

辽金时期北方制瓷业中最重要的发现是内蒙古赤峰缸瓦窑窑址，它从辽至金一直烧造。

宁夏灵武西夏窑址的发掘[92]，揭示了地处西北的党项族制瓷业的情况，它在工艺上受中原北方定窑与磁州窑的影响，但在某些器形方面却保持了西夏的特色。

四

宋元宗教遗迹考古，以舍利塔基的发掘和塔身内瘗藏物的清理为主。已发掘的重要的宋元塔基有：河北定县静志寺和净众院塔基[93]、河南密县法海寺塔基[94]、浙江瑞安慧光塔基[95]、辽宁朝阳北塔基[96]、北京房山辽代塔基[97]、浙江金华万佛塔基[98]、江苏镇江甘露寺铁塔基[99]、浙江温州白象塔基[100]、浙江宁波天封塔基[101]；清理的重要宋元塔身有：江苏苏州虎丘塔[102]和瑞光寺塔[103]、山西应县佛宫寺木塔[104]、内蒙古赤峰辽庆州白塔[105]、云南大理崇圣寺主塔[106]，以及宁夏的贺兰宏佛塔[107]、青铜峡一百零八塔[108]和同心康济寺塔[109]。宋元舍利塔地宫是摹仿人间墓室而营造的，有的还画涅槃像壁画，供奉珍宝、法器、佛像、塔幢、写本或刻本经卷，这些供奉物包括了金银器、瓷器、漆器和丝织品等，由于佛教信徒的虔诚，他们所舍入和供奉的一般都是当时比较精美的物品，所以在塔基或塔身内发现的遗物有些是很珍贵的。

对西藏喇嘛教寺院的调查是从 1959 年平叛以后开始的，在拉萨、山南、日喀则、江孜、阿里地区都做了详细的勘察和研究[110]。西藏札达县十世纪上半叶至十七世纪的古格王国遗址，在 1985 年作了全面的勘察[111]，纠正了此前外国人所做的不正确的报道。

宋元时期也是基督教和伊斯兰教传播的时代。在福建的泉州[112]和江苏的扬州[113]，以及内蒙古[114]和新疆[115]各地，都发现过基督教和伊斯兰教及其信徒的遗迹和碑刻。

---

1 开封宋城考古队《北宋东京外城的初步勘探与试掘》，《文物》1992/12；《北宋东京内城的初步勘探与测试》，《文物》1996/5。

2 杭州市文物考古所《杭州发现南宋临安城太庙遗址》，《中国文物报》1995/12/31。

3 李德金、蒋忠义《南宋永和镇的考察》，《中国考学会第七次年会论文集》，文物出版社 1992。

4 袁纯富、范志谦《从出土文物看古沙市位置的变迁》，《江汉考古》1984/3。

5 李海根、刘芳义《赣州古城调查简报》，《文物》1993/3。

6 扬州唐城考古队《扬州发掘宋大城西门遗址》，《中国文物报》1996/5/19。

7 林士民《宁波东门口码头遗址发掘报告》，《浙江省文物考古所学刊》(1981)，p. 105。

8 陈允敦《泉州古城址踏勘》，《泉州文史》1980/2、3；庄为矶《泉州历代城址的探索》，《泉州文史》1980/2、3；泉州海外交通史博物馆《泉州湾宋代海船发掘与研究》，海洋出版社 1987。

9 黎金《越华路宋代城基遗址考略》，《广州文博》1986/3；广州市文管会广州唐宋码头遗址发掘资料。

10 辽中京发掘委员会《辽中京城址发掘的重要收获》，《文物》1961/9。

11 阎文儒《金中都》，《文物》1959/9；徐苹芳《古代北京的城市规划》，《环境变迁研究》第一辑，海洋出版社 1984。

12 中国科学院考古研究所元大都考古队《元大都的勘查和发掘》，《考古》1972/1；《北京后英房元代居住遗址》，《考古》1972/6；《北京西绦胡同和后桃园的元代居住遗址》，《考古》1973/5；张宁《记元大都出土文物》，《考古》1972/6。

13 贾洲杰《元上都调查报告》，《文物》1977/5。

14 郑绍宗《考古学上所见之元中都——旺兀察都行宫》，《文物春秋》1988/3；陈应祺《略谈元中都皇城建筑遗址平面布局》，《文物春秋》1998/3。

15　李逸友《呼和浩特市万部华严经塔的金元明各代题记》，《文物》1977/5。

16　内蒙古文物工作队《元代集宁路遗址清理记》，《文物》1961/9。

17　李逸友《元应昌路故城调查记》，《考古》1961/10。

18　黄文弼《元阿力麻里古城考》，《考古》1963/10。

19　新疆维吾尔自治区社会科学院考古研究所《昌吉古城调查记》，《文物资料丛刊》4，文物出版社1981。

20　马得志《西安元代安西王府勘查记》，《考古》1960/5；夏鼐《元安西王府址和阿拉伯数码幻方》，《考古》1960/5。

21　王剑英《明中都》，中华书局1992年；《明中都遗址考察报告》，滁县地区文化局油印本，1982。

22　河南省文物考古研究所《北宋皇陵》，中州古籍出版社1997。

23　河北省文物研究所《河北武邑龙店宋墓发掘报告》，《河北省考古文集》，东方出版社1998。

24　河南省文化局文物工作队第一队《郑州南关外北宋砖室墓》，《文物参考资料》1958/5。

25　《济南发现带壁画的宋墓》，《文物》1960/2。

26　《河南文化局调查安阳天禧镇宋墓》，《文物参考资料》1954/8。

27　宿白《白沙宋墓》，文物出版社1957。

28　李绍连《宋苏适墓志及其他》，《文物》1973/7。

29　陈晶《记江苏武进新出土的南宋珍贵漆器》，《文物》1979/3。

30　汪济英《兰溪南宋墓出土的棉毯及其它》，《文物》1975/6。

31　福建省博物馆《福州南宋黄升墓》，文物出版社1982。

32　镇江市博物馆等《金坛南宋周瑀墓》，《考古学报》1977/1。

33　陈长根《福建尤溪县城关镇浦头村发现北宋纪年壁画墓》，《考古》1995/7。

34　重庆市博物馆历史组《重庆井口宋墓清理简报》，《文物》1991/11；贵州省博物馆筹备处《贵州遵义专区的两座宋墓简介》，《文物参考资料》1955/9。

35　王鲁茂等《南宋安丙家族墓地发掘获重要成果》，《中国文物报》1996/7/21；陈祖军《四川华蓥安丙家族墓地》，《中华文化画报》1997/5、6。

36　前热河省博物馆筹备组《赤峰县大营子辽墓发掘报告》，《考古学报》1956/3。

37　辽宁省博物馆等《法库叶茂台辽墓记略》，《文物》1975/12。

38　王健群、陈相伟《库伦辽代壁画墓》，文物出版社1989。

39　郑绍宗《契丹秦晋国大长公主墓志铭》，《考古》1962/8。

40　李文信《义县清河门辽墓发掘报告》，《考古学报》第八册，1954。

41　内蒙古文物考古研究所《内蒙古赤峰宝山辽壁画墓发掘简报》，《文物》1998/1。

42　内蒙古文物考古研究所《辽耶律羽之墓发掘简报》，《文物》1996/1。

43　内蒙古文物考古研究所等《辽陈国公主墓》，文物出版社1993。

44　北京市文物工作队《北京西郊百万庄辽墓发掘简报》，《考古》1963/3。

45　山西省文物管理委员会《山西大同郊区五座辽壁画墓》，《考古》1960/10。

46　河北省文物管理处《河北宣化辽壁画墓发掘简报》，《文物》1975/8；张家口市宣化区文物保管所《河北宣化辽代壁画墓》，《文物》1995/2；河北省文物研究所《河北宣化辽张文藻壁画墓发掘简报》，《文物》1996/9。

47　北京市文物研究所《北京考古四十年》第四编第二章第四节"金陵"，北京燕山出版社1990。

48　河北省文化局文物工作队《河北新城县北场村金时立爱和时丰墓发掘记》，《考古》1962/12。

49　郑绍宗《兴隆县梓木林子发现的契丹文墓志铭》，《考古》1973/5；王静如《兴隆出土金代契丹文墓志铭解》，《考古》1973/5。

50　河北省文化局文物工作队《河北井陉县柿庄宋墓发掘报告》，《考古学报》1962/2。

51　北京市文物管理处《北京市通县金代墓葬发掘简报》，《文物》1977/11。

52　辽宁省博物馆《辽宁朝阳金代壁画墓》，《考古》1962/4。

53　大同市博物馆《大同金代阎德源墓发掘简报》，《文物》1978/4。

54　黑龙江省文物考古研究所《黑龙江阿城巨源金代齐国王墓发掘简报》，《文物》1989/10。

55　山西省文物管理委员会侯马工作站《侯马金代董氏墓介绍》，《文物》1959/6；《山西侯马金墓发掘简报》，《考古》1961/12。

56　杨富斗《山西新绛三林镇两座仿木构的宋代砖墓》，《考古通讯》1958/6；张德光《山西绛县裴家堡古墓清理简报》，《考古通讯》1955/4。

57　山西省文物管理委员会等《山西孝义下吐京和梁家庄金元墓发掘简报》，《考古》1960/7。

58　宁夏回族自治区文物考古研究所《西夏陵》，东方出版社1995。

59　北京市文化局文物调查研究组《北京市双塔庆寿寺出土的丝棉织品及绣花》，《文物参考资料》1958/9。

60　北京市文物研究所《耶律铸夫妇合葬墓出土珍贵文物》，《中国文物报》1999/1/31。

61　北京市文物研究所《元铁可父子和张弘纲墓》，《考古学报》1986/1。

62　河北省文物研究所《石家庄后太保村史氏家族墓发掘报告》，《河北省考古文集》，东方出版社1998。

63　唐云明等《邢台发现一座元代砖墓》，《文物参考资料》1956/12。

64　白冠西《安庆市棋盘山发现的元墓介绍》，《文物参考资料》1957/5。

65　江苏省文物管理委员会《江苏吴县元墓清理简报》，《文物》1959/11。

66　咸阳地区文物管理委员会《陕西户县贺氏墓出土大量元代俑》，《文物》1979/4。

67　山西省文物管理委员会等《山西芮城永乐宫旧址宋德方、潘德冲和"吕祖"墓发掘简报》，《考古》1960/8。

68　甘肃省博物馆等《甘肃漳县元代汪世显家族墓葬》，《文物》1982/2。

69　苏州市文物管理委员会等《苏州吴张士诚母曹氏墓清理简报》，《考古》1965/6。

70　北京市文物工作队《北京南苑苇子坑明代墓葬清理简报》，《文物》1964/11

71　黄文宽《戴缙夫妇墓清理报告》，《考古学报》1957/3。

72　上海市文物管理委员会考古组《上海发现一批明成化年间刻印的唱本、传奇》，《文物》1972/11。

73　《无产阶级文化大革命期间出土文物展览简介》"邹县明鲁王朱檀墓"条，《文物》1972/1。

74　中国科学院考古研究所等《戎都凤凰山明墓》，《考古》1978/5。

75　陈文华《江西新建明朱权墓发掘》，《考古》1962/4。

76　江西省博物馆《江西南城明益王朱祐槟墓发掘报告》，《文物》1973/3。

77　江西省文物管理委员会《江西南城明益庄王墓出土文物》，《文物》1959/1。

78　中国社会科学院考古研究所等《定陵》，文物出版社1990。

79　陕西省考古研究所《陕西铜川耀州窑》，科学出版社1965；《宋代耀州窑址》，文物出版社1998。

80　河北省文化局文物工作队《河北曲阳县涧磁村定窑遗址调查试掘》，《考古》1965/8。

81　河南省博物馆（赵青云）《河南禹县钧台窑址的发掘》，《文物》1975/6。

82　北京大学考古学系等《观台磁州窑址》，文物出版社1997。

83　河南省文物研究所等《汝窑的新发现》，紫禁城出版社1991。

84　中国社会科学院考古研究所等《南宋官窑》，中国大百科全书出版社1996。

85　朱伯谦等《浙江省龙泉青瓷窑址调查发掘的主要收获》，《文物》1963/1；朱伯谦《龙泉大窑古瓷窑遗址发掘报告》，《朱伯谦论文集》，p. 258，紫禁域出版社1990。

86　蒋玄怡《吉州窑》，文物出版社1958；何国维《吉州窑址概况》，《文物》1953/9。

87　厦门大学人类学博物馆《福建建阳水吉宋建窑发掘简报》，《考古》1964/4；中国社会科学院考古研究所等《福建建阳县水吉北宋建窑遗址发掘简报》，《考古》1990/12；《福建建阳县水吉建窑遗址 1991～1992 年度发掘简报》，《考古》1995/2。

88　厦门大学人类学博物馆《德化屈斗宫窑址调查发现》，《文物》1962/2。

89　福建省文物管理委员会《同安县汀溪水库古瓷窑调查记》，《文物参考资料》1958/2；黄汉杰《福建省最近发现的古代窑址——同安宋代窑址》，《文物》1959/6；黄炳元《福建南安石壁水库古窑址试掘情况》，《文物参考资料》1957/12；柯凤梅等《福建莆田古窑址》，《考古》1995/7。

90　刘新园《景德镇早期墓葬中发现的瓷器与珠山出土的元明官窑遗物》，《皇帝的瓷器——新发现的景德镇官窑》，pp. 164～168，日本出光美术馆等 1995；《景德镇明御厂故址出土永乐、宣德官窑瓷器之研究》，《景德镇珠山出土永乐宣德官窑瓷器展览》，pp. 12～52，香港市政局 1989；《景德镇珠山出土的明初与永乐官窑瓷器之研究》，pp. 9～51，台北鸿禧美术馆 1996。

91　洲杰《赤峰缸瓦窑村辽代瓷窑调查记》，《考古》1973/4；冯永谦《赤峰缸瓦窑村辽代瓷窑址的考古新发现》，《中国古代窑址调查发掘报告集》，pp. 386～392，文物出版社 1984。

92　中国社会科学院考古研究所《宁夏灵武窑发掘报告》，中国大百科全书出版社 1995。

93　定县博物馆《河北定县两座宋代塔基》，《文物》1972/8；宿白《定州工艺与静志净众两塔地宫文物》，《地下宫殿的遗宝》，pp. 19～24，日本出光美术馆 1997。

94　金戈《密县北宋塔基中的三彩琉璃塔和其它文物》，《文物》1972/10。

95　浙江省博物馆《浙江瑞安北宋慧光塔出土文物》，《文物》1973/1。

96　朝阳北塔考古勘察队《辽宁朝阳北塔天宫地宫清理简报》，《文物》1992/7。

97　齐心、刘精义《北京市房山县北郑村辽塔清理记》，《考古》1980/2。

98　浙江省文物管理委员会《金华万佛塔出土文物》，文物出版社 1958。

99　江苏省文物工作队等《江苏镇江甘露寺铁塔塔基发掘记》，《考古》1961/6；丁琪、林元白《镇江甘露寺塔基出土释迦佛舍利及唐宋文物考》，《现代佛学》1962/1。

100　温州市文物处等《温州市北宋白象塔清理报告》，《文物》1987/5。

101　林士民《浙江宁波天封塔地宫发掘报告》，《文物》1991/6。

102　苏州市文物管理委员会《苏州虎丘塔出土文物》，文物出版社 1958。

103　苏州市文物管理委员会等《苏州瑞光寺塔发现一批五代、北宋文物》，《文物》1979/11；陈玉寅《苏州瑞光寺塔再次发现北宋文物》，《文物》1986/9。

104　山西省文物局等《应县木塔辽代秘藏》，文物出版社 1991。

105　德新等《内蒙古巴林右旗庆州白塔发现辽代佛教文物》，《文物》1994/12。

106　云南省文化厅文物处等《大理崇圣寺三塔》，文物出版社 1998。

107　宁夏回族自治区文物管理委员会等《宁夏贺兰县宏佛塔清理简报》，《文物》1991/8。

108　宁夏回族自治区文物管理委员会等《宁夏青铜峡市一百零八塔清理维修简报》，《文物》1991/8。

109　宁夏回族自治区文物管理委员会等《宁夏同心康济寺塔及出土文物》，《文物》1992/8。

110　宿白《藏传佛教寺院考古》，pp. 1～221，文物出版社 1996。

111　西藏自治区文物管理委员会《古格故城》，文物出版社 1991。

112　吴文良《泉州宗教石刻》，科学出版社 1957；陈达生《泉州伊斯兰教石刻》，宁夏人民出版社·福建人民出版社 1994。

113　耿鉴庭《扬州城根里的元代拉丁文墓碑》，《考古》1963/8；夏鼐《扬州拉丁文墓碑和广州威尼斯银币》，《考古》1979/6；朱江《扬州发现元代基督教徒墓碑》，《文物》1986/3。

114　盖山林《阴山汪古》，内蒙古人民出版社 1991。

115　黄文弼《新疆考古发掘报告（1957～1958)》第二章，"阿力麻里城"，p. 15，文物出版社 1983。

南宋临安城太庙遗址

杜正贤

南宋临安城太庙遗址位于浙江省杭州市上城区太庙巷，1995 年发现，杭州市文物考古所发掘了太庙东围墙、东大门门址、大型夯土台基等重要建筑遗迹，面积约 1000 平方米。

太庙东围墙呈南北走向，已发掘 90 米，围墙厚 1.7 米，残高 1.5 米，底部用条石平铺，其上用规则的条石错缝平砌，墙面工整平直，墙体内心用乱石和黄粘土充填。外侧紧靠用砖竖砌的南宋"御街"，内侧有宽约 1.2 米的散水沟。围墙中段发现宽约 4.8 米的东门门址，门址底部用长方形砖竖砌，内侧有一门槛基槽。门内用长方形砖平铺道路，宽与门址相同。夯土台基用黄粘土夯筑而成，厚约 0.5 米，揭露面积约 250 平方米。夯土台基上发现成排的柱础石或柱础坑。柱础石平面呈方形，边长 0.74 米。夯土台基东部尚存部分砖面，有的砖上有模压文字"官"、"平二"、"上一"等。尽管这次考古发掘尚未揭示太庙全貌，但已可从中得见南宋太庙的规模和气势，以及营造工艺水平之高超。

南宋临安城太庙的发掘，丰富了杭州历史文化名城的内涵，是南宋临安城考古的重要发现。

太庙围墙及东门遗迹发掘现场

太庙散水、围墙、御道遗迹

北京元大都遗址

徐苹芳

北京元大都遗址位于北京旧城的内城及其以北地区，始建于元世祖至元四年（1267），为明清北京城所沿用。1964～1974 年间由中国社会科学院考古研究所和北京市文物研究所共同勘察发掘。

元大都城平面呈长方形，南北长 7600 米、东西宽 6700 米。皇域位于全城南部中央。宫城在皇城东部。宫城南门（崇天门）约在今故宫太和殿的位置上，北门（厚载门）约在今景山以北。纵贯宫城南北的中轴线，南起丽正门，北抵大天寿万宁寺中心阁（今鼓楼），明清北京城相沿未变。全城主干街道由九纵和九横组成，在南北大街两侧等距离地排列着许多东西向的胡同，东西城垣上两个城门之间的胡同为二十二条。这种规划是宋代以后开放式街巷制城市规划的典型。今天北京内城的街道布局仍保存了元大都街道的痕迹。对元大都城内的河湖水系也作了勘探，发掘了和义门（今西直门）瓮城遗址和三处城垣下的水涵洞遗址。在明清北京北城垣下发掘了十余处元代居住遗址，既有大型工字形平面的住宅，也有统一修建的简陋"廊房"和类似仓库的"货栈"。出土遗物以瓷器为主，有珍贵的景德镇青花、影青"枢府"釉瓷器，也有龙泉青瓷、胎釉厚重的钧瓷和山西霍州窑的白瓷器，而数量最多的是磁州窑系的瓷器。这些居住遗址，都是在明初洪武元年（1368）徐达缩筑北平北城垣时压在城下的，它充分反映了元大都居民的生活状况。

和义门瓮城

元大都平面图

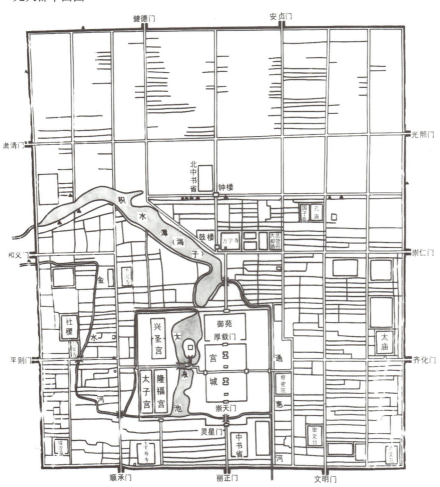

后英房元代居住建筑遗址主院

青花觚　高 15.5 厘米

青花托盏　通高 9 厘米

青花凤头扁壶　高 18.5 厘米

影青观音　高 67 厘米

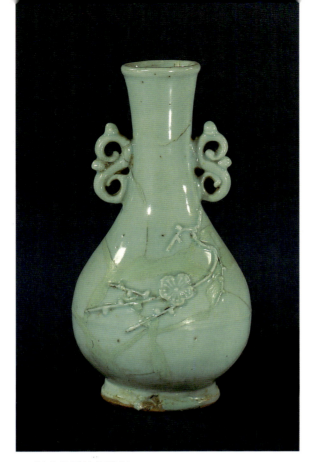

影青笔山　长 18 厘米

枢府釉干枝梅瓷瓶　高 19.5 厘米

三彩龙凤琉璃釉香炉　高 36 厘米

钧窑双耳瓷瓶　高 63 厘米

螺钿漆器残片　长22厘米

西藏古格故城

张建林

　　古格故城位于西藏自治区札达县札布让乡札布让村南约 2000 米，1985 年，西藏自治区文管会组队到此进行了考古调查。

　　十世纪中叶，吐蕃王族后裔德尊衮在札布让立国并以之为都。1630 年因内乱及拉达克人入侵被灭，渐成废墟。故城建筑遗迹主要分布在一座土山山顶及山坡，总面积约 72 万平方米，遗址范围内高差 175 米。故城遗址内共有房屋遗迹四百四十五座、窑洞八百七十九孔、碉堡五十八座、暗道四条、佛塔二十八座。房屋建筑中保存较好的只有五座佛殿，梁柱、屋顶及殿内壁画基本完好，其余的王宫、议事厅、民居、僧舍、仓库、碉堡均呈残垣断壁，窑洞虽有坍塌、淤堵，但多数还保持原有形状，佛塔只有三座保存稍好。五座佛殿和五个供佛窟中保存至今的 800 多平方米壁画是故城遗址中的重要遗迹，题材丰富，绘制精细，具有明显的地方风格。从各殿、窟壁画中出现的高僧像题名分析，均为十五世纪中叶以后的作品，未发现古格王国早期壁画。

　　考察中采集、清理出土大量遗物，包括生活用具、生产工具、兵器、佛教艺术品等，其中兵器的数量和种类较多，有箭镞、盾牌、甲胄、马具装、刀、矛、火器等。

坛城殿门　部分

古格故城

坛城殿门

壁画降魔变　红殿

壁画礼佛图　部分　红殿

壁画和塑像　白殿

定州北宋静志净众两塔地宫

徐苹芳

河北省定县（今定州市）北宋静志寺塔和净众院塔的地宫于1969年发掘。

静志寺塔塔基地宫建于太平兴国二年（977），砖砌，平面方形，四壁绘壁画，北壁中央绘释迦牟尼真身舍利灵牌和十大弟子，西壁绘帝释，东壁绘梵王，南壁中央开门，门两侧绘天王。出土遗物中有重瘗的北魏兴安二年（453）石函、隋大业二年（606）石函、鎏金铜函和唐代石棺等；而绝大部分是新施入的财物，有一百余件北宋早期定窑瓷器，有的带"官"字款；还有鎏金银塔和木塔，木雕的和铜铸的天王像，以及木雕贴金莲花等。

净众院塔塔基建于至道元年（995），在方形地宫的北壁上画涅槃像，东西两壁绘伎乐。地宫中央有砖砌须弥座，座上置长方形舍利石函，内装银塔、银棺和银瓶等，石函内外有五十余件定窑瓷器，虽较静志寺塔基所出年代稍晚，却更精美。在地宫南门和两侧各有一石塔，塔内装瓷瓶，瓶内满装"舍利"，在其他器物内也有装这种"舍利"的，总数竟达100余公斤。定州两座北宋塔基地宫的形制和壁画的题材，充分反映了宋代以后塔基地宫模仿世俗墓葬的情况。两座塔基出土的北宋早期定窑瓷和耀州窑瓷器，以及褐、绿釉净瓶和鹦鹉壶，都是当时陶瓷工艺的精品。两塔基各出三十余件玻璃器，静志寺所出有一部分是伊斯兰玻璃器；净众院所出皆为国产玻璃器。

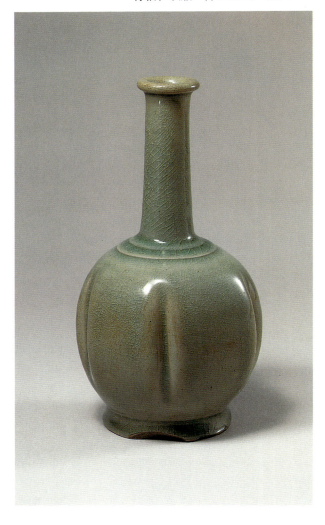

青釉长颈瓶　高18.7厘米　静志寺

白釉五足香炉　通高 24.4 厘米　静志寺

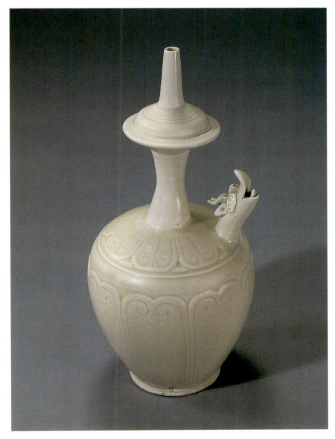

白釉刻花净瓶　高 25.5 厘米　静志寺

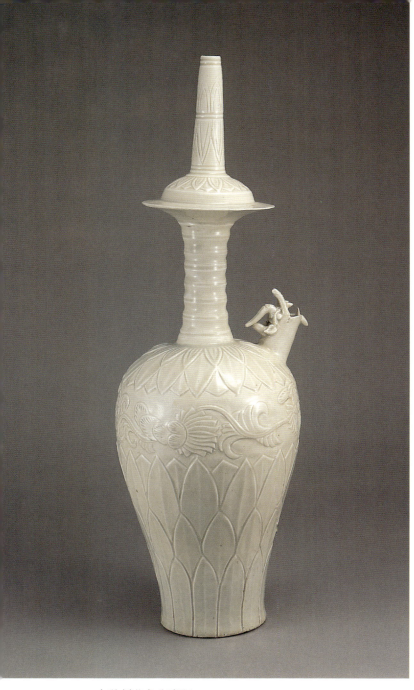

白釉刻花龙头净瓶　高 60.7 厘米　净众院

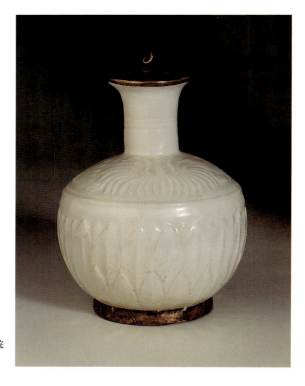

白釉刻花镶银盖瓶　通高 19.8 厘米　净众院

应县木塔辽代秘藏

张畅耕

　　山西省朔州市应县佛宫寺释迦塔（应县木塔）内部的塑像，在"文革"中遭破坏。1974 年检查其残破状况时，在第四层释迦坐像内发现装像秘藏，有辽代经卷、佛画共九十二件（组），其中，"辽藏"单卷十二卷，刻经三十五卷，写经八卷，杂刻杂抄二十八件，佛像七幅，七珍与舍利佛牙二组。装像时间为辽末金初（十二世纪初）。

　　辽藏，前此已绝迹人间。应县木塔发现的单卷刻经证实：它始雕于辽圣宗统和时期；燕京悯忠寺诠明大师的《续开元释教录》即早期经录；辽藏单卷之千字文帙号与《随函录》相合；北京房山云居寺的辽金两代刻经，皆据辽藏复刻；秘藏中辽代高僧诠明、守臻的著述向无传本；《成唯识论卷第一》为辽早期写本。此外蝴蝶装的《蒙求》为世所仅存的辽版非佛籍的书籍。以上均属难得的珍本。佛像中的纸本《炽盛光佛降九曜星官房宿像》为古代木刻着色立幅中时代最早最大者；彩色绢本《释迦说法相》是套色印刷的先驱性作品。

　　木塔秘藏的佛经佛画，多系燕京雕印，制作时间前后绵延一百余载，它从木版雕印这一侧面，显示了公元十至十一世纪时燕京文化的历史成就。

佛坐像　木塔四层

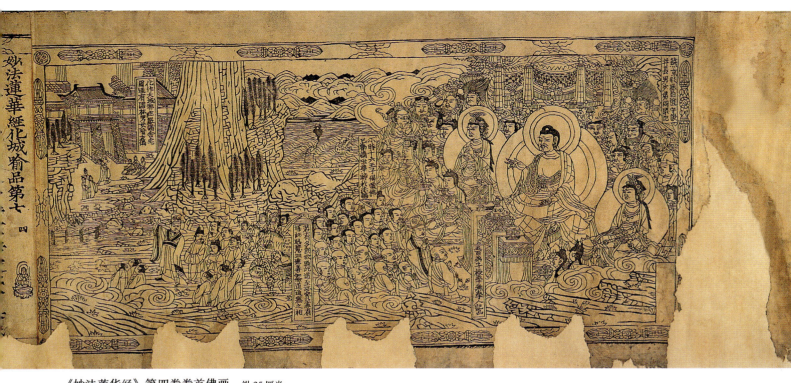

《妙法莲华经》第四卷卷首佛画　纵25厘米

佛说炽盛光佛降九曜星官房宿像　纵94.6厘米

绢本彩印释迦说法相　横62厘米

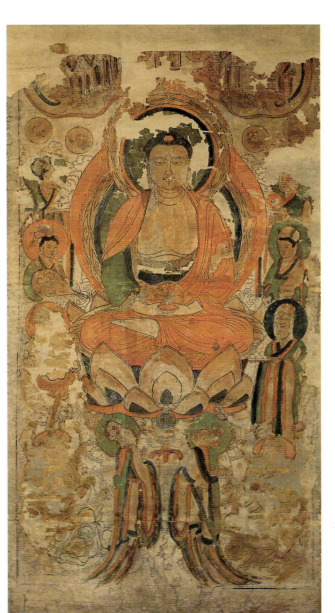

苏州瑞光寺塔瑞安慧光塔北宋遗物

徐苹芳

　　江苏省苏州市瑞光寺塔和浙江省瑞安县慧光塔相继发现北宋遗物。

　　1978年，苏州瑞光寺塔第三层塔心发现北宋大中祥符六年（1013）真珠舍利宝幢，高122.6厘米，分别以木胎和夹纻胎雕漆描漆制成，在水晶宝珠顶部饰以鎏金银丝串珠编成了九头龙和银狮。与其同出的还有印本经咒、写经和有天禧元年（1017）题记的印本《妙法莲华经》，写刻精良，是很珍贵的北宋刻经卷。

　　1966～1967年在瑞安仙岩慧光塔塔基和塔身内发现近六十件北宋遗物，包括写经、刻经、银神王像、木雕涂金的天王像和泗州大圣像等，其中以庆历二年（1042）描金堆漆合利函和景祐二年（1035）鎏金银塔最为重要。舍利函高41.2厘米，四面中央工笔金绘人物画。鎏金银塔高34.8厘米，四面七层，银片鎏刻佛像，每层皆有栏杆和角铃，极为精细。

真珠宝幢木函　　通高124厘米　瑞光寺

真珠宝幢　通高 122.6 厘米　瑞光寺

鎏金银塔　高 34.8 厘米　慧光塔

辽庆州白塔天宫文物

张汉君

庆州白塔名释迦佛舍利塔，位于内蒙古自治区巴林右旗辽庆州城遗址内，是遗址地面仅存的一座辽代建筑。塔平面八角形，七级，高 73.27 米，砖木结构楼阁式。造型雄奇，装饰华美。1988 年，在对塔进行全面维修时于塔刹覆钵内发现形制特殊的五穴一体式天宫，清理出大批珍贵的辽代佛教文物。

根据有关铭文，这些文物于辽重熙年间（1032～1054）入藏，包括佛、菩萨造像、法舍利塔和供养用器，还有银器、漆器及大批辽代丝织品，且大都保存完好。其中数量多、制作最精细的是一百零九件法舍利塔，每塔高约 25～45 厘米不等，除一件为银质鎏金外，其余都是用柏木雕旋而成。小塔内均藏置一卷佛教经卷，经卷以白绢包封，绢包上有墨书"舍利"字样，说明辽代入藏时的本意就是以这些佛经为舍利，即法舍利。

同时发现的建塔碑铭显示，此塔的建造是由辽皇室直接安排，组织了各级文武官员和佛寺僧官在内的建造领导机构，并调集了大批军队士兵参加工役。被认为是辽兴宗年间大型工程官式营造组织制度的反映。

天宫清理现场

红罗地联珠人物绣经袱　横28厘米

写本《大般若波罗蜜多心经》　纵8.8厘米

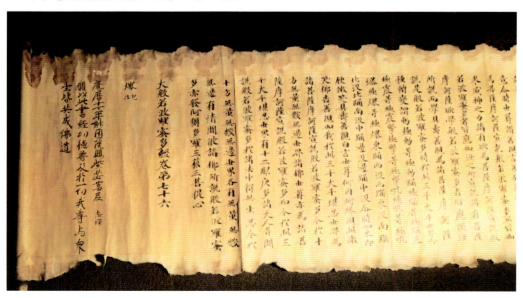

凤衔珠鎏金法舍利塔　高 42 厘米

观台磁州窑址

秦大树

观台窑址是磁州窑的一处中心窑场遗址，位于河北省磁县西南，距县城约 40 公里。窑址的主体部分坐落在漳河河道向冲击扇平原原面过渡的坡地上，南北长约 800 米，东西宽约 600 米，总面积约 50 万平方米，在漳河流域诸窑址中，是现存最典型、创烧时间最早、延续时间最长、窑址面积最大、保存最完好的磁州窑遗址。

1958 年、1960 年河北省文物工作队曾对窑址进行过两次发掘。1987 年，北京大学考古学系、河北省文物研究所、原邯郸地区文物保管所联合对观台窑址再次进行发掘，取得了较大收获，这次发掘面积虽然只有 480 平方米，但发现并清理了一批重要遗迹，其中窑炉遗迹十座，石碾槽一座，作坊七座，灶八座，灰坑二十二个，墓葬四座，料堆遗迹六处。这次发掘共出土瓷片约三十余万片，其中完整、接近完整和可复原的器物共有九千八百七十件。其主流产品为白化妆瓷，此外还有黑釉、棕黄釉瓷器，不施化妆土的精细白瓷（仿定瓷），低温釉的绿釉、黄釉、黄绿釉、釉上红绿彩瓷器和翠蓝釉瓷器等。瓷器装饰丰富多样，包括划花、刻花、珍珠地划花、剔花、黑剔花、白地黑花、白地绘划花、印花以及模制等等。器物种类主要有碗、盘、钵、盏托、注壶、炉、罐、盆、枕等生活用品，还有花盆、熏炉、花瓶、各种形态的瓷塑人物等艺术性陈设用瓷，佛像、佛龛、佛座、塔等宗教用瓷以及各类瓦件脊饰、贴饰等大量建筑构件。出土遗物除瓷器外还有各种母范、模范等工具和匣钵、支垫用具、间隔用具、试火器、试釉器等窑具。

根据地层叠压关系、出土器物类型的异同和演变，以及烧制工艺、釉色、胎质和技法的发展变化，可将这次发掘所获得的遗迹和遗物分为四期七段。通过分期可知，观台窑创烧于北宋初年（十世纪后半叶），停烧于元末或明初。

Y3 发掘现场

Y8 发掘现场

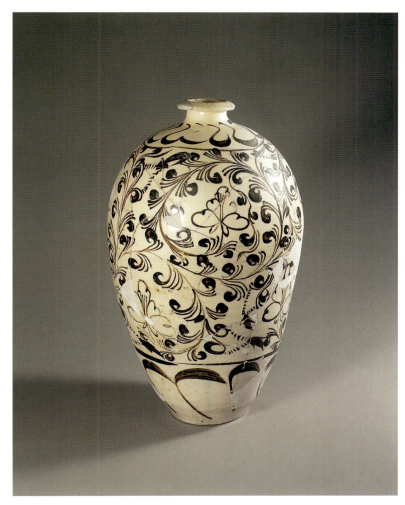

白釉黑花小口瓶　高 31.8 厘米

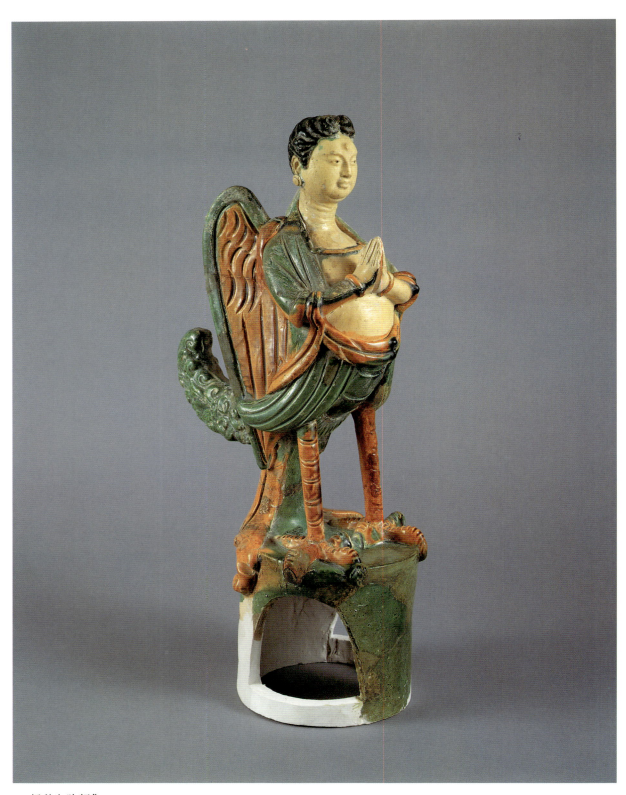

绿釉迦陵频伽　通高 45.1 厘米

白釉黑花瓶　高 49.6 厘米

南宋官窑

李德金

南宋官窑遗址位于浙江省杭州市乌龟山西麓，即文献所记载的郊坛下官窑。1956 年浙江省文管会曾进行局部发掘，发现龙窑窑炉一座，长 23 米。1984～1986 年由中国社会科学院考古研究所、浙江省文物考古研究所、杭州市园林文物局联合组成的南宋临安城考古队对窑址进行了全面调查和发掘，共发现窑炉一座（长 37.5 米）和作坊遗址一处，包括房基二座、练泥池一个、辘轳坑二个、釉料缸二个、堆料坑一个、素烧炉一座，以及素烧坯堆、排水沟、晒坯场、匣钵片砌道路等遗迹。

出土遗物有窑具、工具及大量瓷片，计三万余件。其中能复原器形的数百件，有碗、盘、盏、碟、杯、壶、洗、罐、钵、坛、唾盂、熏炉、灯盏、盆、盒、水盂、笔洗等日用器皿，也有仿古代铜、玉器形式的瓶、炉、尊、觚、花盆、器座等陈设及祭器，还有鸟食罐、象棋、弹丸等娱乐器。瓷器胎质细腻，色灰或灰黑，釉色有粉青、灰青、黄褐，有支烧的厚胎薄釉器和垫烧的薄胎厚釉器两类，除仿古器外，日用器纹饰少，以釉色和裂纹为装饰。从出土遗迹和遗物看，南宋官窑是供皇室专用的瓷器。其生产工艺吸收、融合了北方汝、钧官窑的制瓷工艺和浙江民窑制瓷工艺，从而烧造出大量的高级青瓷器。

二号窑遗迹

瓷花瓶　高 27 厘米

南宋龙泉窑遗址

李德金

南宋龙泉窑遗址位于浙江省龙泉市的大窑、金村、溪口、大白岸、上严儿、安福、安仁口等地。1959 年首先对大窑、金村窑址进行了发掘，1979～1980 年又对安福村周围地区进行了系统的调查和发掘，共发现宋、元、明时期的龙窑炉十余座、作坊四处。

南宋窑炉以金坝坨十八号为例，长 72 米，炉身顺山坡呈弯曲状，火膛面积宽大。坡度前缓后陡。作坊遗迹位于窑炉旁侧山坪或阶地上，石大门山的作坊内包括有房基、淘洗池、沉淀池、贮泥池、辘轳车基坑、水沟、卵石路面、晾坯场等遗迹。

出土遗物有窑具、工具及瓷器、瓷片等；窑具有匣钵、垫具、土坯砖、堵塞、火眼，工具有刮坯刀、轴顶碗、盪箍等。各窑内产品均为南宋早期的厚胎薄釉器，器形以碗、盘、洗、灯盏等民间常用器为主。器物造型稳重，以支烧为主；胎质较细，呈色灰或灰白；釉色灰青、黄绿，少量淡青色，釉层透明有玻璃质感；纹饰以刻划为主，主要题材为荷叶、莲花、莲瓣、凤鸟、鱼纹。在大栗山南宋堆积中出土南宋晚期产品，器形有碗、盘、洗等，造型轻巧规整，胎质细，色白或灰白，施满釉，釉色青绿、粉青，釉层厚有玉质感，足底刮釉呈朱红色，垫烧，垫饼以瓷土制作，纹饰有刻莲瓣纹及堆贴鱼纹等。

沉淀池

刻花青瓷碗　口径 12.8 厘米

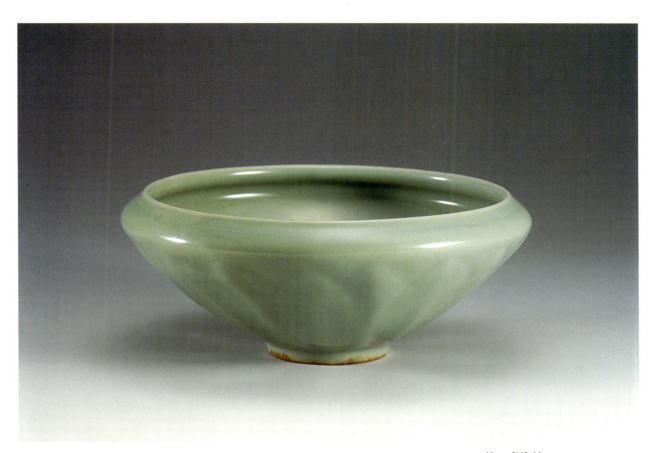

敛口青瓷钵　口径 13.3 厘米

景德镇珠山官窑遗址

刘新园

　　明、清御窑厂遗址在今江西省景德镇市以市政府大院为中心的约 5.43 万平方米的范围之内，明、清御窑厂的遗迹除南大门尚存一口水井之外，其他在地面上已荡然无存。1982 年景德镇市市政工程处在珠山路翻修马路时，发现永乐宣德官窑遗迹与遗物，在以后的基建中又发现了元代和明洪武、永乐、正统、成化、正德等各期官窑遗物。

　　1988 年在珠山北侧发现了元代彩画龙纹的青花围棋罐、带盖的大瓷砚、盖罐以及蓝地白花、蓝地金彩、孔雀绿地金彩、孔雀绿地青花龙纹瓷器。据《元史》与《元典章》的记载，得知该地区出土大量的彩画双角五爪龙纹的青花与金彩器为元代帝王的专用瓷器，证实珠山一带为元官窑——浮梁瓷局的所在地，明官窑就是在元官窑的基础上建立起来的。1994 年在明御窑厂故址东门一带发现数量极多的青花与釉里红大碗、大盘。由于遗物叠压在书有"……县丞赵万初……"题记的瓷瓦之上和印有"永乐年制"的甜白釉高足碗之下，又由于赵万初为洪武早期的县丞，因而得知该类遗物为洪武中后期的官窑制品。1982、1983、1984、1993、1994 年发现品类极其丰富、数量极多的永乐和宣德官窑瓷器，有不少为传世品中所未见，证实了明初官窑不仅生产御用瓷而且也大量生产外销瓷。1987 年在珠山发现的成化官窑遗址，由于地层明确，证实了举世闻名的成化斗彩瓷创烧于成化十七年至二十三年的六七年间。

青花龙纹围棋罐　元　通高 11.2 厘米

青花蕉叶竹石纹执壶　明洪武　通高 38 厘米

青花湖石花卉纹折沿盘
明洪武　口径 58.2 厘米

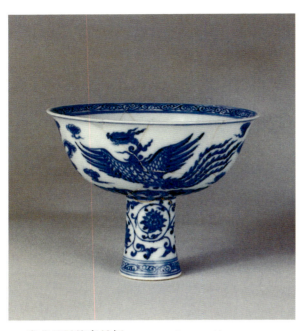

青花云凤纹高足杯　明永乐　高 11.6 厘米

白釉三壶连通器　明永乐　高 31.2 厘米

青花龙纹僧帽壶　明宣德　高 23.7 厘米

红釉水仙盘　明宣德　高 7.7 厘米

三彩鸭形香炉　明成化　高 25.3 厘米
斗彩团荷纹碗　明成化　口径 19.4 厘米

白沙宋墓

徐苹芳

　　白沙宋墓位于河南省禹县白沙镇北。1951 年河南省文管会和文化部文物局、中国科学院考古研究所等单位配合河南禹县白沙水库工程进行考古工作，其中发掘三座宋墓。

　　一号墓为北宋元符二年（1099）赵大翁墓。分前后两室，前室扁方形，后室六角形，中间有过道。砖筑仿木建筑结构。墓门外观为仿木建筑门楼，上砌斗拱、檐椽和瓦脊。前室和过道作宝盖式盝顶藻井，后室作宝盖式截头六瓣攒尖顶。墓内各壁上部皆砌梁枋斗拱，斗拱为单抄单昂重拱五铺作，上画彩画。墓室各壁皆绘有彩色壁画。甬道两壁画身背钱串和手持筒囊、酒瓶以及牵马的侍者。前室墓门两侧画持骨朵的侍卫，东壁画女乐十一人，西壁画墓主人夫妇对坐宴饮像。后室北壁砌妇女启门状，西北、东北两壁砌破子棂窗，西南壁画对镜著冠的妇人，东南壁画持物侍奉的男女婢仆，表现墓主人家居生活的情景。后室的棺床上置迁葬的人骨两具，有元符二年赵大翁朱书买地券，随葬品很少。

　　另二墓并列于一号墓北，皆为平面六角形的仿木建筑单室壁画墓，壁画题材亦为家居情景。

　　白沙宋墓是迄今为止发现的结构最完整、壁画内容最丰富的北宋仿木建筑雕砖壁画墓。

墓室门楣彩画　M2

墓室结构透视图　M1

前室壁画　M1

后室壁画　M1

墓室壁画　M2

安丙家族墓地

陈祖军

安丙家族墓地位于四川省华蓥市双河镇昭勋村的磉然山麓，1996年发现，并发掘五座石室墓及墓前大面积的石构建筑遗迹。五座墓均为券顶石室墓，坐东面西，由北向南依次排列。据二号墓出土的墓志铭可知该墓墓主人为安丙，一号墓为其夫人李氏之墓，另三座墓墓主不详。

五座墓的墓室内均有大量精美的雕刻。以一号墓为例：墓顶券拱下以四道横梁象征性地将墓室分为三进，横梁上雕饰花卉、人物图案；两侧壁的雕刻分三部分，上部为仿木结构斗拱，中部为力士、青龙、白虎、乐伎及花卉，下部为花卉、童子等图案；后壁开龛，龛上方为仿木结构的屋面、屋檐及斗拱，龛内及龛侧均为乐伎，龛台下为花卉图案。

五座墓中的随葬品，因早年盗掘而被扰乱，有三彩人物俑和动物形象、陶器、瓷器、铜容器、玉器、银杯，以及金、银、铜、铁币等。其中四号墓腰坑中发现的以金、银、铜币排放成的后天八卦与洛书的配置图案极具研究价值。

五座墓前均发现了大面积的石构建筑遗迹及与之相关的遗物。一、二号墓前发掘出祭台、水沟、柱础等遗迹，并发现八个石翁仲雕像和大量的板瓦、筒瓦、瓦当、勾滴等建筑附件。其他三座墓前的遗迹则可能多为护栏或保坎之类。

安丙家族墓地的发现，是宋代考古的重要收获。其精湛的石雕技艺和精美的图案、生动的造型，以及规模宏大的陵园建筑遗存，具有极高的学术和艺术价值。

左壁浮雕花卉　M1

右壁浮雕武士　M1

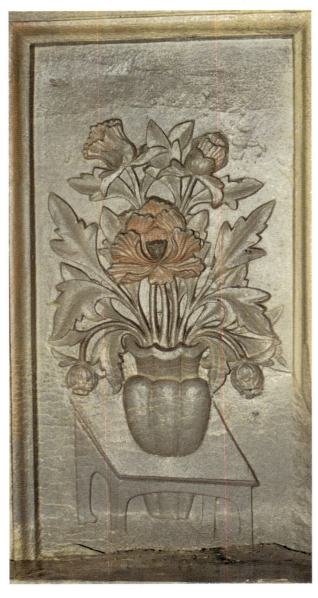

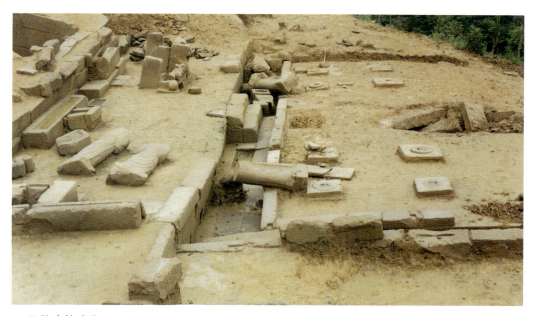

墓前建筑遗迹　M1、M2

宝山辽壁画墓

孙建华

　　宝山辽壁画墓位于内蒙古自治区赤峰市阿鲁科尔沁旗东沙布日台乡宝山村。1994年，内蒙古文物考古研究所对墓地内两座曾被盗掘的壁画墓进行了抢救性发掘。墓室内题材丰富、绚丽多姿的壁画，是此次发掘的重要收获。

　　根据一号墓题记，墓主人名勤德，年仅十四岁，系"大少君"次子，下葬于辽太祖天赞二年（923），此时契丹建国方十六年，是目前有纪年的辽墓中最早的契丹贵族墓葬。二号墓墓主人为成年女性，下葬时间略晚。

　　两座墓葬均为砖石结构，由墓道、门庭、墓门、甬道、墓室、石房组成。墓室平面呈抹角长方形，周壁及顶砖雕、影作仿木构件，穹窿顶。石房长方形，建于墓室正中，以雕琢精细的整块石板组装而成，四壁及顶磨光作画，地面铺石板。

　　两座墓中的壁画，堪称辽早期绘画艺术宝库。壁画采用多种绘画技法，集浑厚与细腻、素雅与浓艳、写实与夸张于一体。壁画中描绘的契丹人物，笔法简练，追求真实。画面采用传统故事题材，对各种人物的描绘具有时代风貌，如一号墓降真图和二号墓寄锦图中贵妇及女子的面容和发髻为唐式风格，但在长裙外加套腰裙却属五代特征。

　　两墓壁画所表现的丰富内容，对揭示辽初社会面貌及探讨晚唐以后中国绘画艺术的发展具有重要意义。

石房壁画寄锦图　部分　M2

石房壁画降真图 部分 M1

石房壁画诵经图 M2

石房壁画寄锦图　M2

辽耶律羽之墓

孙建华

耶律羽之墓位于内蒙古自治区赤峰市阿鲁科尔沁旗罕苏木苏木朝克图山。1992 年因被盗掘，由内蒙古文物考古研究所会同赤峰市博物馆、阿旗文物管理所，对墓葬进行了抢救性发掘。

墓葬为砖石砌筑，由墓道、甬道、前室、左右耳室和主室组成，全长 32.5 米。甬道壁画多已脱落。主室和左、右耳室平面为方形，攒尖顶。主室四壁及顶部均以绿釉琉璃砖砌筑，主室地面亦铺绿釉雕花琉璃方砖。主室棺床上罩柏木小帐，帐壁上画男女伎乐，极为精细。东耳室随葬陶瓷器，西耳室随葬车马器。但由于盗掘破坏，随葬品共约有三百余件，原位不明。重要的随葬品有五瓣花形金杯、鎏金錾花银把杯、金花银渣斗、金花银碗，以及各种金银、玛瑙、琥珀等装饰品；其中有以绿釉莲花纹、联珠纹为装饰的瓷罐，形制奇特；还有白瓷器和青釉瓷器，大部分是来自中原和南方的产品。大量的丝织品中有锦、绢、绮、罗和绫，刺绣中有彩绣和蹙金绣，也有在织物上用泥金和墨描绘图案的。耶律羽之墓的发现，不论在墓葬形制或随葬遗物上，都充分显示出辽代初期契丹贵族与中原汉文化之间的关系。

耶律羽之为契丹迭剌部人，为东丹王耶律倍东丹国中台右平章事，是掌握东丹国实权的人物。葬于辽会同四年（941），是辽初最具有代表性的墓葬之一。

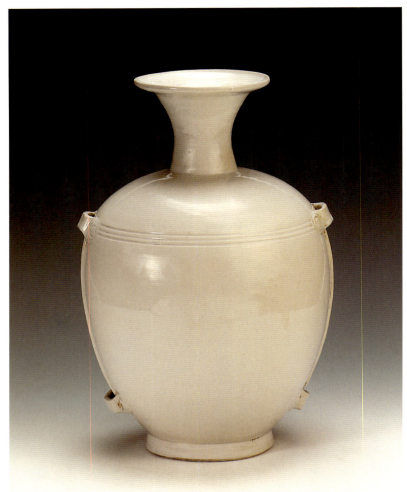

褐釉皮囊式鸡冠壶　高28.8厘米

金花银渣斗　高13.8厘米

绿釉瓷瓶　残高29.5厘米

金花银万岁台砚盒　长18.4厘米

辽陈国公主墓

孙建华

　　陈国公主与驸马合葬墓位于内蒙古自治区哲里木盟奈曼旗青龙山镇斯布格图村，1985 年青龙山镇修建水库时发现，1986 年内蒙古文物考古研究所对该墓进行了抢救性清理发掘，工作历时两月，出土一批极为珍贵的随葬品，这是目前所见保存最完整、出土文物最丰富的契丹皇室墓葬。

　　陈国公主是辽萧太后（承天太后）的孙女、圣宗皇太弟耶律隆庆之女。驸马萧绍矩是辽圣宗仁德皇后之兄，曾任泰宁军节度使、检校太师。公主死于辽圣宗开泰七年（1018），年仅十八岁，驸马先公主而逝，死时约三十岁。

　　合葬墓为砖木结构的多室壁画墓，有墓道、天井、前室、东耳室、西耳室、后室。墓门上有雕砖仿木结构门楼，并加饰彩画，耳室和后室平面为圆形，顶呈蒙古包式穹窿顶。墓道两壁和前室两壁绘有侍从牵马和侍卫、奴仆等。

　　公主与驸马都是按照契丹贵族传统葬俗入葬，后室内只有砖砌尸床而无棺具。公主与驸马均头枕金花银枕，身着银丝网络葬衣，脸覆金面具，脚穿金花银靴，胸佩琥珀璎珞。公主腰系金銙丝带，驸马腰束金銙银鞓鞢鞢带。公主和驸马身上还佩戴着各种金、银、玉饰和琥珀、玛瑙、珍珠饰件。头部各放置一件鎏金银冠。两套完整的殡葬服饰，反映出契丹皇室家族的独有的葬俗。墓内还随葬有数百件极其精美的金银器、铜铁器、陶瓷器、玻璃器、木器、玉器等，还有六条金银腰带和两套银制马具。

公主、驸马合葬情况

鎏金银冠　高 31.5 厘米

金面具 高20.5厘米

银丝头网、金面具 面具高21.7厘米

錾花银靴 高25.6～37.5厘米

宣化辽壁画墓

郑绍宗

河北省宣化下八里村辽代壁画墓群，1974 年发现，河北省文物研究所于 1993 年主持发掘。墓群包括张氏、韩氏两姓的墓葬。村东北主要是张氏墓，发掘九座，墓主最早的是张匡正（1093），最晚的是张世古（1117），其余有张世卿、张恭诱、张世本、张文藻，另两座被盗或为建而未用的空圹。韩氏墓在村北，发掘一座，墓主为韩师训。

墓中多有前后两室，在四壁和顶部均绘有壁画。壁画总面积达 300 余平方米，保存较好，色彩鲜艳。壁画内容丰富，有出行、散乐、备经、备茶、汉装和契丹装门吏、宴饮听唱、各种不同装束的男女侍者、金刚、门神、五鬼、三老对弈、儿童跳绳、垂莲藻井、彩绘星图、山石花卉仙鹤屏风、龙凤门等。这些壁画技法写实，富有生活气息和时代特色，是墓群发掘的主要收获。

墓群出土陶瓷器、铜铁器、木俑、家具、漆器、骨器、石刻等文物五百余件，其中辽三彩器和白釉瓷器与辽本土烧造的不同，木俑雕刻精细，家具制作精美，都是研究辽代历史和文化的重要实物资料。

后室顶部彩绘星图　　M10

前室壁画门吏图　　M1

前室壁画散乐图　M1

前室壁画备茶图　M7

金齐国王墓

赵评春

　　金齐国王墓位于黑龙江省阿城市巨源乡城子村西端，南距金上京故城约 40 公里，1988 年黑龙江省文物考古研究所发掘。

　　墓为竖穴土坑石椁墓，土圹平面凸字形，内置大小两具石椁。小石椁为袝葬，大石椁内有木棺，棺盖板中央的银牌饰上有"太尉开府仪同三司齐国王"铭文。木棺内葬男女二人，男左女右，尸骨保存完整，尚未腐朽。二人身体均包裹多层衣物，其中男性着八层十七件，女性着九层十六件，计有袍、衫、裙、裤、腰带、冠帽、鞋、袜等，绝大多数为丝织品。这些服饰华贵精美，色泽鲜艳，制作精致，具有古代北方民族服饰的特点和风格，并完好保存了当时的穿着方式。在墓主二人头后有一墨书木牌，上写"太尉仪同三司事齐国王"十字，进一步标明了墓主人的身份。经鉴定，墓主死亡年龄大约为男性六十岁、女性四十岁。根据墓葬迹象、随葬遗物及文献记载分析，此齐国王可能为完颜晏，卒于金大定二年（1162）。

石椁　长 178～280 厘米

棺内情况

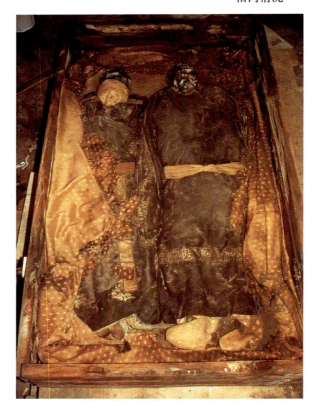

紫地云鹤金锦绵袍　长 142 厘米

褐地翻鸿金锦绵袍　长 135.5 厘米

褐地朵梅鸾章金锦绵蔽膝 长86.5厘米

绿罗萱草绣鞋 长23厘米

侯马稷山金墓

杨富斗

以山西省侯马市为中心的金代绛州地区，最具特色的是仿木建筑雕砖墓。侯马的金代仿木建筑雕砖墓，山西省考古研究所于 1959、1964 年先后发掘两座，为大安二年（1210）和明昌七年（即承安元年，1196）董氏兄弟墓。大安二年墓平面方形，墓顶八角形藻井。四壁满砌雕砖。北壁雕堂屋三间，明间设曲足花桌，上置牡丹花盆，桌两旁坐墓主人夫妇，两次间各立屏风，并有侍童侍女。东西两壁雕六扇格子门，障水板上雕花卉人物。南壁墓门两侧各立一"镇宅狮子"。四壁上部皆砌垂花廊，廊上列斗拱。北壁正中的两朵斗拱之间，砌有山花向前的小戏台一座，台上有五个涂彩的杂剧砖俑排成一列，正在作场。明昌七年墓由两个大小、形制相同的墓室连接而成，亦满饰雕砖。董氏墓的雕砖以繁缛华丽为胜，艺术水平很高。

稷山马村段氏墓地，有墓葬十四座，发现于 1973 年，1979 年山西省考古研究所侯马工作站发掘，现已发掘九座。据七号墓中大定二十一年（1181）《段揖预修墓记》可知，这里是金代中期以前的段氏家族墓地。墓室平面多长方形，覆斗形顶，墓内满饰雕砖，四壁下砌须弥座，上砌屋宇，结构复杂。北壁有墓主人开芳宴，南壁有四五人的杂剧演出，还有以大鼓、腰鼓、横笛、笙簧、拍板组合的乐队。在四号墓的回廊下，还随葬有一组陶塑二十四孝，也是罕见的文物精品。

侯马、稷山金墓中有关杂剧的文物，对中国古代戏剧史研究是极其重要的实物史料。

后室北壁　侯马董海墓

东壁砖雕格子门　侯马董明墓

北壁　侯马董明墓

北壁　稷山段氏墓（马村 M4）

南壁砖雕戏台　稷山段氏墓（马村 M4）

西夏陵

陈悦新

西夏皇家陵园位于银川市西郊 35 公里贺兰山东麓中段，南起榆树沟，北迄泉齐沟，东至西干渠，西抵贺兰山下，东西宽约 4.5 公里，南北长约 10 公里，总面积近 50 平方公里。陵区现存九座帝陵、二百零七座陪葬墓。陵区北端有一大型建筑遗址。陵区东部边缘为窑场，曾发现砖瓦和石灰窑址十余座。西夏陵可分为四区，自南而北纵向排列，每区各有帝陵二三座。陪葬墓多集中于帝陵左右或前面，成组群式分布。七十年代以来对西夏陵进行过多次发掘，已清理一座帝陵（六号陵）、四座陪葬墓、七座帝陵碑亭、三座窑址及北端建筑遗址的一部分。

西夏帝陵陵园均由角台、鹊台、碑亭、月城、陵城、门阙、献殿、陵台等八种共二十余座建筑组成，平面略呈凸字形，占地面积 8~15 万平方米，地下墓室为多室土洞式。西夏陵的陪葬墓也设墓园，建筑的数量与规模不尽相同，最大的面积约 2 万平方米，最复杂的可包括碑亭、月城，墓城、门楼，照壁和墓冢，最简单的只有一座墓冢。陪葬墓的墓冢形制多样，有夯土冢、积石冢、土丘冢，墓室均为单室土洞式，并流行随葬铜牛或石雕动物马及狗、羊的习俗。西夏陵出土遗物多为建筑材料，石质的如螭兽、望柱、石座、碑刻、石像生等，陶质的如砖瓦、滴水、瓦当、脊兽、鸱吻等，其中绿色琉璃器占相当比例。在七号陵还出土有"大白上国护城圣德至懿皇帝寿陵志文"西夏文残碑额。

一号陵、二号陵

石像座　高 64 厘米

琉璃鸱吻　高 152 厘米

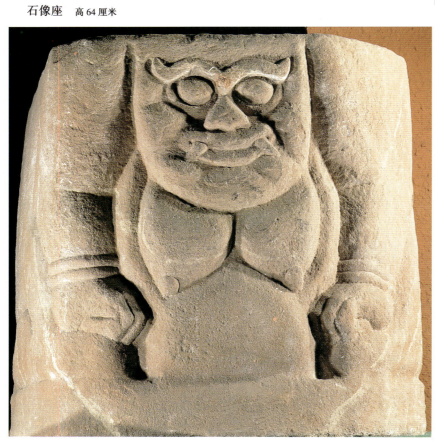

鎏金铜牛　长 120 厘米

成都明蜀王世子墓

徐苹芳

　　成都明蜀王世子墓位于四川省成都市北郊凤凰山南麓，1970 年中国社会科学院考古研究所和四川省博物馆共同发掘。

　　蜀王世子朱悦燫葬于永乐八年（1410）。墓室由三个砖筑的纵列式筒拱券组成，包括大门、前庭、二门、正庭、正殿、中庭、圊殿、后殿，以及左右两厢和耳室，这种平面与当时的王府制度相同。在建筑形式也模拟王府宫殿，以巨大的石材和琉璃构件砌成仿木建筑的门殿廊庑，在细部装饰上多用小木作。此墓数经盗掘，贵重物品皆已不存，尚残存有木质谥宝、谥册、玉圭、冕板、金笋和弓、刀等。五百余件各种类型的釉陶俑却保存完整，而且多保持着原来的位置；前庭放武士俑，正庭和中庭两厢排列以象辂为中心的仪仗俑，后殿棺床两侧放侍俑。

　　此墓为明朝永乐至弘治时期新王陵墓制度的实例。

墓室全景

陶象辂　通高 70 厘米

陶武士俑　高 51 厘米

定 陵

赵其昌

定陵是明代万历皇帝朱翊钧的陵墓，位于北京昌平县境内，为明十三陵之一。朱翊钧生前建陵，万历十二年（1584）始建，历六年完成，耗银八百万两，万历四十八年与孝端后王氏、孝靖后王氏同时入葬。陵园的外罗城已毁，祾恩门、祾恩殿仅存基址，明楼宝城保存完整。1956年起由北京市文物组与中国科学院考古研究所组成工作队进行发掘，1958年完成。

地下玄宫在宝城中部封土下面，有前、中、后殿和左右配殿，各殿间有门相通，全部石材垒砌起券，高大宽敞，总面积1195平方米。七座石门全部用整块石材，管扇为铜铸，封门时用自来石顶住。中殿设石供案三个，案前各置五供、长明灯。后殿和左右配殿均设棺床，有方孔填黄土，即"金井"。帝后棺置于后殿棺床上，各有椁已腐朽，尸体已腐烂，仅存骨架。

各类器物出土总计三千余件。帝后谥册、谥宝均为木质，另有金、银、玉、瓷等生活用具。金银器大都刻名称、重量及制作年月。织锦匹料都是成卷原装入葬，中有腰封，纸质题签上书明名称、产地、尺寸及织造年月、织工姓名等，金银锭也刻产地、重量、贡纳时间等。镇圭为玉质，刻四山纹，翼善冠为金丝编成，饰二龙戏珠，最精美。皇后有凤冠、百子衣、珠翠头饰等。皇帝有衮服，为祭祀天地时用，上绣十二章。

玄宫中殿

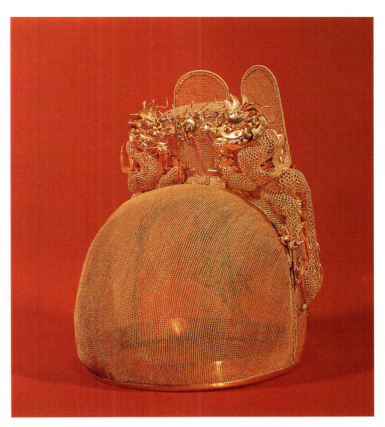

金翼善冠　万历帝　通高 24 厘米

乌纱翼善冠　万历帝　通高 23.5 厘米

十二龙九凤冠 孝靖皇后 通高 32 厘米

金酒注 通高 21.8 厘米

　　本书编辑过程中，得到全国文物考古界同仁的热情支持和帮助，尤其图片资料的收集，在短时间内汇集了如此丰富的内容，为本书的顺利出版提供了保证。在此，谨向为我们提供图片资料和为拍摄图片给予大力协助的单位及所有为此付出辛勤劳动的同志们致以深深的谢意和国庆五十周年节日的敬礼。这些单位是：

中国社会科学院考古研究所

中国科学院古脊椎动物与古人类研究所

中国历史博物馆

故宫博物院

中国文物交流中心

中国文物研究所

北京大学考古学系

北京市文物研究所

河北省文物局

河北省文物研究所

河北省定州市博物馆

山西省考古研究所

内蒙古自治区文物考古研究所

辽宁省文化厅文物管理委员会

辽宁省文物考古研究所

江苏省文化厅文物处

南京博物院

南京市博物馆

苏州博物馆

徐州市文物管理委员会

徐州博物馆

徐州兵马俑博物馆

浙江省文物局

浙江省文物考古研究所

浙江省博物馆

杭州市文物保护管理所

杭州市园林文物局凤凰山管理处

安徽省文物局

安徽省文物考古研究所

安徽省博物馆

福建省博物馆

景德镇陶瓷考古研究所

山东省文物局

山东省文物考古研究所

山东大学考古学系

曲阜孔子博物院

河南省文物局

河南省文物考古研究所

河南省古代建筑保护研究所

湖北省文物局

湖北省文物考古研究所

湖南省文物考古研究所

广州南越王墓博物馆

四川省文物考古研究所

陕西省文物局

陕西省考古研究所

秦始皇兵马俑博物馆

陕西省周原博物馆

甘肃省文物考古研究所

甘肃省博物馆

青海省文物考古研究所

宁夏回族自治区文物局

宁夏回族自治区文物考古研究所

新疆维吾尔自治区文物考古研究所

新疆维吾尔自治区博物馆